AF559610

अक्षय पात्र

[उपन्यास]

अक्षय पात्र

बिन्दु भट्ट

अनुवाद

वीरेन्द्र नारायण सिंह

राधाकृष्ण प्रकाशन

साहित्य अकादमी पुरस्कार से सम्मानित गुजराती उपन्यास 'आखे पातर' का हिन्दी अनुवाद

ISBN : 978-81-8361-290-6

अक्षय पात्र (उपन्यास)

पहला संस्करण : 2011
दूसरा संस्करण : 2021
This book is printed on **Print on Demand** Technology : 2025

मूल्य : ₹895

प्रकाशक
राधाकृष्ण प्रकाशन प्राइवेट लिमिटेड
जी-17, जगतपुरी, दिल्ली-110 051

शाखाएँ : अशोक राजपथ, साइंस कॉलेज के सामने, पटना-800 006
पहली मंजिल, दरबारी बिल्डिंग, महात्मा गांधी मार्ग, प्रयागराज-211 001
1, अनमोल सोराबजी संतुक लेन, धोबी तलाव, मरीन लाइंस, मुम्बई-400 002

वेबसाइट : www.radhakrishnaprakashan.com
ई-मेल : info@radhakrishnaprakashan.com

AKSHAYA PATRA
Novel by Bindu Bhatt
Translated by Virendra Narayan Singh

आदरणीय श्री रघुवीर चौधरी के लिए

कंचन बा के स्टेशन से गाँव पहुँचने से पहले ही उनके आने की खबर बाजार में आग की तरह फैल गई।

"कंचन बा आ गई।" गल्ले पर पाँच का सिक्का फेंकते हुए वीरभद्र ने कहा, "दो गुटका।"

"हें! ऐसा नहीं हो सकता ठाकुर साहब!" आवाज के तेज होने के साथ-साथ हरीश भी उठ खड़ा हुआ।

हरीश का कन्धा हाथ से दबाकर उसे नीचे बैठाते हुए वीरभद्र बोला–"क्या गुटखा नहीं हो सकता?" हँसते हुए जोड़ा, "अबे लल्लू, उनके बाप का गाँव है, तेरे जैसा नहीं है।"

वीरभद्र का ताना निगलते हुए हरीश बोला, "पर बखरी बेचकर गए हुए दस बरस हो गए। अब तक एक बार भी झाँकने नहीं आई थीं। सावन भी पूरा बीत गया, और-तो-और मलमास भी आधा ही रह गया है; अब क्या लेने आएँगी?"

"तुम बनियों की यही तकलीफ है–क्या लेने आएँगी? आवें तो भी तुझे क्या? कहाँ तेरे में हिस्सा बँटाने आ रही हैं। नुकसान तो जगा बाभन का। तू तो बस कांप का चक्कर लगाता रह और गुलछर्रे उड़ाता रह।"

कांप का नाम आते ही गुब्बारे से हवा निकल जाए इस तरह हरीश ढीला पड़ जाता।

कांप यानी सुरेन्द्र नगर। कांप उसका पुराना नाम। ब्रिटिश जमाने में यहाँ सेना का कैम्प था। कैम्प को स्थानीय निवासी 'कांप' कहते। जिले के लगभग सभी गाँव के लोग दवा-दारू, हाट-बाजार, कोर्ट-कचहरी के काम से 'कांप' आते। हरीश का गाँव मानो या ननिहाल–सब कुछ 'कांप'। हरीश के माँ-बाप बहुत छुटपन में गुजर गए थे। बेऔलाद मामी ने पाला था उसे।

ससुर तलकचन्द के स्वर्गवास के बाद हरीश को घर, खेती-बारी और दुकान सँभालने 'जसापर' आना पड़ा। तलकचन्द की इकलौती सन्तान थी भावना। हरीश ने उसे बहुत समझाया पर कांप छोड़ने का हाथ आया मौका भावना गँवाना नहीं चाहती थी। उसने जसापर में रहने का निर्णय किया और हरीश से बोली– "तुम भले कांप में रहो। हर हफ्ते आना। दुकान के लिए माल-सामान भी लेते आना। मैं यहाँ सब सँभाल लूँगी।"

लोक-लाजवश हरीश ने यहाँ रहना स्वीकार किया।

"हरीश कुमार, पाँच सौ ग्राम डालडा घी देना," कहते हुए रूखी बा दुकान पर आई।

"माँजी, तुम्हें डालडा घी पचेगा?"

"मुझे तो पत्थर भी पच जाए। कल एकादशी है, सीधा देना है ब्राह्मण को," कहते हुए रूखी बा चौतरे पर बैठ गईं।

"तो मलमास की एकादशी के दिन अपनी सहेली को शुद्ध घी के लड्डू नहीं खिलाओगी?"

"अरे, खूब खिलाऊँ, पर मेरी गोइयाँ यहाँ हो तब न।"

"देखो, वो आ रही हैं।" हरीश ने कृष्ण मन्दिर की ओर अँगुली दिखाई।

रूखी बा ने आँख के ऊपर हाथ की आड़ बनाकर ताका। एक स्त्री आकृति ठाकुरद्वारे की सीढ़ियों के पास उलटा मुँह किए खड़ी थी। रूखी बा को लगा चप्पल पहन रही है। पहनावा तो वही है। वैसी ही सफेद साड़ी, हाथ में थैली। शायद यह दामाद मजाक कर रहा है, पर जैसे ही उस स्त्री ने पैर उठाए कि रूखी बा खड़ी हो गईं। एक हाथ में थैली और दूसरे हाथ से साड़ी की चुन्नट को थोड़ा ऊँचा उठाकर चलती हुई कंचन बा। मध्यम कद और इकहरा शरीर।

पाँच साल पहले होता तो रूखी बा दौड़ कर अगवानी करने गई होती, चाहे लोग भले ही ताकते रहते। किन्तु, इन दिनों कमर-दर्द ने उन्हें अधमरा कर दिया है। फिर भी दो डग आगे बढ़ ही गईं। कंचन बा ने उन्हें देखा। 'कितना बदल गई हैं रूखी भाभी। मुँह के दाँत गायब हो गए हैं, और कमर थोड़ी झुक गई है, अब सीधी नहीं रह पाती।' कंचन बा के चेहरे पर मुस्कराहट आई और कदम जरा तेज हो गए। किन्तु, रूखी बा तक पहुँचते-पहुँचते मुस्कराहट धुँधली हो गई और चाल मन्द। भेंटने को तत्पर रूखी बा के हाथ को दोनों हथेलियों में लेकर एक क्षण में सारे उत्साह को समेट लिया। एक-दूसरे के हाथों में गुँथी हुई अँगुलियाँ बोलती रहीं, आँखें सुनती रहीं।

रूखी बा के होठों को खुलते देख कंचन बा ने मानो उनके सारे सवालों को बहलाते हुए कदम बढ़ाया और कहा, ''मैं जरा सती माई के थान का दर्शन कर लूँ, फिर मिलती हूँ।''

हरीश मानो अपनी हाजिरी लगवाते हुए जल्दी से बोला, ''जै नारा'ण पंडितानी।''

'जै नारा'ण' बोलकर कंचन बा ठाकुरपट्टी की ओर मुड़ गईं।

कंचन बा के जाने पर रूखी बा भी चलने को मुड़ीं।

''माँजी, घी नहीं ले जाना है?'' हरीश ने पीछे से आवाज दी।

''जोख रखना। संजीव को भेजती हूँ।''

हरीश को लगा था कि रूखी बा भी ठाकुरपट्टी का रास्ता पकड़ेंगी, किन्तु उन्होंने तो अपने घर यानी कि बढ़ई टोले की दिशा पकड़ी।

रूखी बा की चाल मन्द थी, किन्तु मन तो न जाने कितने घोड़े दौड़ा रहा था। 'दस वर्ष बाद यूँ अचानक? क्यों आई होंगी कंचन बा? घड़ी भर रुकी भी नहीं और कोई बात भी न की? क्या बात होगी? कोई चिन्ता की बात तो नहीं? चन्द्रकान्त या उसकी बहू के साथ झगड़ा हुआ होगा? पता नहीं? आजकल की प्रजा का कुछ कहा नहीं जा सकता। यूँ तो वे बड़े चाव से ले गए थे कंचन बा को। अहमदाबाद शहर में अपना खुद का घर। बेटा-बहू दोनों सरकारी नौकरी में। बेटे के भी दो बेटे। कितना बढ़िया परिवार। भगवद्भजन करना, बच्चों को सँभालना। अब इस उम्र में और चाहिए भी क्या? लेकिन राम जाने! कुछ कहा नहीं जा सकता। इस कपाल के लेख की किसे खबर !'

घर का ओसारा चढ़ते हुए रूखी बा ने उसाँस भरी।

''अम्मा, इतनी क्यों देर हुई?'' तैयार होती हुई स्मिता ने पूछा।

''कंचन बा आई हैं।''

''आप उन्हें साथ नहीं लाईं?''

''आएँगी, अभी सती माई के थान पर गई हैं।''

कन्धे पर पर्स लटकाते हुए स्मिता ने जल्दी में पौरी की कुँडी खोली और जाते-जाते बोली, ''मैं स्कूल जा रही हूँ। संजीव देर से आएगा। आप खाना खा लेना।''

''ठीक है।'' रूखी बा तख्त पर लेट गई। कमर को थोड़ा आराम मिला।

गाँव में ठाकुरपट्टी यानी ठाकुरों का मुहल्ला। उसके अन्तिम छोर पर कंचन बा के पिता का मकान एकमात्र ब्राह्मण का घर। उसके बाद कुनबी टोला। गाँव के बड़े ठाकुर ने पीढ़ियों पहले कंचन बा के पुरखों को बसाया था, जमीन दी थी। यूँ तो वह सती माई के थान की जमीन थी, पर सोचा–ब्राह्मण हैं सो

दीया-बाती तो करेंगे ही। आँगन में दाहिने ओर नीम और उसके नीचे सती माई का चौरा। सिन्दूर-पुते खड़े पत्थर पर स्त्री के चूड़ियोंवाले हाथ का निशान। बरसों पहले ठाकुर के परिवार की गुड़िया खेलती बेटी सती हो गई थी। अभी तो सगाई ही हुई थी और उसका भावी पति गाँव की गायों को बचाने के काम आ गया। आज भी गाँव में किसी भी जाति के लड़के या लड़की की सगाई तय होती है, तब सती माई को नारियल अवश्य चढ़ाया जाता है। गाँव का कोई परदेश में हो तो वहाँ से मनीऑर्डर द्वारा नारियल के पैसे भेजता है।

ड्योढ़ी के पास से गुजरते हुए ठाकुर साहब के नौकर जीवा ने कंचन बा को देख लिया।

"ए, जै नारा'ण माँ जी।"

"जै नारा'ण।"

"रुकनेवाली हैं न?"

"हाँ।" कंचन बा ने चलते-चलते उत्तर दिया।

जीवा ठाकुर साहब का नौकर–अधियरा। मौसम में खेत जोतता और बाकी दिनों ड्योढ़ी पर चौबीसो घंटे हाजिरी भरता। कुएँ से पानी का कंडाल भरकर इक्के पर लाने से लेकर हुक्का-चिलम भरने और चाय-पानी देने तक के सब काम करता। उसका पिता भी ठाकुर साहब का बारहमासी नौकर था। लोग कहते, 'जीवा के बाप ने तो ठाकुर साहब के लिए ही जनम लिया है।'

विलायती साहब यानी कि ठाकुर प्रवीण सिंह ने जीवा की तनख्वाह निश्चित कर दी थी और रहने को कोठरी दी थी। जीवा की बहू केसर कंचन बा की अघोषित चेली। कंचन बा ने सोचा–'केसर को पता चलेगा तो एक पल भी रुकेगी नहीं।'

पुराने घर के सामने आकर खड़ी हुई कंचन बा एक पल के लिए चौंक गई। 'यह, मैं कहाँ आ गई।' विश्वास करने के लिए इधर-उधर देखा। 'नहीं', गली तो वही है! ध्यान आते ही बोल पड़ी, "अरे राम रे, मैं भी कैसी हूँ दस साल बाद गाँव में कदम रखा और सोच लिया कि जैसा छोड़कर गई थी सब ज्यों-का-त्यों वैसा ही होगा! अरे, जीव-मोह में यह भी भूल गया कि मकान तो ठाकुर साहब ने खरीद लिया था।"

ठाकुर साहब की वर्षों से इच्छा थी कि सती माई के थान के पास शक्ति माता का कमरा बने। उसे बने हुए भी सातेक साल हो गए ।

कंचन बा ने देखा, सामने नीले रंग से रँगा फाटक था और मकान के चारों ओर की दीवार और ड्योढ़ी को तोड़कर वहाँ तार की बाड़ लगा दी गई है। बाड़

पर विलायती मेहँदी चढ़ाने की अधकचरी कोशिश भी दिखाई दे रही थी। पहले यहाँ एक ओसारे से लगी दो कोठरियाँ थीं। दूर से जालीदार ओसारा दिखना था।

कंचन बा ने फाटक खोलकर बाहरी आँगन में पैर रखा। एक पल के लिए उनके कदम धरती के साथ चिपक गए। हृदय में सर्-सर् करता सोता बहने को इस तरह मचल उठा कि अभी छाती पर रखे पत्थरों को हटाकर वह उमड़ पड़ेगा। नहीं, यह उचित नहीं। जिसे राजी-खुशी से छोड़ा फिर उसके लिए क्यों मोह हो? धीरे से किसी का हाथ हटा रही हों, इस तरह से उन्होंने नजर हटाई। मानो सहारा ढूँढ़ रही हो, इस तरह सती माई के थान की ओर मुड़ीं।

थान के आसपास पत्थर का फर्श और चारों ओर लोहे की छोटी जाली। दर्शन के लिए छोटी-सी हरे रंग की फटकी। तीनेक फीट ऊँची जाली कुत्तों को रोकने के लिए बनाई गई होगी! इधर-उधर उनकी उपस्थिति के चिह्न दिखाई दे रहे थे। फटकी को वह भी सार्वजनिक स्थल पर ठीक से बन्द कर देना, ऐसा सोचना ही ज्यादती होगी।

सती माई के थान के पास बैठते हुए कंचन बा ने सवाल करती हुई आँखों से कहा, "सती माई साक्षी हैं। मैंने कभी भी दाँव देने में बेईमानी नहीं की। किन्तु तू ही बता माँ, अब कब उतरेगा मेरे सिर से दाँव? यूँ ही करते-करते दो साल में अस्सी पूरा हो जाएगा। अब और कितना निभेगा? फिर भी माँ, अगर तुझे मेरी परीक्षा लेनी ही हो, तो एक शर्त है–मुझे शक्ति दे।"

फैलाए हुए आँचल को कुछ पा लेने के भाव से साथ समेटती-सी वह खड़ी हुई और फटकी खोल, नीम के चबूतरे पर बैठ गई।

आकाश में बादलों के स्वेच्छाचार से एक पल धूप लगती तो अगले पल छाया; पर आसपास के वातावरण को देखकर लगता था कि दोपहर होने को है। नीम बहुत पुराना था। उसके कोटर में तोते रहते थे। इस समय उनकी भूली-भटकी आवाज सुनाई दे जाती। पानी के लिए किसी ने नीम की डाली पर फुटहड़ लटकाया था। नीम की घनी छाया देख कंचन बा को लगा कि चलूँ थोड़ा सुस्ता लूँ। तने से टेककर बैठीं। पीठ पर खुरदरी छाल का स्पर्श मानो परिवार के किसी मेहनतकश बुजुर्ग के हाथ का स्पर्श। उन्हें लगा अभी नीम क्षेम-कुशल पूछेगी, तो वे उसका सामना कैसे करेंगी? कंचन बा उठ खड़ी हुईं और पिछवाड़े की ओर चली गईं।

बाड़े में अभी भी काफी खुली जगह थी, दो कोठरियाँ बन सकें, इतनी। भूतकाल में कभी कंचन बा को ऐसी कल्पना करना अच्छा लगता था कि बड़ा

चन्द्रकान्त आगे रहेगा और छोटे कार्तिक के लिए पीछे घर बनवा देंगे। जब कि वह अन्दर-ही-अन्दर जानती थी कि पंख आते ही जसापर का आकाश इनको भी उनके नानाजी की तरह छोटा पड़ेगा। बाड़े के एक कोने में कपास के सूखे डंठल पड़े थे। किसका होगा? जिसका भी हो, इससे हमें क्या? एक गड्ढा खोदा हुआ था, कूड़ा डालने के लिए। एक घड़ी उनका चेहरा मुस्करा उठा। यहाँ किसी को सफाई की कोई खास चिन्ता हो, ऐसा नहीं लगता। आँगन मुश्किल से हफ्ते में झाड़ू का मुँह देखता होगा। एक ओर हैंडपम्प की नाली और उसके पास बड़ी-सी नाद थी। नाद पर का मिट्टी का ढक्कन उठाकर देखा, बासी पानी पर काई तैर रही थी। नल चलाकर उन्होंने पानी निकालने का प्रयास किया। काफी देर बार थोड़ा पानी निकला, अँजुरी में भरकर कुल्ला किया। थोड़ा खारा लगा। लौटते समय उनकी निगाह मन्दिर के पिछवाड़े गई। उनको लगा, कनेर अभी भी जीवित थी और उस पर दो-चार पीले फूल भी थे। कंचन बा के दिल को थोड़ी तसल्ली हुई।

2

पाँच सीढ़ियाँ चढ़कर कंचन बा ने मन्दिर की ओसारे की जाली खोली। केवल कुंडी ही लगी हुई थी। ओसारे की चौखट के ठीक सामने शक्ति माता की कोठरी का मुख्य द्वार था। उसके आगे आधे हिस्से में लोहे की छड़वाली लकड़ी की जाली थी। जाली के चारों कोनों पर बेलबूटों की नक्काशी थी। चौखट के दाएँ-बाएँ दो आले धुएँ से काले पड़ गए थे। उन पर दीये रखे जाते रहे होंगे! आले के पास लकड़ी की तीन-तीन पुरानी खूँटियाँ थीं। इन खूँटियों पर लड़कों के स्कूल के बस्ते, चुन्नट डाली रेशमी धोती और लालटेन लटकती रहती। आज सभी खूँटियाँ खाली हैं।

कंचन बा ने हाथ की थैली खूँटी पर लटकाकर ओसारे में नजर दौड़ाई। नीचे धूल और ऊपर जाले। जाली में नारियल की झाड़ू का ठूँठ फँसा हुआ था। कोई पुजारी तो रखा होगा, पर उसे तनख्वाह के अलावा मन्दिर में कोई विशेष रुचि नहीं होगी। बात भी सही है, यूँ ही आसानी से धरती के साथ लगाव थोड़े ही होता है। जैसे चाहत जल्दी नहीं होती वैसे ही जल्दी टूटती भी नहीं। देखो न, इतने वर्षों बाद भी कहाँ सब छोड़ पाई हूँ। जैसे ही मन थोड़ा उचट गया—याद आया पिता का घर! कंचन बा झाड़ू लेकर बुहारने लगीं।

"अरे दीदी, मैं तो तुम्हारी राह देख रही हूँ और तुम लगी धूल-जाला साफ करने।" रूखी बा की आवाज में थोड़ी नाराजगी थी।

"शक्ति माता का दर्शन अभी बन्द है, तो सोचा चलो थोड़ी बैठने लायक जगह तो करूँ।" कूड़ा इकट्ठा करते हुए कंचन बा ने कहा।

"जगदीश तो शाम को आरती करने आएगा। उससे पहले तो दर्शन नहीं होगा।"

"कौन रामपरावाले त्रिभुवन का बेटा?"

"हाँ, तुम उधर गईं तो उसे मौका मिल गया। कॉलेज किया है और मास्टरी की ट्रेनिंग भी की है। पर आजकल, स्कूल में पानी पिलानेवाले की नौकरी भी

कहाँ आसानी से मिलती है! और फिर, उसकी भी बोली लगती है। ये हमारे ठाकुर साहब बड़े दयालु! मैं तो कहती थी, गाँव के ब्राह्मण को छोड़कर आन गाँव से लाएँगे? अपनों को छोड़कर पराए का मुँह ताकने का। अब तुम्हीं कहो मौके-बेमौके, बेला-कुबेला पुजारी की जरूरत पड़े तो क्या करेंगे?"

रूखी बा के रोष को ठंडा करती हुई कंचन बा बोलीं, "अरे भाभी, अब कहाँ पहले जैसा है कि बैलगाड़ी या इक्का जोड़ना पड़े और बीच में नाला या कीचड़ आए तो पैदल जाना पड़े। और-तो-और, अब तो टेम्पू और छकड़ों की कमी कहाँ है? बारहों महीने काम-बेकाम दौड़ते रहो और उड़ाते रहो धुआँ !"

"मैं भी कैसी हूँ? मूल बात को छोड़कर, चढ़ गई गलत पटरी पर। छोड़ो, अब घर चलो। शाम को आएँगी हम दोनों ननद-भाभी।"

"भाभी तुम्हारा घर कहीं भागनेवाला है नहीं, आऊँगी। अभी तो मन्दिर में रहकर अनुष्ठान करना है।"

"कितने दिन का?"

"दो दिन का। आगे, फिर जैसी श्रद्धा और हिम्मत!"

"तब तक यहीं रहोगी? यहाँ खुले में। कोई जानवर..." रूखी बा के चेहरे पर चिन्ता और आश्चर्य दोनों थे।

"आप निश्चिन्त रहिए, मुर्दे पर बिजली नहीं गिरती।"

"ऐसा क्यों बोल रही हैं। घड़ी भर के लिए तो घर चलिए। थोड़ा चाय-पानी, कुछ नास्ता-वास्ता...।"

"आज तो कुछ भी नहीं। अरे हाँ, घर पर बेटे-बहू मजे में हैं न? अश्विन की क्या खबर है?" कंचन बा ने बात को दूसरी दिशा में मोड़ते हुए कहा, किन्तु वे शायद भूल गई थीं कि यह दिशा रूखी बा की दुखती रग थी; अथवा वे अपनी बात को टालकर उन्हें अपना दुख व्यक्त करने का मौका देना चाहती थीं। "अरे...रे...दीदी, अश्विन की तो बात क्या कहूँ? पिछले चार सालों से तो उसका कोई समाचार ही नहीं है। आखिरी बार मुम्बई से चिट्ठी आई थी। छाती पर जवान बहू और नन्हा बच्चा। भगवान ने खोजकर मुझे ही सजा दी है। मैं न तो आदमी से जुड़ाई, न बेटे से।"

"होता है...इसी का नाम ही तो संसार है।" बात को थोड़ा मजाक का पुट देते हुए कंचन बा ने कहा, "ऐसा है न भौजी, कि तुम ठहरी पूरे पाँच हाथ की। जो उठा सकता है उसी को तो भारी वजन सौंपा जाएगा न? याद है न, तुम्हारी शादी में कैसी गालियाँ गाई गई थीं।"

रूखी बा काफी ऊँची थीं, अपने वर रतीलाल से भी। विवाह में आए बरातियों को गाली सुनने में बड़ा मजा आ गया था।

"चावल से बड़ी खुद्दी, हाँ जी रे भाई हाँ जी..." रूखी बा का हाथ घुटनों को छूता था। शुरू में गली से निकलती तो झुककर चलती थीं, आज समय ने झुका दिया है। "क्या कंचन बा, तुम भी!" पचहत्तर वर्ष की रूखी बा के झुर्रीभरे चेहरे पर भी एक चमक दौड़ गई।

"मैं जरा हरजी भाई के घर हो आऊँ। आप चलिए।" बात को समेटते हुए कंचन बा सीढ़ियाँ उतर गईं। रूखी बा उन्हें जाते हुए देखती रहीं। कंचन बा पेट की बात जल्दी नहीं खोलेंगी, पर कुछ बात है तो जरूर। इस तरह मन्दिर में रहें और कुछ हो जाए तो? पर मेरी बात मानेगी नहीं, चलूँ ठाकुर साहब की ड्योढ़ी पर बात करूँ।

कंचन बा हरजी की ड्योढ़ी पर पहुँची तो जरूर, पर साँकल खटखटाने को बढ़ा हाथ संकोच से पीछे लौट आया। शायद वह न बोलें तो?'

यूँ घर भी एकदम सटा था। ऊपर से समता और हरजी का जोड़ा उन्होंने बैठाया था। वर्षों एक कुटुम्ब की तरह रहे। समता भी बेटी जैसा मान देती, किन्तु मकान बेचते समय हरजी भाई के मन को थोड़ी ठेस पहुँची थी। उन्हें खरीदना था। उनका विचार था यदि कंचन बा वाला घर मिल जाए तो भविष्य में दोनों बेटों का समावेश हो जाएगा। एक साथ ओरारे में दो कमरे और आगे-पीछे पर्याप्त खुली जमीन। गाय-गोरू और खेती सब समा जाते; किन्तु ठाकुर साहब ने कंचन बा को पहले से कह रखा था। साथ ही कंचन बा पर उनके छोटे-बड़े अनेक उपकार! उनकी बात कैसे टालतीं? हरजी भाई को नाराज करना पड़ा था।

'क्या समता पिछला सबकुछ भूल गई होगी? उसे तो मैंने...' कंचन बा मन का वाक्य पूरा करे उसके पहले ही सामने से फाटक खुला। समता खड़ी थी। सिर पर हंडा और हाथ में गगरी लिए।

"अरे माँ जी आप? आइए-आइए। मैं अभी खेत से चारा काटकर लौटी हूँ। स्कूल के पास रूखी बा के बेटे की घरवाली ने कहा कि माँ जी आई हैं। सोचा कि पहले गगरी में मीठा पानी भर लाऊँ फिर माँ जी के पास निश्चिन्त होकर जाऊँ।"

समता की आवाज की खनक ने कंचन बा के संकोच को ले लिया। समता लौटी।

"मुझे भी लगा कि समता घर पर नहीं होगी, वरना अब तक आए बिना न रहे। थोड़ा पानी हैंडपम्प से भरना है।"

ओसारे में झूले पर कथरी बिछाते हुए समता बोली : "माँ जी, कल का पानी मत भरना। खारा हो गया है? जरा रुकिए, अभी मीठे पानी की गगरी भर लाती हूँ। आपका सामान कहाँ है?"

"शक्ति माता के ओसारे में।"

कंचन बा के कान में हरजी पटेल के शब्द गूँजने लगे। 'पंडिताइन यह घर भले तुम मुझे बेचो, पर जब तक जियो तब तक तुम्हारा। गाँव में आओ तो सामान कहाँ रखूँगी, इसकी चिन्ता-फिकर नहीं। क्या मैंने अपने ही हाथों से अपने बैठने की डाल काटी! पता नहीं, क्यों कई बार तरीका सही होने पर भी सवालों के जवाब गलत आते हैं। नहीं तो, देखो न...'

"बड़ी बहू क्यों दिखाई नहीं देती?" झूले पर बैठते हुए कंचन बा ने पूछा।

"बड़ा बेटा कालू तो बाप से झगड़कर सूरत चला गया। बहू और बच्चे भी गए। मैं तो रोज आपको याद करती हूँ और मन-ही-मन उपकार मानती हूँ, कि अच्छा हुआ जो आपने मकान ठाकुर साहब को बेचा। नहीं तो, हम भी बड़ी हवेली बना लेते और फिर रोज का झगड़ा-झँझट। पास ही चूल्हा-चौका अलग करते। मेरी माँ तो कहती थी, सास के चूल्हे के बगल में दूसरा चूल्हा भले बना लो, किन्तु ससुर के घर से बाहर पैर नहीं धरना चाहिए। पर मइया, रोज के झगड़े से तो तौबा। दूरी ही भली। प्रेम भी बचा रहे और शान्ति भी।"

"छोटे गिरीश का क्या हाल है?"

"यहीं है। अपने बाप के साथ खेती करता है। चल रहा है। पिछले साल उसे ब्याहा। बहू मेरे ननिहाल की है। उसकी गोद भराई कर सीमन्त के लिए लिवा गए हैं। आप थोड़ी देर बैठिए। अभी रंजन गोबर पाथकर आती होगी।"

समता के जाने के बाद झूले पर बैठी कंचन बा का मन भी झूले के साथ...।

बड़े चन्द्रकान्त के ब्याह के समय रसोई यहाँ पर ही बनी थी। विवाह में लगभग पूरा गाँव खाने आया था। कितने उमंग से बहू का परछन किया था, मैंने। किसी भी प्रसंग में हाथ नहीं सिकोड़ा। बड़ी बहू की यहीं पर *गोद भराई के समय पैरों की छाप पड़वाई*[1] थी। शरीर से स्वस्थ थी तभी तो सह पाई। फिर उसके मायकेवालों की इच्छा थी कि भले ही खर्च बढ़े पर हमारी तो एक ही लड़की है। भगवान ने बहू को पहिलौंठी में कृष्ण-कन्हैया जैसा बेटा दिया, आनन्द। उसे भी बारह साल पूरे हो गए।

"में ए...में ए..." आवाज ने कंचन बा का ध्यान भंग किया। खुली ड्योढ़ी से बकरी का मेंमना घुसकर आँगन में घूम रहा था। शायद अपनी माँ को खोज

रहा था। कंचन बा को चन्द्रकान्त के पाँच साल के बेटे टीकू की याद आ गई। 'वह मुझे खोजता होगा? रात में किसके पास सोता होगा? दोनों में से किसी के पास भी लड़के के सोने की आदत नहीं। क्या करते होंगे?'

"अरे दादी, आप कब आईं?" सिर से गोबर का खाली झौआ फेंकते हुए रंजन कंचन बा को देखकर दौड़ी। उसकी उमंग कंचन बा को भी भिंगो गई। हाथ में गोबर लगे होने की बात याद आते ही वह हैंडपम्प की ओर मुड़ गई। कंचन बा से लगभग लिपटती हुई धम्म से उनके पास बैठ गई । कंचन बा ने उसके सिर पर हाथ फेरते हुए कहा, "तू तो बहुत बड़ी हो गई। गोबर पाथना भी आ गया।"

"हाँ, आप कहो उसके सिर पर गोबर पाथ दूँ। अब तो बाजरे की रोटी भी बना लेती हूँ।" मानो सभी प्रमाण-पत्र आज ही ले लेने हों, इस तरह रंजन खुश होकर बोली।

"किस दर्जे में पढ़ती हो?"

"नौंवी कक्षा में। पर हमारे यहाँ दसवीं तक ही है। ग्यारहवीं-बारहवीं के लिए तो कांप जाना होगा। मेरे बाबूजी वहाँ नहीं जाने देंगे।"

"मैं कहूँगी न, तो तुझे जाने देंगे।"

"सच्ची?"

"हाँ, जरूर; पर तू अभी एक काम कर। मैं जा रही हूँ। समता आए तब पानी का घड़ा मुझे शक्ति माता के ओसारे में दे जाना।"

"पर थोड़ी देर तो बैठिए। दादी माँ, कहानी सुनाइए न!"

"इतनी बड़ी हो गई। तुझे पता नहीं, दिन में कहानी नहीं कही जाती। मामा रास्ता भूल जाते हैं । तू आना मन्दिर में शाम को।" कहते हुए कंचन बा ने ड्योढ़ी का फाटक खोला। चश्मा पोंछकर गली में एक नजर डाली। दूर मोटरसाइकिल की आवाज सुनाई दी।

3

मोटरसाइकिल और कंचन बा लगभग साथ-साथ शक्तिमाता के फाटक पर पहुँचे। मोटरसाइकिल खड़ी करते हुए जयुभा बोले :

"जै नारा'ण दादी माँ।"

"जै नारा'ण।"

कंचन बा को जयुभा की आवाज में उनके दादा की खनक सुनाई पड़ी। उन्हें याद आ गया पचास वर्ष पहले का भादों का महीना। आकाश और आँख, दोनों में से किसी का भी पानी रुक नहीं रहा था। कराची से भागकर गाँव की देवी झाँपल देई के ओसारे में कंचन बा ने शरण ली थी। इसी तरह ठाकुर साहब आए थे। ऊँची, गठीली देह और आवाज से ही आधी लड़ाई जीत ले, ऐसा व्यक्तित्व। साथ ही ढाढ़स बँधाती नजर।

जयुभा पोशाक और व्यवहार में नए जमाने के प्रभाव में थे। कंचन बा के साथ-साथ सीढ़ियाँ चढ़ते हुए उधेड़-बुन में थे कि क्या और कैसे बात शुरू करें। यों भी कंचन बा जब गाँव में थी तब भी वे उनके सामने जाने से कतराते। जयुभा को हमेशा लगता कि इस माँ जी से कुछ भी छिपा नहीं रहता। यूँ तो वह आज भी यहाँ आना नहीं चाहते थे, पर...

"घर पर सब मजे में हैं?" कंचन बा के प्रश्न ने उन्हें बचा लिया।

"हाँ, आपको लेने आया हूँ। पिताजी ने कहा है।" जाली की चौखट पकड़कर खड़े-खड़े उन्होंने कहा।

देहरी पर बैठते हुए कंचन बा ने उत्तर दिया, "आऊँगी।"

"अभी चलिए न।"

"अनुष्ठान पूरा होने के बाद आऊँगी।"

"हमारे घर पर ही अनुष्ठान कीजिएगा। बारिश के दिन हैं और इस उम्र में कहीं बीमार पड़ गईं तो?"

“भगवान जैसा मालिक और फिर भी बीमार पड़ूँगी तो तुम्हारे घर ही खटिया डालूँगी।”

“ऐसा कीजिए, आज शाम को जगदीश आएगा तो वह आपको कमरे की चाबी देता जाएगा।”

“ना भई, ना। मुझे चाबी का क्या करना? यहाँ तो कमरा और ओसारा, दोनों बराबर।”

“पर दादी माँ, आपको कुछ हो गया तो हम क्या जवाब देंगे?” जयुभा की आवाज में लगाव की अपेक्षा आशंका अधिक थी। कहीं यह बुढ़िया मर गई तो? क्या पता किस काम से आई है? बहू-बेटे से झगड़कर आई हो और यहाँ आकर लम्बी तानकर सो जाए तो? पुलिस में तो सब सँभाल लेंगे, पर यूँ ही बेकार में बेमतलब झँझट मोल लेना!

बिना पूछे ही कंचन बा ने उसके सवाल का मानो उत्तर दिया : “बेटा, तुम निश्चिन्त होकर जाओ। ठाकुर साहब से कहना–मुझे कुछ नहीं होगा। अभी तो मुझे सौ साल पूरे करने हैं।” बात पूरी करते हुए जोड़ा :

“जगदीश से मैं बात कर लूँगी। अच्छा, तो जै नारा’ण।”

“जै नारा’ण।”

जाने की हड़बड़ी में जयुभा ने जूते का फीता भी नहीं बाँधा। बाइक की किक लगाते हुए मन-ही-मन बड़बड़ाए, ‘रूखी बा निठल्ली और उनसे बढ़कर पिताजी। तीन के शो में कांप पहुँच जाऊँ तो ठीक। डेढ़ तो यहीं हो गया।’

कंचन बा ने देखा कि छूटने की खुशी में जयुभा फाटक भी बन्द करना भूल गए। वह फाटक के पास आई और कुंडी लगाकर गली की तरफ ताकती खड़ी रही।

गली में अधिकतर घर ठाकुरों के थे। आधे मकान बन्द और सुनसान। बड़ा फाटक और ऊँची दीवारें। दीवारों के ऊपर रंगीन काँच के टुकड़े। चोर भीतर न कूदें इसलिए। अन्दर बड़ा आँगन और दो मंजिला मकान। उजाला बैठक खंड तक ही पहुँच पाता। भीतर अन्धकार और धुएँ का राज्य। यहाँ की घुटन कभी आग से जलने की दुर्घटना के रूप में, तो कभी अचानक अपेंडिक्स फटने के रूप में प्रकट होती थी, किन्तु सत्ता और सम्पत्ति को उन्हें दबाने में कितनी देर!

कंचन बा को याद आया। पहली बार माँ के साथ वे ठाकुर साहब की ड्योढ़ी पर गई थी। कोई आठ-नौ साल की उम्र रही होगी। माँ ने लहँगा-

ब्लाउज पर चुनरी ओढ़ाई थी और खास हिदायत दी थी कि सिर से पल्लू न खिसक जाए। उस समय ठाकुरपट्टी में नंगे सिर और चप्पल पहनकर नहीं जाया जाता था। माँ ने तो लम्बा घूँघट तान रखा था, वह इस गाँव की बहू जो ठहरी!

ठाकुर साहब की पत्नी जीजा बा हर वर्ष सती माता की पुण्यतिथि पर कुमारिका का ृंगार करतीं। ब्राह्मणियों को भोजन करातीं। जीजा बा पहले कंचन बा को गोद में बिठातीं फिर सामने पीढ़े पर। कुंकुम-चावल का टीका लगाने से पहले पूछती, नहाई हो न? और हँस पड़तीं। नन्हीं कंचन की गोद में सुनहरे लेस-गोटेवाली लाल घाघरा-चोली रखतीं और सिर पर चुनरी ओढ़ातीं। हाथ में चूड़ी पहनाकर, आँचल फैलाकर कंचन का पैर छूतीं। इतनी बड़ी जीजा बा को पैर छूते देख कंचन चकित हो जाती। पीछे खड़ी माँ आशीर्वचन बोलती, "अखंड सौभाग्यवती रहो; दूधो नहावों, पूतों फलो।"

उस दिन माँ की उँगली पकड़ी थी तो भी अन्दर के कमरे की चौखट न दिखने से ठोकर लग ही गई। माँ ने हाथ खींचकर धमकाया था। कहीं गहरे कुएँ से धीरे से आवाज आ रही थी, "नीके रहो।"

अँधेरे से अभ्यस्त होती हुई नजर ने आवाज को खोजने का प्रयत्न किया। पहले तो परछत्ती पर चमकते हुए ताँबे-पीतल के बरतन दिखाई दिए। छोटे-बड़े, हंडे-गगरों की पाँत; कहीं लोटा-गिलास। छोटी-छोटी कटोरियों को तो दीवार में ठोंकी गई कीलों पर लटका रखा था। ओटे पर पीतल की चादर मढ़े दो पिटारे में लोहे के बड़े-बड़े ताले। इनकी चाबियों का गुच्छा कमर में लटकाएँ तो कमर दुहरी हो जाए। नजर जरा नीची की तो मचिया पर बैठी थी जीजा बा। अच्छा, तो वह महीन आवाज जीजा बा की थी; रुपहली किनारीवाला हरा लहरिया और माथे पर रुपए के सिक्के जितना बड़ा गोल टीका। उनके पीछे की दीवार पर रजवाड़ी पोशाक में ठाकुर साहब की बड़ी-सी तस्वीर। बन्द गले का काला कोट, लाल पगड़ी और सफेद चूड़ीदार पाजामा। नक्काशीदार कुर्सी के हत्थों के छोर पर सिंह का मुँह उकेरा गया था। पैर-पर-पैर चढ़ाकर बैठे ठाकुर साहब हाथ से सिंह को सहला रहे थे।

ठाकुर साहब की तस्वीर किसी चित्रकार से बनवाई गई होगी। उसके नीचे लिखा था : "जसापर ठाकुर साहब श्री किरपालसिंह हरपालसिंह राणा।" कंचन को पढ़ता देख जीजा बा ने पूछा था–

"तुम्हें पढ़ना आता है बेटी?" माँ की ओर देखकर बोली, "क्या पंडित जी पढ़ाते हैं?"

"ना-रे-ना! यह तो छोटे विश्वनाथ को स्कूल पहुँचाने-लेने जाती है, वहीं दो-चार अक्षर कान में पड़ते होंगे? छोटा, जरा शरारती है, अकेला नहीं छोड़ा जा सकता उसको।"

बड़े भाई के गुजर जाने के बाद छोटे के लिए माँ का जी टँगा रहता। भाई को स्कूल छोड़ने जाना, और स्कूल की छुट्टी हो, तब तक उसका ध्यान रखना। कक्षा के लड़कों से लड़े नहीं, यह देखना। शिक्षक को खास हिदायत थी कि वह उसे हाथ न लगाएँ। यदि शिक्षक डाँटे तो दादी माँ हेडमास्टर को धमका डालें। पंचायत ऑफिस के सामने एक ऊँचा चबूतरा था। उस पर बैठकर शिक्षक लड़कों को पढ़ाते थे। नीचे खेलती कंचन धूल में अक्षर बनाती। 'क' से कमल। कमल का 'क' लिखते वक्त हुआ रोमांच आज भी पहली उँगली के पोर पर बैठा है। कमल का 'क' यानी कंचन का भी 'क'। इस साक्षात्कार का स्वागत उसने नाचकर किया था। छोटे भाई को दिखाया तो उसने शिरोरेखा के ऊपर अनुस्वार-बिन्दु लगा दिया था। फिर तो लिखने-पढ़ने की लगन ही लग गई। कभी छोटे भाई से पूछे तो वह मास्टर जैसा रौब झाड़ता। सीखना-सिखाना तो दूर रह जाता, शुरू हो जाता झगड़ा, फिर रूठना, कुट्टी। किन्तु स्कूल जाने का क्रम तो बना ही रहता।

दो अक्षर पढ़ना आने के बाद कंचन जहाँ-तहाँ बस कागज बीनती रहती। उस समय अखबार गाँव में दो जनों के यहाँ आता था। एक ठाकुर साहब के घर और दूसरा शिवचन्द दादा के घर। ठाकुर साहब के घर अकेले जाने की हिम्मत नहीं होती थी। ड्योढ़ी पर छाछ लेने या कुएँ पर पानी भरने जाती तब पैर की उँगलियों से कागज बीनती, आस-पास के लोगों की नजर बचाकर लहँगे की अंटी में छुपा लेती। बाजार या मुहल्ले में नीचे झुककर तो कुछ बीन नहीं सकती थी, नहीं तो घर पर माँ खूब पिटाई करती।

शिवचन्द सेठ का कपास-रूई का व्यापार। कंचन बा के दादा खेती के उपरान्त उनके साथ व्यवसाय में भी साझीदार थे। बाजार भाव जानने के लिए वे अखबार मँगवाते। शिवचन्द दादा कंचन को पढ़ता देख बहुत प्रसन्न होते थे। ऊपरवाले ने पता नहीं क्या सोचा होगा? ये दो अक्षर पढ़ना-लिखना आ गए तो पार लग गई। पर लगी? राम जाने!

"ये देखो न, मेरा भी मन मानता नहीं था पर विलायती साहब को राजकोट भेजना ही पड़ा न। क्या करूँ?" 'विलायती साहब', तो माँ का दिया

हुआ लाड़ का नाम। मूल नाम तो प्रवीण सिंह। चार बेटियों पर एक बेटा। बेटे के लिए ठाकुर साहब ने दोबारा ब्याह किया था। जीजा बा खुद अपनी भतीजी लाई थीं। उस समय यह नई बात नहीं थी। ईश्वर की मर्जी, बेटे को जन्म देकर जचगी में ही माँ मर गई। कहा जाता कि जचगी के समय तो स्त्री का एक पैर मसान में ही रहता है! लोग बातें करते थे, "जीजा बा के पेट में तुम नौ महीना रहो तो भी तुमको पता न चले कि उसमें क्या है? इतनी गहरी हैं।" पर बेटे का आँख की पुतली से भी ज्यादा जतन करके, उन्होंने लोगों के मुँह पर ताला लगा दिया।

यही विलायती साहब ही जसापर में नया जमाना ले आए थे। हालाँकि उन्हें उसकी भारी कीमत चुकानी पड़ी थी। शायद, इसीलिए ही लोग आज उन्हें भला भाई कहते हैं।

भला भाई की पत्नी हरिप्रिया, कंचन बा की हमउम्र थी। कंचन बा के पास कई बार मन हलका करती। हरिप्रिया भला भाई के अंग्रेजी शिक्षक की बेटी। हँसते-हँसते कहती, "पिता ने हमें प्रेम की कविता पढ़ाते-पढ़ाते प्रेम का पाठ भी पढ़ा दिया।" पुरानी बात याद आने पर कंचन बा के होंठों पर मुस्कान आ गई। "उस समय मैं साइकिल लेकर कॉलेज जाती और ठाकुर साहब तो हॉस्टल में रहते थे, किन्तु शाम को संगीत के क्लास में जाती तब पीछे-पीछे मोटर लेकर आते। मैं पैदल चलती तो वे मुझे गाड़ी पर बैठने को कहते। बैठूँ तो लोग देखें, न बैठूँ तो भी तमाशा।"

हरिप्रिया के पिताजी को पहले पता चल गया था, किन्तु उदार विचार के होने के कारण आपत्ति नहीं की, पर खुलेआम साथ भी नहीं दिया। भला भाई के लिए एड़ी का पसीना चोटी पर चढ़ाने जैसी बात थी। उन्होंने शादी की किन्तु जब तक जिए तब तक न पिता ने उनके साथ बात की और न माँ ने बहू के हाथ का पानी पिया। उनके बच्चें दादा-दादी दोनों के प्राण थे। जयुभा कॉलेज की पढ़ाई पूरी होने के बाद यहाँ का कारोबार सँभालते हैं और दो बहनों में बड़ी कुँजबाला दाजीनगर के ठाकुर साहब के चित्रकार पुत्र से ब्याही गई है और छोटी विनोदबाला आर्किटेक्ट बनकर परदेश गई है। शादी नहीं की। हरिप्रिया पिछले साल गुजर गईं। अखबार में पढ़ा था, किन्तु बड़े ने उठावने में आने नहीं दिया। कहा 'हमारा उनसे क्या? वे कहाँ हमारी बिरादरी के हैं कि...'

कंचन बा के मुँह से उसाँस निकल गई। वे भारी कदम से वापिस आईं और मन्दिर के ओसारे में साड़ी बिछाकर लेट गईं।

नींद तो आ नहीं रही थी, किन्तु पैर में दर्द हो रहा था। अभी कितना रास्ता बाकी होगा? आकाश में बादल छाने लगे थे। दिन का उजाला कुछ धुँधला पड़ गया था, शीशे पर भाप का आवरण बन जाए ऐसा। यूँ तो यह भादों है, किन्तु इस बार न तो सावन बरसा, न भादों। ऋतुओं की चाल काफी बदल गई है। ऋतु ही क्यों कंचन बा को लगा सब बदल गया है, उसी समय उनके विचार को भंग करता हुआ जोर से फाटक खटका।

4

फाटक की आवाज से कंचन बा उठ खड़ी हुईं। लगा, कोई पशु हुच्चा मार रहा है। चश्मा पहनकर देखा तो कोई लड़की लगी। मोतिया निकलवाया है फिर भी चेहरा जल्द पहचानने में नहीं आता। सीढ़ियाँ उतरकर देखा तो रंजन थी। एक हाथ में माटी की गगरी और दूसरे में पीतल का लोटा। लोटे पर पीतल की कटोरी ढँकी हुई थी। कंचन बा को देखकर बोली, ''दादी, फाटक खोलो न। मेरे दोनों हाथों में सामान है।''

कंचन बा से आगे सीढ़ियाँ चढ़ते-चढ़ते रंजन बोली, ''मुझे आने में देर हो गई क्या? चलो चाय पी लो।''

''मैंने तो तुझे पानी के लिए ही कहा था। आज मुझे और कुछ भी नहीं लेना होता है।''

''दादी, तुम कहाँ छुआछूत मानती हो?'' कहकर रंजन ने कटोरी में चाय डाली।

रंजन की बात तो सही है। दूसरे ब्राह्मण को चाय का निमन्त्रण हो तो यजमान के यहाँ नहीं पीएँगे बल्कि घर पर चाय-चीनी और दूध मँगवाएँगे। भोजन का निमन्त्रण हो तो खुद पकाएँगे और खुद खाएँगे। कंचन बा कच्चे-पक्के सीधे के पचड़े में नहीं पड़ती। त्योहार में रसोई बनाने जातीं किन्तु खाती नहीं। अन्तिम भोज कराची में अषाढ़ी पूनम को खाया था। बड़े बेटे गौतम के जन्मदिन पर। हवाबन्दर पर कंचन बा के पति अमृतलाल के भागीदार कहानमल मोता का बड़ा-सा बँगला। लाल पत्थर की वह हवेली। कहानमल के वतन बीकानेर में भी ऐसी ही हवेली थी। हर साल अमृतलाल गौतम के जन्मदिन पर शानदार दावत देते। कहानमल का विशेष आग्रह रहता कि दावत उनके बँगले पर ही हो। उनके लिए गौतम का बड़ा महत्त्व था। उसी के हाथों व्यापार का मुहूर्त करवाते थे।

कटोरी से चाय की भाप निकलते देख कंचन बा को कहानमल के आँगन के फव्वारे याद आ गए। घर में दो बग्गी और एक मोटर। छोटा रजवाड़ा ही समझिए। यूँ तो कंचन बा को भी कहाँ किसी बात की कमी थी? इस बँटवारे ने तो उनको चारों तरफ से लूटा था।...क्या-क्या गिने?

"किस सोच में पड़ गई हो दादी! यह चाय जुड़ा गई।"

"अरे हाँ, ला पी लूँ।" कंचन बा ने घूँट लिया।

"अच्छी बनी है न? मैंने अदरक और पुदीना दोनों डाला है।"

"हाँ भाई, बहुत बढ़िया है। बस अब मेरी समता को किसी बात की चिन्ता नहीं। बिटिया चौका-चूल्हा सँभालने लायक हो गई है।"

"ना रे! मुझे तो चौके में अच्छा ही नहीं लगता।"

"क्यों, तो फिर ससुराल जाओगी तब क्या करोगी?"

"मुझे तो खूब पढ़-लिखकर अरुणा दीदी की तरह अकेले रहना है। ब्याह तो करना ही नहीं है ।"

कंचन बा की बेटी अरुणा गांधीनगर सचिवालय में नौकरी करती है। रंजन इतना ही जानती थी कि वह अकेली रहती है। उसे क्या पता था कि अकेले रहना क्या होता है?

"अरे दादी, अब तो आप यहाँ ही रहोगी न?"

"यहाँ कौन रहने देगा मुझे?"

"क्यों, हमारा घर नहीं है क्या? और मैं अहमदाबाद चन्दू काका को चिट्ठी लिख दूँगी कि दादी तुम्हारी अकेले की नहीं है। हमारी भी है।"

रंजन के अधिकारभाव को देखकर कंचन बा न तो खुश हो पाईं और न ही उदास।

"दादी, तुम रहोगी न? फिर रोज कहानी कहना। पहले कैसी बढ़िया कहानी मलमास में सुनाती थी। जब से तुम गई हो तब से एक भी त्योहार करने का मजा ही नहीं आता। रतजगे में तो सभी उल्लू की तरह टी.वी. में मुँह डालकर बैठे देखते रहते हैं। न खेलते हैं न गीत गाते हैं, और न हीं गरबा करते हैं। और दादी; जगा भाई को तो पूजा करवाना भी नहीं आता।"

"ऐसा क्यों कहती है?"

"पूजा तो करवाते हैं, किन्तु गौरीव्रत के पाँचों दिन की पूजा एक साथ पहले दिन ही करा देते हैं। पूरे गाँव की लड़कियों को इकट्ठा करके। ऐसा लगता है जैसे शनिवार को पाठशाला में सभी समूह को व्यायाम की लाईन में खड़ा कर दिया गया हो। पाठशाला में माइक होती है, अन्तिम लाईन तक सुनाई देता है,

यहाँ तो अगड़म-बगड़म...जैसा अपने मन से आए वैसी पूजा करो और आरती के समय तो हद हो जाती है। कभी-कभी तो भगवान की नहीं, आगे खड़ी लड़की के पुट्ठे की आरती करते हों ऐसा लगता है।''

''बदमाश, तू तो बड़ी बातें बनाती है।''

''माँ कसम, सच्ची, एक बार तो भावना बुआ की रूपली की चुनरी दीये की लौ से जल उठी थी। वो तो अच्छा हुआ बच गई।''

कंचन बा को लगा जगदीश को इतना भी पता नहीं चलता होगा? हालाँकि लड़कियों के माँ-बाप को भी ध्यान रखना चाहिए, पर उन लोगों के पास भी कहाँ समय है? उनको याद आया, वह पहली बार जब सत्यनारायण की कथा कहने गई थी तब यजमान पति-पत्नी कहने लगे, 'पंडिताइन संकल्प करा लो, ताकि भगवान का पूजन करके हम चलते बनें। कथा खतम होने पर यह परसाद चढ़ा देना।' और दोनों चल दिए थे खेत पर। पल भर की फुर्सत न हो, ऐसे में पाँचों अध्याय सुनने कहाँ से बैठें? वह तो कंचन बा थी कि पूरी कथा पढ़ी। यदि कोई दूसरा पंडित होता तो यजमान के जाते ही अपने घर चल देता। मालिक के जाते ही हलवाहा राजा! हालाँकि यजमान को वह कथा अचूक फल देती। उसका उपवास और गृहस्थ धर्म दोनों ऊपरवाले के ध्यान से बाहर नहीं होता, किन्तु ब्राह्मण को तो किसी भी तरह से ऋण चुकाना ही पड़ता। कंचन बा को लगा, मैंने क्या किया होगा? मुझ पर अभी कितना कर्जा बाकी होगा?

कमरे की घड़ी में पाँच का घंटा बजा और कंचन बा चौंक उठीं। रंजन बैठे-बैठे फर्श पर चॉक से कुछ बना रही थी। कंचन बा खड़ी होकर पास गई। रंजन तन्मय होकर मेले का चित्र बना रही थी। चरखी, उड़न-खटोला, गुब्बारेवाला, मदारी...एक ठेले पर अलग-अलग थाली में गोल, चौकोर, षटकोण आकार की वस्तुएँ थीं। रंजन बिन्दुओं से कुछ बना रहती थी। कंचन बा ने पूछा, ''क्या बना रही है?''

''मिठाई पर भिनभिनाती मक्खियाँ।'' कहकर वह फिर से काम में मग्न हो गई। रंजन का हाथ कुछ सधा था और अवलोकन सूक्ष्म। गुब्बारा फुलाते हुए गुब्बारवाले का गाल; सिर पर गगरी रखकर पानी भरने जाता बन्दर। पास में बैठकर कंचन बा ने उसके सिर पर हाथ फेरते हुए पूछा, ''तुझे चित्र बनाना अच्छा लगता है?''

''हाँ, पर पिताजी डाँटते हैं। कहते हैं ऐसा चित्तर बनाकर क्या करना है? इससे गुजारा नहीं होगा? लेकिन दादी, मेरी टीचर को तो स्कूल में नौकरी मिली है?''

रूखी बा के बेटे अश्विन की बहू स्मिता स्कूल में चित्र शिक्षिका है। किन्तु गाँव में यहाँ तो शिक्षक को मूल विषय के बदले दूसरे विषय भी पढ़ाने होते हैं। कभी-कभी दो कक्षाएँ साथ में बैठानी पड़ती हैं, तब दो-दो विषय साथ में पढ़ाने पड़ते हैं।

"मैं स्मिता से कहूँगी, तुझे चित्र की परीक्षा का फार्म अलग से ला देगी और ध्यान देकर सिखाएगी।"

"उनको तो पता है। उन्होंने ही मुझे बताया है कि आगे चलकर अहमदाबाद, बड़ौदा या मुम्बई जाकर चित्र की पढ़ाई आगे करोगी तो नौकरी मिलेगी।"

स्मिता का ध्यान यूँ तो नहीं जाता, क्योंकि स्कूल में ऐसा कोई विशेष वातावरण नहीं था, समय भी नहीं था। बच्चों को ग्यारह से पाँच तक चुपचाप बैठाए रखो और समय पर कागजी काम पूरा करो, बस इतना बहुत हुआ। एक ओर शिक्षकों की कमी हो और अगर उसमें नई नियुक्ति पर कटौती की जा रही हो, उसमें भी इक्के-दुक्के ही स्थायी रहनेवाले, बाकी नजदीक के शहर से अप-डाउन करनेवाले।

स्मिता की ससुराल गाँव में है। बाकी दूसरे सामाजिक सम्बन्ध भी थे। एक बार रविवार को वह तालाब पर कपड़े धोने गई थी। घाट पर जाकर कपड़े की बाल्टी पत्थर पर रखी, तभी रंजन दौड़कर पेड़ के पीछे छिप गई। स्मिता ने देखा तो रंजन ने भैंस की पीठ पर पतंग उड़ाती हुई लड़की का चित्र बनाया था। रंजन को ऐसा लगा कि बहनजी को पता चल जाएगा कि मैं स्कूल से चॉक चुराती हूँ। फिर तो रंजन को सफेद ही नहीं रंगीन चॉक भी मिलने लगी। स्कूल में रंगोली, चित्र अथवा महेंदी स्पर्धा हो सब जगह रंजन ही आगे। किन्तु, भैंस को चराने या नहलाने जाती रंजन को सबसे ज्यादा मुक्ति तो भैंस की पीठ पर चित्र बनाते हुए लगती। उसका विशिष्ट ब्लैक बोर्ड और कल्पना का रंगीन आकाश! पर जब उसे याद आता कि पिता...

"दादी, अरुणा दीदी को आपने शहर में पढ़ने भेजा था न?"

"हाँ, किन्तु चित्र की पढ़ाई करने के लिए कार्तिक को भेजा था, पर वह वापिस आया।"

"क्यों?"

"उसमें बड़ी मेहनत करनी पड़ती है। एकचित्त होकर आठ-आठ घंटे काम करना पड़ता है। कभी-कभी बड़ा चित्र बनाना हो तो कई दिन लग जाते हैं। खड़ा रहना पड़ता है। कार्तिक ने पढ़ाई पूरी नहीं की। वापिस आ गया।"

“पर दादी, मनपसंद काम होने पर मेहनत करने में मजा नहीं आता?”

“हाँ, तेरी बात बिलकुल सही है, किन्तु कइयों की तो आधी जिन्दगी बीत जाए तब तक क्या अच्छा लगता है, यही पता नहीं चलता। रूखी बा के अश्विन को ही देख! मुश्किल से मैट्रिक पास हुआ । फिर कहता है कि व्यापार करना है। बेचारी रूखी बा ने इधर-उधर से उधार लेकर पैसे दिए तो कपड़े की दुकान खोली। अब यहाँ तो लोग अच्छी सब्जी ढूँढ़ने भी कांप जाते हैं, ऐसे में उसकी दुकान चलेगी? करीब साल भर में वह धन्धा छोड़कर बोला कि कॉलेज करना है। वह भी अधूरा, फिर नाटक के चक्कर में पड़ा। राम जाने...कहाँ होगा?”

“दादी, सभी तो कहते हैं कि उसके बापू भी गुम हो गए हैं, यह बात सही है?”

“क्या पता! होगा, जिसका जैसा करम। तू छोड़ ये सब झँझट और अब घर जा। समता तेरी राह देखती होगी।”

“पर पहले आप बताओ कि कहानी कहोगी न?”

“पर किसकी?”

“लो भूल गई? मलमास की।”

कंचन बा को लगा कि रंजन को याद है और खुद कैसे भूल गईं? यद्यपि एक तरह से यह ठीक भी है कि अभी तो ऐसा लगता है कि विस्मरण में ही सुख है, किन्तु यह मन घूम-फिरकर...

“ठीक, सभी इकट्ठा होंगे तो मलमास की आनन्दधारा में से दो-चार कहानियाँ पढ़ेंगे; किन्तु मेरी किताब तो अहमदाबाद ही छूट गई है।”

“मेरी माँ के पास है किताब, किन्तु उसे आपकी तरह पढ़ने नहीं आता। मैं ले आऊँगी।”

“ठीक है! ये बरतन लेती जा और मुझसे पूछे बिना अब कुछ भी मत लाना। शाम को आरती में आना।”

रंजन के जाने पर कंचन बा एक पल के लिए एकदम अकेली हो गईं। अचानक उन्हें सब कुछ खाली-खाली लगने लगा। रंजन थी तब तक सब कुछ भरा-भरा लगता, कभी-कभी सघन भी। उसका बोझ भी लगता था। शायद खुद वर्तमान और भूतकाल की खींचतान में बार-बार फँस जाती थीं। प्रयत्नपूर्वक निकलतीं और फिर फँस जातीं। और अब एकदम अचकचा जाए इतना खालीपन। जैसे, आप किसी बरतन को भरा हुआ समझकर उठाने जाएँ और वह खाली निकले।

"क्या किया जाए?" खूँटी से थैली उतारकर उसमें से माला निकाली। गोमुखी निकाली। गोमुखी के लाल कपड़े को यूँ ही देखकर सोचने लगीं। ऐसा क्यों होगा? माला फेरते समय गोमुखी हाथ में पहननी होती है। किसी की नजर माला पर न पड़े इसीलिए न! हमें धर्म का आचरण इस तरह करना चाहिए कि जिससे दूसरों को पता न चले, ऐसा क्यों होगा? हकीकत में तो अपने सम्मुख भी जताना नहीं चाहिए कि मैंने तो सवा लाख जप किया। मैं तो रोज तीन घंटे पूजा में रहती हूँ, हर एकादशी को उपवास और सीधा तो देना ही है, साढ़े चार महीने का एक ही बार भोजन, फलां की तिथि पर गाय को घास और दूसरे की तिथि पर अभिषेक! हमें तो भीतर और बाहर सभी जगह तख्ती लगवाए बिना चलता ही नहीं!

कंचन बा सती माई के स्थान के पास नीम के चबूतरे पर बैठीं। एक माला पूरी होने पर उसका मेरु और फुदना हाथ में आया, दूसरे ही पल मनका उँगलियों पर आ गया। फिर दूसरी माला। एक अविराम क्रम। इस जीवन का भी कुछ ऐसा ही है। कई बार लगता है कि चलो पार लगे, मन क्षण भर चैन की साँस ले-न-ले तब तक तो नया मनका हाजिर। फिर नई माला, नई जिन्दगी, नया प्रकरण ! शायद यह निरंतरता ही जीवन है!

दिन धीरे-धीरे ढलने लगा था। कंचन बा के ओठ धीरे-धीरे थोड़े फड़कते रहे, अँगुलियों के बीच से मनके सरकते रहे पर आँखें फाटक की ओर लगी थीं। शायद वह राह देख रही थी।

5

घड़ी में छह का घंटा बजा और कंचन बा की माला फेरती उँगलियाँ थम गईं। जाप करते समय फड़कते ओंठ, अधखुली आँखें, चौकन्ने कान और किसी और ही पटरी पर चढ़ा मन...कंचन बा के भीतर सब गड्ड-मड्ड होने लगे। पिछले दस वर्ष से घड़ी के काँटे के साथ बँधी हुई जिन्दगी का समयपत्रक 'सावधान' करता और फिर याद आने पर 'विश्राम'। आनन्द कराटे की क्लास से आ गया होगा? मन्दिर का फाटक खड़कने से कंचन बा का ध्यान गया। उन्होंने पूछना चाहा : 'किसका काम है?' पर तुरन्त ही 'अरे, यह तो माँ जगदंबा का स्थान! यहाँ किसे काम न होगा?' अपने आप पर शरमिन्दा होकर उन्होंने आँखें बन्द कर लीं।

फाटक खोलते हुए जगदीश की आँखों ने सती माई के चौतरे पर बैठी हुई कंचन बा को खोज निकाला। यूँ तो गाँव में पैर रखने के साथ ही उसे समाचार मिल गया था। बाजार में हरीश की दुकान पर बैठे हरजी पटेल के गिरीश ने तो सीधे फरमान जारी किया :

"जगा भाई, बाँधो बोरिया-बिस्तर और चलते बनो।"

"नहीं, नहीं गिरीश कहीं ऐसा होता होगा?" हरीश ने आग बुझाने का अभिनय करते हुए उसे हवा दी।

"अरे दामादजी, इनको आप जानते नहीं हैं, बड़ी ऊँची चीज हैं!"

जगदीश ने बौखलाते हुए कहा, "अरे भाया! कुछ साफ-साफ कहोगे भी या फिर तुम दोनों ही लड़ोगे।"

"चल, मैं बताता हूँ," कहकर जयुभा ने जगदीश के कन्धे पर हाथ रखा।

हवेली पर ठाकुर साहब ने इतना ही कहा, "आज शाम को लौटते समय चाबी कंचन बा को देते जाना!"

जगदीश को बहुत कुछ पूछना था, 'क्यों?' किन्तु उसकी हिम्मत न चली। यह तो जयुभा के साथ याराना है, तो इतना पैर टिकाने को भी मिला है, नहीं तो...किन्तु भीतर से दहल गया ही। यह बुढ़िया अब?

साइकिल खड़ी करते हुए जगदीश ने देखा। कंचन बा माला पूरी करके मेरु का मनका आँख से छुआ रही थीं। 'नहीं, नहीं, यह बुढ़िया ऐसी तो नहीं लगती कि दिया हुआ दान वापस ले ले।' उसे कंचन बा का विशेष परिचय न था। पास के किसी भी गाँव में ब्रह्मभोज होता, तो आसपास के चारों ओर के गाँवों के ब्राह्मण परिवार आए दिन मिलते, परन्तु कंचन बा ने तो ब्रह्मभोज में न जाने का व्रत लिया था। भले-बुरे प्रसंगों में उनकी उपस्थिति अवश्य रहती। जगदीश ने पहली बार कंचन बा को अपने दादाजी के मृत्यु-प्रसंग पर देखा था। वे शोक व्यक्त करने आईं थीं।

रामपरा कंचन बा की ससुराल। हालाँकि वर्षों से उनका परिवार कराची में व्यापार करता। उनके ससुर जन्मे भी थे कराची में। जिस गाँव में न तो बचपन की यादें हों, न बाप का घरबार, न खेतीबाड़ी–वह अपना लगे भी तो कैसे? अमृतलाल ने तो गाँव का सीवान तक न देखा था। बँटवारे के बाद कंचन बा जसापर आईं और रामपरा के साथ पुराने सम्बन्ध फिर से जीवित हुए।

जगदीश को दादा की मातमपुरसी का वह दृश्य आज भी याद है। तब वह रहा होगा कोई सात-आठ वर्ष का। गाँव की रुदालियाँ रोज आकर मरसिया गातीं और छाती कूटतीं। घर की स्त्रियों को उसमें शामिल होना पड़ता। जगदीश की माँ बेचारी तीन दिन से यह पीड़ा सह रही थी। एक तो दमा था, ऊपर से यह रोना-धोना। ऊपर से रिश्तेदारों के फूले हुए मुँह देखना, सो अलग। कंचन बा ने एक ही आवाज में सब बन्द करवा दिया था।

'दादाजी भरा-पूरा परिवार छोड़कर गए हैं। और नब्बे वर्ष का चलता-फिरता आदमी बेटों के कन्धे पर चढ़कर जाए, उससे ज्यादा भाग्यवान और कौन होगा! अब शान्ति रखो और पीछे जो बचे हैं उनकी तो सोचो। भगवान का नाम लो।'

जगदीश को लगा, यह बुढ़िया भी बेटे के पास प्रभु भजन करने तो गई थी फिर यहाँ क्या लेने चली आई? उसने विचार किया कि थोड़ा चौकन्ना रहना पड़ेगा।

माला पूरी करने के बाद कंचन बा ने देखा। जगदीश मन्दिर के ओसारे की जाली खोल रहा था। जगदीश के रंग-रूप, वेशभूषा और व्यवसाय में कोई मेल न था। बड़े-बड़े रंग-बिरंगे छींटवाला बुशर्ट और पैंट। सिर पर भांड़ के जैसे लम्बे बाल, मुँह में सुर्ती के कारण निचला ओंठ लटका हुआ। 'सरड़-सरड़' आवाज

के साथ जगदीश मन्दिर बुहारने लगा। वह बुहार रहा था या धूल उड़ा रहा था! कंचन बा को लगा, 'एक अच्छी झाड़ू हो, तो मन्दिर साफ रहे। समता से कल कहूँगी, वह ले आएगी। पर यह जगदीश कुछ उलटा समझे तो! किन्तु माताजी के काम में भी स्वार्थ की गन्ध ले ऐसी नाकवालों से डरना क्या? क्या जीवनभर हमें दूसरों को प्रतीति ही कराते रहना है! सत्यता, स्पष्टताएँ और प्रमाण-पत्र! नहीं रे, मैं तो अपने राम को ही जवाब देने के लिए बँधी हूँ। दूसरे का अहित हो, तो चिन्ता।'

ओसारे में आकर उन्होंने मटके से पानी निकालकर पिया। माताजी की कोठरी खुली थी। कोठरी की चौखट पर खड़ी-खड़ी दर्शन करने लगी। कोठरी के सामने की दीवार पर बीच में संगमरमर के लगातार तीन सीढ़ीनुमा चौतरे चढ़ते-उतरते क्रम में थे। दूसरे चौतरे पर सिंहवाहिनी अष्टभुजा माता की तीनेक फीट ऊँची सफेद संगमरमर की मूर्ति थी। सौन्दर्य और शक्ति का प्रतीक माताजी का स्वरूप सुन्दर लग रहा था। मूर्ति के सामने के भाग में दोनों ओर खड़ी दीवट और बीच में ताँबे का तष्टा, आचमन और पंचपात्र पड़े थे। पूजा के बरतन इमली की खटाई की राह देख रहे थे। कमरे की बाईं दीवार पर छोटी अलमारी थी। कंचन बा ने अलमारी के हत्थे पर अपनी उँगलियों की छाप देखने का प्रयत्न किया। मूल रूप से वह रसोईघर की अलमारी। अभी खुलेगी और ऊपर के खाने में हल्दी-मसाले के मर्तबान और नीचे के खाने में तेल-घी के डिब्बे के पास में रोटी का डिब्बा पड़ा होगा।

जगदीश बाड़े में से कनेर के दो-तीन फूल ले आया। उसने धीरे से कमरे का दरवाजा बन्द किया। दहलीज पर खड़ी कंचन बा दो कदम पीछे हट गईं। यद्यपि उन्हें पीछे हटने की जरूरत न थी। शायद, जगदीश की इस हरकत ने उन्हें पराया बना दिया। बाहरी आदमी को कमरे के अन्दर झाँकने की अनुमति कहाँ होती है?

नजर के सामने बन्द दरवाजे को देखते हुए कंचन बा घड़ी भर शुद्ध वर्तमान में ठिठक गई। दरवाजा खुद बन्द करना और दरवाजा कोई दूसरा बन्द करे–इन दो घटनाओ के बीच जमीन-आसमान का अन्तर है। 'जै माताजी' की आवाज के साथ दरवाजा फिर खुला और कंचन बा ने सिर पर पल्लू लेते हुए खुद को सावधान किया। जगदीश ने पैंट बदलकर पीताम्बर पहना था। उसके खुले कन्धे पर जनेऊ था। सामने बाईं ओर अधखुली अलमारी से माताजी की चुनरी और जगदीश के शर्ट की बाँह झाँक रही थी। हरे रंग के ऑइल पेंट के नीचे मसालों की गन्ध और घी-तेल की चिकनाहट ढँक गई थी। एक गहरी साँस

लेकर उन्होंने कमरे के दाईं दीवार की बड़ी आलमारी के शीशे की सतह को नजर से टटोला। अरुणा कहती थी, 'माँ, मैं नौकरी करूँगी और फिर सबसे पहले ड्रेसिंग टेबल बनवाऊँगी।' मुग्धा अरुणा की एक भी निशानी इस दर्पण में नहीं थी। पिछली दीवार के ऊँचे झरोखों से आता प्रकाश और दो आलमारियों के सिवाय सभी कुछ नया था। कंचन बा ने निःश्वास छोड़ते हुए 'हरिओम' कहकर मन को दूसरी ओर मोड़ा। उन्होंने देखा, जगदीश रूई लेकर बाती बना रहा था। उसे ठीक से आता न था। बोली, "ला बना दूँ।"

"अभी चलेगा।" कहकर जगदीश घी का डिब्बा लेने मुड़ा। कंचन बा ने आग्रह नहीं किया। वे जाकर माताजी के सम्मुख ओसारे में बैठीं। शाम होने को आई थी। आकाश में खिले रंगों की ललाई मन्दिर के ओसारे और आँगन में झलक रही थी। पेड़ पर बैठे कुछ पक्षी कलरव कर रहे थे। नीम की कोटर में रहनेवाले तोतों की आवाज मुखर थी। पुराने निवासी होने के कारण वे अधिक दावा करते होंगे! तू-तू-मैं-मैं करते बच्चों को देख मुस्कुराते बुजुर्ग की तरह नीम धीरे-धीरे डोल रहा था ।

दिन के ढलते हलके उजाले में कंचन बा ने ओसारे के बीचोबीच जड़ी हुई तख्ती पढ़ी। 'स्व. श्री अमृतलाल देवशंकर शुक्ल के स्मरणार्थ उनकी धर्मपत्नी गंगास्वरूप श्री कंचन गौरी ने माताजी के मन्दिर का फर्श बनवाया है। संवत् 2034 अक्षय तृतीया, रविवार...।' बड़े ने बिना बताए ही ठाकुर साहब को पैसा भिजवाया था। आदतवश पूरा पढ़ा तो सही, पर कंचन बा का कलेजा टुकड़े-टुकड़े हो गया। 'अरे रे, मैं इतनी अधम! देनेवाले तो दाहिने हाथ से दें, तो बाएँ हाथ को भी पता न चलने दें। दिया, यश लिया और अब वापस वसूल करने आई हूँ!' दोनों हाथ जोड़कर वे मन-ही-मन गिड़गिड़ाने लगीं।

'माँ, मुझे—अपनी बेटी को माफ करना। तुझे अर्पित की गई कोई भी वस्तु मुझे नहीं चाहिए। यह तो विपद की मारी, मैं तेरे शरण आई हूँ, किन्तु इस देह से तेरा ऋण चुकाए बिना मैं मरूँगी नहीं।'

आरती की घंटी की आवाज ने जैसे कंचन बा को थाम लिया। खड़ी होकर ओसारे में लटकती घंटी बजाने लगीं। रोज तो जगदीश अकेला होता। फिर वह एक हाथ से आरती करते-करते दूसरे हाथ से घंटी बड़ी मुश्किल से बजा पाता। घंटी की लय निभाने जाए, तब आरती की लय टूटती और आरती की निभाने जाता, तो घंटी की। यूँ भी जीवन में एक लय निभाना कठिन है, और यहाँ तो दो-दो लय...पर आज घंटी की आवाज से पास-पड़ोस के दस-बारह बच्चे खिंचे चले आए । समता की रंजन आकर अधिकारपूर्वक कंचन बा की बगल में खड़ी

हो गई। आरती के बाद बच्चों को खाली हाथ जाते देख कंचन बा ने सोचा, 'माताजी को कुछ प्रसाद चढ़ाना चाहिए। कल किसी से कहूँगी। किन्तु...'

"ऐ लड़को, फाटक बन्द करते जाना।" चीखते हुए जगदीश ने कमरे का दरवाजा फिर बन्द किया। रंजन ने कंचन बा से लिपटते हुए पूछा, "दादी, यह जगा भैया भीतर क्या करते होंगे?"

"पूजा।"

थोड़ी देर में पैंट पहन प्लास्टिक की थैली लेकर जगदीश बाहर आया। जगदीश को देखकर रंजन हँस पड़ी। कंचन बा उसे टोकने गई, इससे पहले तो...

"जगा भैया, क्या धोती पहनकर साइकिल नहीं चला सकते?" रंजन ने पूछ ही लिया।

"बड़ी मुँहजोर है। लो माई, यह चाबी" कहते हुए जगदीश कंचन बा की ओर मुड़ा।

"बबुआ, मुझे चाबी का क्या काम?"

"ठाकुर साहब ने कहा था।"

"भले, किन्तु मुझे चाबी की जरूरत नहीं। तुम निश्चिन्त होकर मन लगाकर देवी की पूजा करो और मेरे लिए तो ओसारे का यह कोना ही बहुत है।"

"ठाकुर साहब पूछेंगे तो..."

"तो कहना, दे दिया। बाकी मैं देख लूँगी। अच्छा चलो, जै माता की।"

जगदीश ने कमरे का मुख्य दरवाजा बन्द नहीं किया। भीतर नाइट लैम्प चालू रखा। आधी जालीवाला दरवाजा बन्द करके चाबी जनेऊ में बाँधते हुए उसने सोचा, 'ये गिरीश और हरीश बेकार में भड़काते हैं। इस माई को तो कुछ चाहिए ही नहीं।' यह वाक्य मन में पूरा करे इसके पहले शंका ने सिर उठाया। 'कहीं इनका कोई बड़ा प्लान न हो! ठाकुर साहब के कान भरकर वे चुपचाप अपना उल्लू सीधा करें। क्या करूँ चाबी दे दूँ? किन्तु वह तो लेती ही नहीं। वे न लें और ठाकुर साहब से जाकर कहें कि मुझे तो दिया नहीं।'

सीढ़ियाँ उतरते हुए जगदीश को आरब और ऊँट की कहानी याद आ गई। जाड़े की रात में रेगिस्तान की ठंड से बचने के लिए ऊँट ने थोड़ा-सा मुँह तम्बू में डाला था और अन्त में आरब को बाहर धकेल दिया था। उसने सोचा, किन्तु यह तो उँगली पकड़ने से भी मना करती हैं। जरूर कोई बड़ी कारगुजारी करेंगी। पीछे के बाड़े की जगह पर तो इनकी नजर नहीं होगी! पर अब उनका क्या हक्क? उन्होंने तो ठाकुर साहब को मकान बेच दिया था और ठाकुर साहब ने

पूरा बन्दोबस्त कार्यभार पंचायत को सौंप दिया है। इस चुनाव में सरपंच ने वचन दिया है कि पीछे कमरा बनवा देंगे । किन्तु यह सरपंच सविता यूँ भी औरत जात। उसे तो अँगूठा ही लगाना है। फिर जिसका अपने घर में रत्ती भर न उपजे, उसकी पंचायत में कौन सुने? एक क्षण जगदीश को लगा, उसका सब कुछ लुट गया। सुबह-शाम दीया-बाती के लिए महीने के जो दो सौ रुपए मिलते हैं, उसमें तो साइकिल का पंचर भी महँगा पड़ जाए। यह तो तीज-त्योहार पर पूजा-कथा होती है, तो बारह महीने का अनाज हो जाता है। पर लगता है कि अब यहाँ से अन्न-जल उठ गया।

ठाकुर की हवेली के सामने से गुजरते हुए जगदीश एक पल रुका। 'मिल लूँ?' फिर सोचा कि पहले सरपंच के घर होता जाऊँ। सविता बहन का देवर रवजी मास्टर अपना मित्र है। पहले से ही उसके कान में बात डाल दूँ, ताकि चिन्ता न रहें। जगदीश ने साइकिल सरपंच के घर की ओर मोड़ दिया।

6

सरपंच सविता बहन का घर गाँव के छोर पर। आजादी के पचास वर्षों बाद भी हरिजन टोला गाँव के केन्द्र में नहीं आया; पर पिछले सात-आठ सालों से जसापर के हरिजनवास की कायापलट हो गई है। शना भाई के विधायक चुने जाने पर समाज कल्याण की योजनाओं को सही दिशा मिली है। यूँ कहीं शना भाई को कोई पार्टी सामने से तिलक लगाने आए, ऐसा इतिहास में तो नहीं हुआ। किसी बाहुबली के पिछलग्गू सवर्ण तालाब के उस पार की बस्ती के लोगों को 'इंसानों' में कहाँ, गिनते थे? छोटे-बड़े प्रलोभनों, आँखों की शरम या जोर-जबर्दस्ती से वोट बटोर ले जाते। यह तो आरक्षित सीट बनी, तो जसापर की सीट शना भाई जैसे के हिस्से में आई। पहली टर्म तो उन्होंने भूतपूर्व विधायक के जी-हजूरिया के रूप में पूरी की, किन्तु दूसरी टर्म में शना भाई ने अपनी सामर्थ्य प्रकट की। आदमी बहुत चतुर नहीं है, किन्तु समझदार जरूर है। उसने पहले सब देख-परख कर अच्छे-बुरे आदमियों की रग पहचान ली। आज जसापर के हरिजन टोला में लाइट का खम्भा, हैंडपम्प और पक्के रास्ते देखें तो आपको शना भाई का असर दिखाई देगा।

शना भाई बड़े सीधे-साधे इंसान। वे भले और उनका हथकरघा भला। पिता वालाभगत के भजन का उत्तराधिकार छोटे भाई रवजी के गले ने सँजोया तो बुनाई शना भाई की उँगलियों ने। पिछले कुछ सालों से पोलिस्टर खादी का चलन बढ़ने पर बुनाई में भी अच्छी बरकत हुई थी। जैसे ही, जसापर की सीट आरक्षित घोषित हुई कि छोटे भाई रवजी मास्टर ने मौके का फायदा उठाया। भला भाई को मध्यस्थ बनाकर उसने शना भाई का टिकट पक्का करवा लिया। समय का बदलता हुआ रूप किसी से भी छिपा न था, किन्तु छोड़े कौन? पहल कौन करे? भूतपूर्व विधायक भारत सिंह के लिए गाँव के सबसे बड़े जमींदार भला भाई के वचन का उल्लंघन करना सम्भव नहीं था। बेटे वीरभद्र के छोटे-बड़े

पराक्रमों को रफा-दफा करने के लिए बीसियों बार भला भाई का अहसान लेना पड़ता। यदि पद छोड़ने पर भी हाथ ऊपर रहे तो बहती गंगा में हाथ धोने से कौन चुकेगा? इस प्रकार शना भाई विधानसभा तक पहुँच सके। पिछले साल उनकी पत्नी सविता बहन महिला सरपंच चुनी गईं ।

जगदीश ने शना भाई के मुहल्ले की ओर साइकिल मोड़ी ही थी कि बारिश शुरू हुई। एक बार उसे लगा कि किसी के घर के पास खड़ा हो जाए, पर वह सामने के छोर पर पहुँच गया। गले में लिपटे हुए पोलिस्टर के रूमाल से मुँह पोंछते-पोंछते जगदीश ने रवजी मास्टर का दरवाजा खटखटाया। ड्योढ़ी के ऊपर बनी हुई कोठरी की खिड़की से किसी ने झाँका।

"जगा बाभन आए हैं।"

जगदीश ने सुना। ड्योढ़ी खुलने पर रवजी ने ऊपर से ऊँची आवाज में जगदीश को सामने ओसारे में बैठने के लिए कहा।

ड्योढ़ी, बीच में बड़ा-सा आँगन, फिर एक ओसारे में चार कमरे और ऊपरी मंजिल पर भी उतने ही। ओसारे की सीढ़ियों के पास रवजी का स्कूटर खड़ा था। जगदीश ने संकोच के साथ ओसारे में पड़ी हुई लोहे की कुर्सी पर आसन जमाया। रवजी मित्र सही! कॉलेज और बी.एड. करते हुए एक साथ थे, किन्तु घर आना-जाना बहुत कम होता। दोनों के बीच की खाई कांप में जाते समय पट जाती और गाँव में आने पर फिर कब प्रकट हो जाती, इसका पता ही न चलता।

एक प्रपात की तरह कोठरी की सीढ़ियों से लड़के धड़धड़ाते नीचे उतरे। जगदीश का जी जल उठा। रवजी हाई स्कूल में शिक्षक है और उसकी पत्नी गाँव की प्राथमिक शाला में। नौकरी के अलावा ट्यूशन की आमदनी भी। इतने में लड़कों के बाद, रवजी नीचे उतरा। आकर झूले पर बैठते ही उसने एक ओर सेल्युलर फोन रखा और अपने पास में जगह बनाते हुए जगदीश को बैठने के लिए कहा ।

"आओ बैठो मा'राज।"

"यहाँ ठीक है।" कहकर जगदीश ने मना किया, फिर पूछा, "क्या आज की शिफ्ट पूरी हो गई?"

"नहीं, नहीं, अभी एक बैच बाकी है।"

"पूरे दिन लगातार काम करके थकान नहीं लगती?"

"इसमें कहाँ कुआँ खोदना है? इन्हें तो बिठा ही रखना है। पढ़ें तो ठीक, बाकी अक्षर सुधरे तो भी बहुत है, फालतू बैठने से यह गल्ला भला।"

"दसवींवाले होंगे?" जगदीश ने बीस-बीस की बैच का हिसाब लगाते हुए पूछा।

"नहीं रे, वो माथापच्ची कौन करे? हमें तो आठ-नौ का ही लेना है। परीक्षा स्कूल में हो, यानी..."

"घर का ओझा और घर के भूत।" जगदीश ने पूरा किया।

जगदीश के तीर को पकड़कर भोथरा करते हुए रवजी ने पूछा : "बोलो, आज इस तरफ कैसे?"

"सविता बहन नहीं हैं?"

"भैया-भाभी गांधीनगर गए हैं। कोई काम था?"

जगदीश सीधे प्रश्न का सामना होने पर हिचकिचाया। क्या करूँ? बाढ़ आने के पहले पाल बाँधने निकले जगदीश को अन्दाजा न था कि क्या कहे? यूँ तो कुछ भी न हुआ था। एक बात तो दीये जैसी साफ थी कि मन्दिर का काम उसे रहम से मिला था। यों भी निहोरेवाला आदमी हक्क-दावे की बात किस मुँह से करे? किन्तु कहना तो था। वैसे रवजी दोस्त है। साथ पढ़े भी, पर इस बात को एक अरसा हो गया। तब वह विधायक का भाई नहीं था। जगदीश को चुनाव के समय सविता बहन का दिया हुआ वचन याद आया। पंचायत शक्ति माई के थान के पीछे पुजारी के लिए कमरा बना देगी। तीज-त्योहार के समय औरतों को पूजा में दिक्कत न हो और सावन महीने में कथा वार्ता भी हो सके । किन्तु चुनावी वचन...आखिर में उसने तिनके का सहारा लिया।

"सविता बहन से जरा बात करनी थी। इस अप-डाउन में साइकिल खींचकर थक जाता हूँ। सविता बहन ने शक्ति माई के थान के पीछे की जगह में पुजारी के लिए कमरा बनाकर देने के लिए कहा था। यहाँ रहूँ तो आप जैसों की सिफारिश से दो-चार अच्छा ट्यूशन मिल जाए। हमारे रामपरा में प्राथमिक पाठशाला है। ट्यूशन करने में मेहनत ज्यादा और मिलता कुछ नहीं। आज थोड़ा समय था, सोचा, बहन को मिलता जाऊँ।" जगदीश बोल रहा था और रवजी के चेहरे के बदलते भाव देख रहा था। बात पूरी करते-करते उसे लगा कि रवजी उसके एक-एक वाक्य को ठोक-पीट कर देख रहा था और रद्द करके पास के कूड़ेदान में फेंकता जा रहा था।

जगदीश चुप हो गया। रवजी कुछ बोलने को हुआ, तभी पास में पड़ा हुआ फोन बज उठा। फोन लेकर रवजी ओसारे के छोर पर रसोई में गया। फोन की बात रोककर, उसने कुछ कहा। जगदीश ने अनुमान लगाया कि चाय बनााने के लिए कहा होगा। फोन पूरा करके रवजी आया तो उसने कहा, "चाय नहीं पीनी है।" रवजी ने कहा, "तो रोटी खाकर जा।" फिर हँसते-हँसते बोला, "मैं बाहर किसी से नहीं कहूँगा।"

"नहीं, नहीं! ऐसा नहीं है, पर घर पहुँचने में देर होगी और यह बारिश अभी रुकी है, पर आएगी जरूर।"

रवजी उठ खड़ा हुआ और जगदीश को विदा करते हुए बोला : "तू इतमिनान रख। कंचन बा तेरे रास्ते में नहीं आएँगी। वे तो खुद्दार औरत हैं, फिर भी कुछ हो तो मैं बैठा हूँ न।"

"अच्छा" कहते हुए जगदीश ने रामपरा की दिशा पकड़ी। रवजी को वर्षों पहले के तपते-झुलसते दिन याद आ गए। रवजी बारह-तेरह वर्ष का होगा। गाँव में हरिजनों का एक कुआँ था। उनका हौज भी अलग। गर्मी में कुएँ का पानी खारा हो जाता। मीठे पानी के लिए या तो सवर्णों के कुएँ पर जाना पड़ता या तो रामपरा के रास्ते में भाड़िया कुएँ पर। भाड़िया दूर था और गर्मी का उज्जड़ रास्ता, बड़ा कठिन। गाँव के कुएँ पर सुबह-सुबह जाना होता, यदि किसी को दया आ गई तो घड़ा-दो-घड़ा पानी डाल देता। कितना गिड़गिड़ाने के बाद मुश्किल से शाम तक चले इतना पानी मिलता। कभी तो लगता कि आँसुओं से ही प्यास बुझती तो कितना अच्छा था? किन्तु वे भी खारे-खारे। कराची से आने के बाद कंचन बा का नियम, रोज सुबह कंचन बा और उनकी बेटी अरुणा कुएँ पर दो घंटे खड़ी रहतीं। कंचन बा को कोई पूछता, 'पंडिताइन सबेरे-सबेरे फुरसत मिल गई? पूजा-पाठ और चूल्हा-चौका सब निपट गया?'

कंचन बा कहतीं, 'हाँ, यहाँ पानी खींचते-खींचते पूजा का पाठ हो जाता है।' दो घंटे में जो कोई भी आता माँ-बेटी उसे पानी खींचकर देतीं।

कोई गाँव बिना पंचायत के रहा है, कि यह रहे। गाँव में कानाफूसी शुरू हो गई। कंचन बा ने कहा, 'तुम्हारा धरम तो भ्रष्ट नहीं हो रहा, फिर क्या? और मेरे लिए दुखता हो तो या तो उन्हें पानी भरने दो और नहीं तो उनके मुहल्ले में नया कुआँ बनवा दो। ठाकुर साहब ने नया कुआँ बनवा दिया था। मुहल्ले में सब उसे बुआ का कुआँ कहते थे। रवजी के पिता वाला भगत को कंचन बा राखी बाँधती थीं।

कुआँ बनने के बाद कंचन बा की आवाजाही हरिजन वास में बढ़ गई। फिर ऐसा हुआ कि रवजी की बहन का विवाह था। लग्नोत्री आई थी, किन्तु स्वागत करनेवाला ब्राह्मण कांप गया था। वाला भगत कंचन बा को बुला लाए। कंचन बा ने समधी से संकल्प लिवाकर लग्नोत्री का स्वागत किया था। दक्षिणा में कंचन बा ने भगत से भजन करने का वचन लिया था।

वाला भगत की उमर कोई खास न थी। बचपन में विवाह हुआ, किन्तु गौना होने के पहले ही कन्या मर गई। फिर दूसरी औरत को घर में बिठाया। शना

भाई की माँ से शादी की। शना भाई बाप के मर जाने पर माँ के साथ आया था। नसीब की बलिहारी देखो, दूसरी भी दो बेटा-बेटी छोड़कर मर गई। विधुर वाला भाई ने हाथकरघा और भजन में मन पिरोया। रवजी और लीला को शना भाई ने ही पाला-पोसा। रामदेवपीर का पाठ होता, तब वाला भाई रात-रात भर घर नहीं आते। कंचन बा का वचन कैसे टाला जाए!

ठाकुर के सती माई के थान के आँगन में एरिजन का भजन करना, यह तो रात को दिन कहने जैसा कठिन काम था। भगत आए। जलती बाती से अगन फूल झरा और पाट पर ज्योति प्रकटी। अभी तो चौहर यानी चार भजन ही हुए थे, तभी हो...हो...हो...हल्ला मच गया।

'बन्द करो यह सब। चारों ओर सब भ्रष्ट कर दिया। निकालो इन सबको बाहर; नहीं तो जला डालेंगे।'

कंचन बा ने दूर से टोले में भारत सिंह की आवाज पहचानी। वे उठीं और टोले के सामने जाकर खड़ी हुईं।

'भजन बन्द नहीं होगा। तुम्हें जो करना हो करो।'

कंचन बा को धक्का देकर भारत सिंह आगे आया और भजन मंडली के लोगों से कहने लगा :

'अरे, तुम भी भूल गए और इस बामनी के कहने में आ गए? निकलो बाहर, नहीं तो जिन्दा ही गाड़ दूँगा यहाँ।'

कंचन बा और वाला भगत के अलावा एक के बाद एक सभी चलते बने। दो रात और दो दिन वाला भगत और कंचन बा अन्न-जल त्यागकर लगातार पाठ करते रहे। तीसरे दिन सुबह ठाकुर साहब ने पगड़ी उतारकर कंचन बा के पैरों में रखा।

"बेटी, आप सती माई के थान पर बैठी हैं, कुछ हो जाएगा, तो मुझे स्त्री और ब्रह्म हत्या दोनों का पाप लगेगा। इस गाँव पर सती माई का कोप बरसेगा। भारत सिंह के लिए मैं माफी माँग रहा हूँ; अब तो पारन करो।"

कंचन बा ने ठाकुर साहब की बात रख ली पर साथ-साथ अन्तिम चेतावनी भी दे दी। "आप भारत सिंह से कह देना कि मेरे आड़े न आए। मैं तो आँखों की शरम से पुलिस के पास नहीं गई, किन्तु अब इसके बाद ज्यादा अच्छा नहीं रहेगा। जमाना बदल गया है।"

पहली बार उस साल राखी के दिन कंचन बा ने वाला भगत को राखी बाँधी थी।

7

“अरे! दीदी, तुमने तो लाइट भी नहीं जलाई? यह तो अच्छा हुआ कि टार्च थी तो पता चला कि आप बैठी हैं।” कहते हुए रूखी बा ने लाइट जलाई। पावर कम था इसलिए बल्ब झब-झब बुकता था ।

“जै ना'राण भौजी। कहो कहाँ बैठाऊँ? और स्वागत भी कैसे करूँ? यह कहाँ मेरा...” वाक्य अधूरा छोड़कर कंचन बा ने छूटते हुए धीरज को थाम लिया।

“ऐसा क्यों बोलती हो दीदी। मेरा ही उदाहरण लो। जो मेरे थे वे भी मेरे हुए?”

“जैसा जिसका ऋणानुबन्ध।”

“मुझे तो रात-दिन बस एक ही चिन्ता खाए जाती है। मेरी स्मिता का क्या होगा? उसके लिए तो इस संसार में ऊपर आसमान और नीचे धरती। कल सुबह जब मैं नहीं रहूँगी, तब उसका कौन ?”

“होगा, उसका भी हो जाएगा। हमसे ज्यादा ऊपरवाले को चिन्ता रहती है।” कंचन बा रूखी बा को वर्षों से जानती हैं। मन की एकदम साफ। बस थोड़ी मुँहजोर। अपने सिवाय दूसरों की बात शायद ही सुनती। किसी का हाल-चाल पूछने गई हों और उसकी बात छोड़कर अपना सरसेटने लगतीं। शायद भोगे हुए अकेलेपन और कश्मकश के कारण उनका स्वभाव ऐसा हो गया होगा। हालाँकि इसमें कंचन बा का भी योगदान है। उनका व्यक्तित्व ही इस प्रकार का है कि प्रत्येक को अपना मन हलका करने का जी हो जाए। कभी-कभी तो कंचन बा को लगता कि वह स्वयं एक खूँटी हैं, जो भी आता है अपनी एक गठरी लटका जाता है। भूल से कोई यह भी नहीं पूछता कि उसे एक ही जगह गड़े रहना अच्छा लगता है? तुम्हें भी कुछ कहना है? तुम्हें इन गठरियों का भार नहीं लगता? कभी-कभी तो कंचन बा को लगता कि वह खुद *शीतला सातम*[2] की

कथा में आनेवाली देवरानी हैं। जो भी मिलता वह एक-एक काम पकड़ा देता है, पर फिर सोचतीं कि देवरानी को उन सब उपकारों का फल भी मिला था और मुझे! आज यों इस शक्ति माई के आसरे...ऐसे में तुरन्त ही मन कहता,

"नहीं, नहीं, उसकी कृपा लॉटरी लगने जैसी सरल नहीं होती। देखो न, शायद उसकी कृपा के कारण ही ये हाथ-पैर और कलेजा सलामत हैं! किसे पता..."

"अरे बहिन, मैं भी कैसी भुलक्कड़ हूँ। स्मिता ने कहा कि आप जाकर कंचन बा को बुला लाओ। संजीव या मेरे कहने से नहीं आएँगी। तो चलो अब...?"

"देखो भौजी, कितने साल तुम्हारे सहारे रही। छोटे-छोटे बच्चों को कराँची से लेकर आई थी, तब माँ समझो या बाप, तू ही तो थी मेरा आधार। किन्तु फलवाले पेड़ की जड़ नहीं खोदनी चाहिए। स्वार्थ की भी हद होती है।"

वे दिन कैसे भूल सकते हैं? कराँची से बचकर भागे तो पूरे एक महीने बाद भटकते-भटकते गाँव पहुँचे थे। ससुराल रामपरा में तो पैर धरने की जगह भी कहाँ थी? यहाँ तो गाँव का पेड़ भी परिचित था और फिर कच्चा तो कच्चा ही सही पिता का घर तो था। गाँव में पैर रखते ही पहली बार भइखौकी गाली का अर्थ कलेजे को छलनी कर गया था। ईश्वर ने किसी भुक्खड़ की तरह मानो कंचन बा के सभी स्वजनों को खोज-खोजकर उठा लिया था। दादा और दादी के गुजरने के बाद घर की चाबी दूर के चचेरे भाई के पास रहती थी। घर में बस दरवाजे के किवाड़ बचे थे। बाकी सभी छोटी-बड़ी वस्तुओं को पैर आ गए थे।

रूखी बा के ससुर लालजी बढ़ई ने पंचायत बुलवाकर चचेरे भाई से यजमान वृत्ति का हिस्सा कंचन बा को दिलवाया था। उन्होंने कंचन बा की वकालत करते हुए कहा था।

"यानी कि हम पिछली कई बातों को याद नहीं करते। बीती हुई तिथि बाभन भी नहीं बाँचता, इतना तो निश्चित है कि यदि जेठा मा'राज को बेटे होते तो! यह तो काल का करा धरा है कि दोनों बेटे स्वर्गवासी हो गए और दूर के नाते-रिश्ते के सम्बन्धी को इतने बरस जजमानी भोगने को मिली। आज जबकि किस्मत की मारी गाँव की बेटी बच्चों को पालने आई है। और हमें भी कहाँ अपनी जेब से देना है? जो उसका है उसी को सौंपना है? भाँजे के हाथ से धरम का दो काम होगा, तो सौ बाभन खिलाने का पुण्य हमें मिलेगा। वह लेने लायक और हम देने योग्य, इसलिए चलो बीच का रास्ता निकालो। पूरी नहीं तो आधी

जजमानी कंचन को मिले तो दोनों का निबाह हो जाए।" उसमें भी लालजी ताऊ ने सामनेवाले की चाल उलट दी। साफ-साफ सुना दिया था।

"देख भाई, तू सब छोटी जात की जजमानी कंचन को पकड़ा दे, ऐसा नहीं चलेगा। अच्छे और कमजोर सभी घरों में बराबर का हिस्सा। और तेरे घर कहाँ अनाज की कमी है। मैं कहता था जेठा मा'राज से, एकाध खेत रखो पर वे नहीं माने। काल की गति किसे पता थी?"

"क्या पता किस मुहूर्त में पिताजी ने गाँव छोड़ा कि फिर लौटकर आए ही नहीं! और देखो न एक मैं हूँ, जो बार-बार लौट आती हूँ!" कंचन बा के मुँह से आह निकल गई।

"किस सोच में खो गई? मेरे घर आने में तुमको कोई एतराज..."

"नहीं...नहीं भौजी, एतराज तो क्या होगा? पर याद है न मैंने जब कराँची से पहली बार आकर ड्योढ़ी में कदम रखा था, तब तुम आई थी। तुम्हारे सिर पर बाजरे से भरी दौरी थी और हाथ की बोरी में खाना पकाने के बरतन।" कहकर कंचन बा एकदम उठ खड़ी हुईं और खूँटी पर लटकती हुई थैली में से कुछ निकाल कर पास आई।

"देखो भौजी, इस बरतन को पहचानती हो? यह वही तसला है, जो तुमने उस दिन दिया था। इसी तुम्बी के सहारे तैरते हुए यहाँ तक पहुँची हूँ।"

"क्या दीदी, तुम भी तो! अभी तक सब कुछ सँजोकर बैठी हो? चलो अब, और मेरे घर आने पर तुम पर कोई एहसान नहीं करेगा, अनजाने परदेश में आपने और मेरे ननदोई ने मेरे लिए जो कुछ किया है उसका तो कोई मोल ही नहीं हो सकता! मैं अपनी इस चमड़ी की जूतियाँ बनाकर आपको पहनाऊँ तो भी कम है!"

रूखी बा के पति रतिलाल। छह बेटियों के बाद एकलौता बेटा, लालजी मिस्त्री कोशिश करके हार गए, किन्तु बढ़ई का काम जरा भी नहीं सीखा। जबरदस्ती बैठाते तो कुछ-न-कुछ बिगाड़ता। माँ का मुँहलगा। बस एक ही धुन, फिल्म में जाना है। नाटक करना है। गाँव में या आसपास के गाँव में भवाई, नौटंकी या रामदेवपीर का आख्यान हो तो रतिलाल जरूर वहाँ पहुँचता। पूरा दिन भजन मंडली के पीछे-पीछे भटकता। उनकी चिलम भरता, बीड़ी देता और छोटा-मोटा काम करता। घंटों बैठकर उनका मेकअप देखता रहता। बड़ा होने पर छोटा-मोटा रोल भी करने लगा। कुछ दिनों तक उसी मूड में रहता। गाँव के लोग उसे रतिलाल खब्ती कहते! फिल्म का खब्त। उसकी शादी की, करने पर भी कहीं ठिकाने लगे तो!

कभी-कभी रूखी बा पुरानी बातें याद करती और कंचन बा से कहतीं कि जब मैं गौना करके आई उस समय तुम्हारे भैया किसी दिन हरिश्चन्द्र का नाटक करते तो किसी दिन कादू मकराणी का। एक बार पृथ्वीराज की संयुक्ता की तरह मुझे उठाने गए और मेरे पैर में मोच आ गई। रूखी बा की हँसी के पीछे छिपी अपार वेदना की एक भी लकीर कंचन बा से छिपी न थी।

रूखी बा गोद भराई के बाद मायके गई और रतिलाल ने अहमदाबाद की राह पकड़ी। साल भर भटकने के बाद कराँची की ओर। कराँची में अमृतलाल से भेंट भी नाटकीय ढंग से हुई थी। टिकट खिड़की पर झगड़ा सुनकर अमृतलाल ऑफिस से उठकर बाहर निकल आए। बुकिंग क्लर्क ने कहा कि यह आदमी सोने की अँगूठी देकर कहता है कि इसकी कीमत में जितने दिन का टिकट आए उतने दे दो। मैंने कहा कि किसी सुनार की दुकान पर जाओ, किन्तु सुनता ही नहीं है। यहाँ शो का टाइम हो गया है।

रतिलाल को ऑफिस में बुलाकर बात करने पर पहचान निकली। उस दिन से रतिलाल को थियेटर के प्रोजेक्टर रूम में नौकरी मिल गई, फिल्म दिखाने की। कंचन बा के कहने पर रतिलाल ने बीवी-बच्चों को बुलवा लिया, किन्तु रतिलाल जिसका नाम, वह टिककर रहता होगा? पाँचेक साल बाद लाहौर की राह पकड़ी। थककर अन्त में कंचन बा ने अपनी जेब से किराया लगाकर रूखी बा और उनके बेटे को वापस गाँव भेजा। वो भी नसीबदार कि समय पर अपने देश पहुँच गए।

कंचन बा ने बात की डोर को जोड़ते हुए पूछा, "अरी, भौजी, तुम्हारा बड़ा बेटा कैसे गुजर गया?"

"हम कराँची से आए उसके दूसरे वर्ष उसे धनुर्वात (टेटनस) हुआ था। वैसे तो था छोटा पर बाबा के साथ पूरे दिन बँसुला-रूखानी उठाता-धरता। पता नहीं कब क्या लग गया होगा? कांप ले गए तब पता चला कि कहीं लोहा लग गया है। अस्पताल पहुँचा और घंटे भर में प्राण निकल गए।"

"मेरे भाई आए थे?"

"हाँ, उन्हें उड़ती खबर मिली थी। फिर तो साल-दो-साल में एकाध चक्कर लगा जाते। देखो न, उसी से इस अश्विन की आफत गले पड़ी।"

"इसमें भी कोई ईश्वरीय संकेत होगा। इस अश्विन के कारण ही तो तुम जिन्दा रह सकी।"

"यह तो ठीक, पर तीस साल की उमर में छोटी ननद के साथ सौरी की खटिया डालना शोभा देता होगा क्या? घर से बाहर निकलने में भी शरम लगती,

सास-ससुर का सहारा था तो कोई उँगली नहीं उठा सका, बाकी लोग तो सीता जैसी सती को भी कहाँ बख्शते हैं?"

रूखी बा को वर्षों बाद दिन चढ़े थे। सास ने सोचा कि पीछे नाम लेनेवाला तो रहेगा, किन्तु रूखी बा के मन पर सदा एक बोझ लदा रहा। भीतर से एक अस्वीकृति उठती। अश्विन के जन्म के बाद भी कोई उमंग न जगी। उसे बड़ा किया। धन्धे पर लगाने के लिए अपने गहने बेचे, कर्ज उधार...लेकर ब्याह कराया। सब किया किन्तु, पर जैसे जीवनभर वे किसी और के खेत में बेगार करती रही हों, इस प्रकार जिम्मेदारी निभाई। न जमीन, न बीज और न फल, कुछ भी अपना नहीं; अश्विन यदि उनका होता तो यों चला गया होता!

"इस समय मेरे भैया कहाँ हैं?"

"क्या पता? दो साल पहले मद्रास से चिट्ठी आई थी। फिल्म में एक्स्ट्रा से लेकर सब चीजें सप्लाई करते हैं। यूँ तो दलाली ही कहेंगे। जो कुछ हो, उनका करम उनके साथ। दीदी, मैंने तो ईश्वर द्वारा अपने सिर पर डाली गई सारी जिम्मेदारियाँ उठाईं। सास-ससुर की अन्त तक सेवा की। दो-एक खेत छोड़ते गए हैं, तो रोटी की चिन्ता नहीं है। बाकी वे हों चाहे न हों, मेरे हिस्से में तो भड़भड़ जलना ही आया। मेरे और तुम्हारे जैसे लोगों के यदि स्थानक बनाएँ, तो गाँव में घर कम और स्थानक ज्यादा हो जाएँ।"

कंचन बा ने सोचा, रुखी बा की बात गलत नहीं है, जो स्त्री मृत पति के साथ सती होती है उसकी चिता तो सबने देखी है पर पति की गैरहाजिरी में जो जिन्दा रहती हैं, टिकने का जो संघर्ष करती हैं उसकी लपट दुनिया कहाँ देखती है?

खड़े होते हुए रूखी बा बोली, "तुम भी खूब हो, मुझे बातों में लगाकर भुलवा दिया। चलो, अब घर। भोजन करके दोनों ननद-भौजाई रात में सुख-दुख की बातें करेंगे।"

"बाद में आऊँगी। कल से मुझे अनुष्ठान करना है। तुम जाओ। स्मिता चिन्ता करती होगी। ये बरसात के दिन। अँधेरे में कोई जहरीला कीड़ा मकोड़ा..."

"देखो न, यह टार्च इसीलिए तो लाई हूँ। गाँव में लाइट के खम्भे बहुत हैं, पर ये प्रजा बल्ब रहने दे तो न! पंचायतवाले लगाएँ और दूसरे दिन ये फोड़ डाले। यह गाँव किसी भी सुविधा के लायक नहीं।"

"अब बाकी बातें बाद में। चलो मैं तुमको आधे रास्ते तक छोड़ आऊँ।" कंचन बा ने रूखी बा का हाथ पकड़ते हुए कहा।

"नहीं, नहीं मैं चली जाऊँगी। सच मैं किसी भी बात में आप को पहुँच नहीं सकती। अपने मन का ही करती हो। अच्छा, यदि तुम दोपहर में कथा कहनेवाली हो, तो कहलवाना।"

"अच्छा। समता की रंजन के साथ सन्देश भेजूँगी। चलो, जै नारा'ण।"

रूखी बा गईं और फाटक बन्द करके कंचन बा सीढ़ियाँ चढ़कर ओसारे में आकर खड़ी हुईं। रूखी बा थीं तो कुछ ठीकभी लगता था तो कुछ अनमना भी। बादल के कारण धूप नहीं लगती पर बरसे नहीं तो घुटन-सी लगती है। रूखी बा की बातें किसी के विरुद्ध सहारा देती थीं। किन्तु मन जानता था कि अभी वे चली जाएँगी और वह फिर अकेली हो जाएँगी। बरसात की रात; मन्दिर में अकेली ! घर में इंसान अकेला हो तो और कुछ नहीं तो उसे दीवार का ही सहारा होता है। यूँ तो यहाँ साक्षात् शक्ति का आसरा था, किन्तु कभी-कभी बहुत सामान्य लगती वस्तुएँ कुछ विचित्र ताकत दे जाती हैं। जब कि रूखी बा तो स्वजन थीं।

कंचन बा को लगा रूखी बा के साथ चली गई होती तो! तभी कोई बोला, "बस इतने से साहस पर निकल पड़ी हो?" उन्होंने बिछाई हुई साड़ी झाड़कर फिर बिछाई और थैली से शाल निकाली और थैली को तकिया बना लिया। खड़ी होकर लाइट बन्द करने गई, तभी डिमलाइट भी चली गई। अचानक आ धमके अन्धकार में एक पल के लिए तो वह थोड़ा डगमगा गई। फिर धीरे-धीरे बिछी हुई साड़ी तक पहुँची। हाथ से टटोलकर थैली सिरहाने रखी और अन्दाज से शाल खींचकर ओढ़ ली।

घड़ी में नौ का घंटा बजा। गाँव में आधी रात जैसा वातावरण था। शहर में तो नौ बजे के बाद नया दिन शुरू होता है। टी.वी. सीरियल, पान-मसाला, भाजी-पाव, ढोंसा और भेल, चाट और हाजमा-हजम और आईसक्रीम–गिनो उतने कम। यहाँ तो भिनसारे से घर-खेत में मजदूरी करके थके हुए लोग जल्दी ही सो जाते हैं। फिर रात में एक-दो बार पशुओं को चारा-पानी देने के लिए उठना ही पड़ता है। खेती में साधन तो बहुत आए। जोतने, बोने और काटने के लिए, किन्तु स्त्रियों की मेहनत कम नहीं हुई। ऊपर से अम्बर-चरखे का भी काम।

कंचन बा को याद आया, खुद चन्द्रकान्त से कहा था कि एक अम्बर-चरखा दिला दे। पूरी दोपहर खाली बैठी रहती हूँ। जो भी साग-सब्जी का निकल आए, किन्तु उसने मना कर दिया। शायद उसे शर्म आती होगी या फिर सोचता होगा कि, अब तो माँ को आराम मिले! कंचन बा ने करवट बदली।

झिल्लियों की आवाज सुनाई दे रही थी। कंचन बा लेटी थीं। किन्तु नींद योजनों दूर थी। शरीर थका था इसलिए लेटी थीं। रात है इसलिए नियम के अनुसार सोना पड़ा, किन्तु नींद कहाँ ऐसा कोई नियम मानती है? उसे आना हो, तो चलती हुई बस की छड़ पकड़कर खड़े रहो और झपकी आ जाए और जब न आना हो तो बड़ी पलँग और सौ मन रूई के गद्दे की क्या विसात! दुहरी साड़ी में फर्श गल रहा था। आज नींद को मनाने का मन नहीं था। सामने वर्षा ऋतु की बादल छाई रात। कोरी स्लेट। स्मृति चित्र पकड़ने को तत्पर।

8

कंचन बा को जैसे वर्षों बाद अपने आप के साथ रहने का मौका मिला था। उजाले के सहारे के कारण, किसी के भी प्रश्न की परवाह नहीं की थी। पर अब यदि अपना अस्तित्व सवाल पूछेगा तो? अनेक बार ऐसे पल आए जब लगा है कि अभी अतीत का जल वर्तमान को डुबो देगा। हाँफते-हाँफते, दौड़कर उसके छिद्रों को बन्द किया है। वर्तमान में जीने और उसे सहने के लिए यह जरूरी था। पता भी नहीं चला इस प्रकार तहखाना भरता गया था, काम और बेकाम की सभी चीजों से, पर अब लगता है कि यह तहखाना बैठक की हद में घुस आएगा। मजे की बात यह है कि कंचन बा की तरह हर व्यक्ति अपने तहखाने के अस्तित्व को भूलने की कोशिश करता है, पर यदि एक बार उसमें पैठ जाए तो फिर उसमें तल्लीन हुए बिना नहीं रहता। "यह पुराना रिकार्ड प्लेयर और यह कतरन की गुड़िया। यह जाँता का ऊपरी पाट और वह ट्राइसिकल की सीट! यह क्रोशिए के रूमाल में बँधी हुई चौपड़ की गोटियाँ! और यह पालने का कड़ा और यह फोटो बिना की फ्रेम, यह लट्टू और यह आरामकुर्सी का चूहे द्वारा काटा हुआ कपड़ा, यह पापड़ बेलने का मोटा बेलन। यह टूटे हत्थे का कढ़ाईवाला पंखा," यह...यह...यह...एक-एक चीज अपना एक अनूठा संसार लेकर आती।

आज इस बादल छाई रात की नीरवता में कंचन बा को कुछ अजीब फुरसद मिल गई थी। जैसे घर में कोई नहीं हो और खुद पिटारा खोलकर बैठी हों। एक के बाद एक चीजें देखती जातीं और बीते हुए वर्ष बहते जाते। हालाँकि ऐसा देखना हमेशा सुखद ही नहीं होता। अच्छी या बुरी, स्मृति मात्र हिंसक होती है। उसके नाखूनों से बचना मुश्किल है। कोई जंगली जानवर चारों पैरों पर खड़ा होकर आपके चेहरे को खरोंचता है, खून की लकीरें फूटती हैं। जीभ को यह खारा स्वाद अच्छा लगता है। वह जलन, चुनचुनाहट धीरे-धीरे नशा बन जाती

है। वर्तमान से दूर, मन हवा से हलका होकर उड़ने लगता है। एक के बाद एक आवरण हटता जाता है। अगर खुद के सामने खड़े रहने का धैर्य हो तो एक पारदर्शी पोत मिलता है।

कंचन बा याद करती हैं–वह दिन। जब पहली बार गाँव के बाहर कदम रखा था। पिताजी कराँची से लिवाने आए थे, दादा और दादी साथ में कराँची नहीं आए थे। कहते, इस अन्तिम समय में, परदेश नहीं जाना है। अब तो यहीं के श्मशान में सोमनाथ के पास लम्बी तानेंगे। कंचन से बड़े भाई सोमनाथ की मौत का घाव दादा महादेव प्रसाद भूल नहीं पाए थे। विवाह के काफी वर्षों बाद कंचन की माँ रेवा को दिन चढ़े थे। कितनी ही मनौतियों का पहिलौंठी का बेटा। सोमनाथ का मुंडन तीसरे वर्ष में किया तब रेवा ने चार वर्ष बाद सूर्य पत्नी रन्नादे के स्थानक पर चावल की मनौती छोड़ी, शायद नहीं भगवान ने सीधे हाथ से नहीं दिया होगा जो चौथा साल लगते ही उठा लिया। माँ कहती बड़ी चेचक निकली थी। गले के भीतर भी छाले पड़ गए थे, पानी भी नहीं उतरता था। डॉक्टर की दवा-दारू तो कर नहीं सकते थे, वरना शीतलादेवी क्रोधित होती। गाँव में डॉक्टर कहाँ? इसके लिए तो कांप जाना पड़े। माँ ने दादी से डरते-डरते कांप जाने की बात कही, तो दादी बरस पड़ी, "ले, एक तूने ही बेटा जना है? वो तो सबको माताजी निकलती हैं, एक बार। घर के बाहर कहीं ले जाया जाता होगा बच्चे को? अगर किसी की परछाईं पड़ जाएगी तो हमें ही लोग मूरख कहेंगे।" रात-दिन बेटे की देखभाल करती माँ को कुछ आभास लग गया था। वह एक मौका लेना चाहती थी, शायद सोमनाथ बच जाए! मान-मर्यादा के नाम पर जिस बेटे को सास-ससुर की उपस्थिति में दोनों हाथ से उठाकर खिलाया नहीं था, गोद में नहीं लिया था, उसके मरने के बाद कई दिनों तक दोनों हाथों से छाती पीटा और विलाप किया। "हाय हाय रे...शंकर ने बाण मारा...हाय...हाय रे...वह बाण किसको लगा..."

कंचन समझदार हुई उसके बाद माँ न जाने कितनी बातें बताती थी। कंचन के जन्म के समय दादी ने बिलखकर रोते हुए अपनी छाती पीटी थीं। बेटा लेकर भगवान ने बेटी थमा दिया! किन्तु जब कंचन के जन्म के दो वर्ष बाद छोटा भाई विश्वनाथ पैदा हुआ तब दादी ने गाँव में बतासे बँटवाए थे, और कंचन के पैर को कुमकुम से रंगकर नए कोरे सफेद कपड़े पर उसकी छाप लेकर उस कपड़े को पिटारे में रखवा दिया था। मेरी कंचन बड़ी शुभ शगुनवाली है, जो भाई लेकर आई।

विश्वनाथ काफी कमजोर था, पर लाख कमी हो था तो बेटा। उमिया माँ ने सिर चढ़ाने में कोई कसर बाकी न रखी थी। बड़ा जिद्दी और रोवनहाँ।

कंचन को एक पल के लिए भी नहीं छोड़ता। घूरे पर कूड़ा डालने जाए, तब भी गोदी में और गोबर पाथने जाए तो भी गोदी में। कंचन जो भी करती थी, वह भी वही सब करता, घाघरा-चोली पहनने की जिद्द करता और कंचन उसके बालों में चाँदनी के फूलों का गजरा डालकर इस तरह सजाती मानो एक खिलौना मिल गया हो। कंचन के बिना न नहाता, न खाता, न स्कूल जाता। कभी-कभी कंचन पहले खा लेती तो विश्वनाथ उसे सामने बिठाता और फिर कहता, "मेरे जैसा मुँह हिलाओ तभी मैं खाऊँगा।" गौरीव्रत में बहन के साथ-साथ पूजा करने जाता और तालाब पर *देदा*[3] कूटने भी। कभी-कभी मुहल्ले की लड़कियाँ कंचन को चिढ़ातीं, इस पूँछड़ी को दहेज में ले जाना। सखियों का मजाक सच निकला। अमृतलाल ने विश्वनाथ को नौकरी दिलवाई थी। एक पल के लिए भी कंचन को अकेला न छोड़नेवाला विश्वनाथ चला गया। श्रावणी पूर्णिमा के पहले...वह राखी बँधवाने के लिए भी नहीं रुका। कराँची गए थे, तब सब साथ थे और आई तब...

जेष्ठाराम पहली बार कराँची गए तब कंचन तीन वर्ष की थी और विश्वनाथ एक साल का। पिताजी दादाजी से झगड़कर गए थे। दादा खेती, यजमानी के अलावा सीजन में कपास-रूई का व्यापार करते थे। पिताजी को 'कांप' में पढ़ने के लिए भेजा था। सातवीं कक्षा तक अंग्रेजी पढ़ने के बाद पिताजी को नौकरी करनी थी। गाँव में ज्यादा-से-ज्यादा तो मजूरी मिले। नौकरी के लिए गाँव छोड़ना पड़े। दादाजी की रत्ती भर भी इच्छा न थी कि पिताजी कराँची जाएँ। उनका एक ही हिसाब था, जो बाहर जाता है वह भ्रष्ट हो जाता है और वे जानते थे कि कर्मकांड, दान-दक्षिणा, सीधा या श्राद्ध की मिली चीज की परछाईं तक नहीं लेनेवाला बेटा, आँख से ओझल होते ही जनेऊ तोड़कर फेंक देगा। शरीर से कमजोर पिताजी में सामर्थ्य नहीं थी कि खेती सँभाल सकें। ऊपर से अच्छा भी नहीं लगता था। साथ ही यदि माथे पड़े तो टालने के हजार बहाने ढूँढ़ते। गर्मी-धूप से लू लग जाती, बरसात में ठंड लगकर आतरिया बुखार आता और जाड़े में शीत लग जाती।

एक रात पिताजी ओसारे में खाना खा रहे थे और माँ रसोई में बाजरे की रोटी बना रही थी, दादी ओसारे में खम्भे से टिककर बैठी माला जप रही थी और दादाजी आँगन में ईंधन के लिए लकड़ियाँ जमा रहे थे। पिताजी ने दादी से दूध माँगा और दादाजी का पारा चढ़ गया, "कामकाज करना नहीं है और बाबूजी को खिचड़ी और दूध खाना है। हरामखोर कहीं का, तेरा बाप नहीं होगा तो कौन भरेगा तेरे बीबी-बच्चों का पेट! और असल में तो यह रांड..." जोर से

बोलते हुए उठे और रसोईं में जाकर चूल्हे में से जलती हुई लकड़ी खींचकर दादी को मारने दौड़े, "इस रांड ने ही बिगाड़ रखा है!" कमर में विश्वनाथ को लेकर खड़ी कंचन की अबोध आँखों ने देखा, पिताजी थाली सरकाकर खड़े हुए और दादा के हाथ से लकड़ी खींच ली और आँगन में फेंककर बाहर चले गए। सीधे गए शिवचन्द काका के घर। रुपए उधार लेकर कराँची की राह पकड़ी।

बेटे के जाने का दुख दादाजी दादी और माँ पर क्रोध करके निकालते। आँसू बहाती माँ राह देखा करती। माँ की बातों में कंचन पिताजी की उपस्थिति का अनुभव करती। कराँची से दो महीने बाद पिताजी की पहली चिट्ठी आई, तब दादाजी ने लपसी बनवाई थी। दादा ने चिट्ठी ऊँची आवाज में पढ़ी ताकि रसोईघर में बैठी माँ भी सुन सके। हालाँकि माँ ने बाद में कंचन से चोरी से दुबारा चिट्ठी पढ़वाई। फिर तो कभी-कभी, "यहाँ रामपरावाले देवशंकर शुक्ल की पेढ़ी में बही लिखता हूँ। पन्द्रह रुपए तनख्वाह है। तो कभी मैंने हरिशंकर शास्त्री की चाली में कमरा किराये पर लिया है। रसोई खुद बनाता हूँ।' कभी-कभी मनीऑर्डर के साथ एकाध वाक्य कंचन के लिए भी आता, "इस दिवाली में कंचन को नई पायल दिला देना।" उस दिवाली पर माँ को भी नई पायल मिलती।

माँ ने एक बार कंचन से चिट्ठी लिखवाई थी।

'सिरीमानजी,

आपकी चिट्ठी मिली। हम यहाँ मजे में हैं। शरीर का ध्यान रखना। पैसों की चिन्ता मत करना। रोज सुबह-शाम दूध पीना। पराया देश है। हम यहाँ नमक-रोटी खाएँगे, विशु और कंची आपको बहुत याद करते हैं। अम्मा-बाबूजी भी याद करते हैं। यहाँ पड़ोस में आपके दोस्त रवजी पटेल के घर बेटा हुआ है। कंचन ने उसका नाम हरजी रखा है। बड़े दादा शिवचन्द को कांप में दवाखाने ले गए हैं। कहते हैं कि क्षयरोग हुआ है। बाबूजी को बाईं आँख से कम दिखता है। आप आओ, तो डॉक्टर को दिखाएँगे। इस वर्ष खेत में आठ आनी फसल हुई है। बाबूजी से काम नहीं होता। रामपरा के मारगवाला खेत निकालने को कहते हैं। कंचन को आठवाँ साल लगा है। मेरे मामा अपने साले के लड़के का रिश्ता कंचन के लिए ले आए थे, पर बाबूजी ने मना कर दिया। कहने लगे कि वह सुधरा हुआ है, मेरा कहा नहीं मानेगा।

हमारी चिन्ता-फिकर नहीं करना। यहाँ आपको सभी याद करते हैं। सँभलकर रहना। चिट्ठी लिखना।

–लिखितंग रेवा की पायलागी।

दादा और दादी से छिपाकर बाड़े में जाकर चिट्ठी लिखवाई, किन्तु डाक में किस प्रकार डालें? कंचन ने शिवचन्द ताऊ के बेटे नानचन्द चाचा से चिट्ठी डाक में डलवाई। उनका बेटा तलकचन्द कंचन से दो साल छोटा। उसे पता चला इसलिए कंचन को धमकाता 'तेरे दादाजी को बता दूँगा।' यों एक चिट्ठी के बदले में सप्ताह भर कंचन से इमली, बेर वसूले थे। कंचन के टेढ़े-मेढ़े अक्षर और टूटी-फूटी वर्तनीवाली चिट्ठी पढ़कर पिताजी पाँच साल के बाद सबको लिवाने घर आए थे।

कंचन गली में गोटी खेल रही थी, तभी विश्वनाथ दौड़ते-दौड़ते आया। ''दीदी चल, अपने घर कोई आया है। दादाजी, दादी और माँ सभी बहुत रो रहे हैं।'' दाव आधा छोड़कर कंचन भागी थी। ड्योढ़ी पर कदम रखते ही वह एक क्षण स्तब्ध रह गई। सामने ओसारे में झूले पर दादाजी के पास पिताजी बैठे थे और ओसारे के खम्भे के सहारे दादी। पिताजी की पीठ पर दादाजी हाथ फेर रहे थे। दादी बार-बार आँसू पोंछ रही थी।

'पिताजी' चिल्लाती हुई कंचन आगन्तुक के पैरों से लिपट गई। विश्वनाथ को अब कुछ समझ में आया। क्योंकि पहले तो दादाजी ने पिताजी को डाँटा था। ''तुझे आज घर याद आया। माँ-बाप को छोड़कर ऐसे जाया जाता है? कुछ बीबी-बच्चों का विचार तो करना चाहिए'' और फिर पिताजी को बाँहों में लेकर वे रो पड़े। स्वस्थ होने पर दादाजी ने दूर खड़े विश्वनाथ को बुलवाया। पर वह तो गली में खेल रही कंचन को बुलाने दौड़ा। कहीं बहन का हिस्सा मारा जाए तो!

कंचन को गोदी में बिठाते हुए पिताजी ने विश्वनाथ को पास बुलवाया। सकुचाते हुए दादा और दादी का चेहरा देखता हुआ वह दो कदम आगे बढ़कर रुक गया। दादाजी बोले, ''अरे, तेरा बाप है। यहाँ आ, तेरे लिए खिलौना लाया है।'' कंचन ने जोड़ा, ''भइया ये तो अपने पिताजी हैं'' तब वह आश्चर्यचकित आँखों से देखते हुए पिता के पास गया था। सास्किन की क्रीम कलर की पैन्ट। छूते हुए उसने अनुभव किया, कि इस पर तो हाथ फिसल जाता है!

पिता की गोदी में बैठी कंचन को रसोई की जाली में से ताकती हुई दो आँखें दिखाई दीं। उसे माँ याद आई। वह उठकर रसोईघर में गई। माँ रोटी के लिए आटा गूँथ रही थी और सामने की जाली में से पिताजी को देखते हुए उसकी आँखें बरस रही थीं। उस दिन खाते समय विश्वनाथ ने पूछा था, ''अच्छा माँ, तूने रोटी में नमक डाला है?'' अम्मा ने एक नजर पिताजी पर डाली, और फिर बोली, ''हाँ, घर में आज लुनाई जो आई है।''

पिताजी आए उस दिन दादाजी ने सबको दुबारा नहलाया था। हरेक पानी की बाल्टी में दो बूँद गंगाजल डाला था। पिताजी ने दो दिन सिर्फ दूध पीकर उपवास किया था। फिर भी पिताजी की थाली, कटोरी और गिलास को अलग रखा गया था। पिताजी का जनेऊ और सिर के बाल की चोटी सलामत देखने पर भी दादाजी को भरोसा नहीं था। घर के बाहर कदम रखा और धरम भ्रष्ट न हो यह तो हो ही नहीं सकता।

जाने का समय नजदीक आता जा रहा था। घर का माहौल बदलता जा रहा था। बेटे के साथ इस बार बहू-पोते भी जाएँगे, पता नहीं, अब कब दुबारा मिलना होगा? जीते जी फिर ये दिन वापस नहीं आनेवाले। दुबारा मिलेंगे, यही घर होगा और यही स्वजन होंगे। पर यह समय तो नहीं ही होगा ! बह चुके जल के स्पर्श की आर्द्रता मात्र होगी स्मरणों में। दादा और दादी मानो सारा प्रेम उड़ेलने की जल्दबाजी में थे। दादाजी पेंशन पर जाने से पहले की छुट्टियाँ मना रहे थे। कंचन उनका नया ही रूप देख रही थी। पहले तो एक घड़ी भी खाली नहीं बैठते थे। कुछ नहीं तो ईंधन के लिए लकड़ी चीरते, पर जब से पिताजी आए हैं, तब से जैसे सब कुछ समेट रहे हों। पिताजी के साथ घंटों बातें किया करते, कभी बही-खाता लेकर समझाते। दादी की दुनिया बहू-बच्चों में सिमट रही थी। बात-बात में माँ को डाँटती। मानो बेटी को परदेश भेजना हो इस तरह दादी चिन्ता करती हुई कहतीं, 'अरे मूई, इतना भी पता नहीं? वहाँ परदेश में क्या करेगी?''

कंचन और विश्वनाथ तो जब से पिताजी आए हैं तब से ही जाने की योजनाएँ बना रहे थे। दोनों भाई-बहन बाड़े के एक कोने में इस तरह अपना-अपना सामान जमा करने लगे थे कि किसी को पता न चले। चीथड़ों की गुड़िया के कपड़े, कौड़ी और गोलियाँ, मिट्टी के बैल और लालजी मिस्त्री द्वारा बनाई हुई लकड़ी की बैलगाड़ी, रंगीन कागज और पन्नी, मिट्टी का कुल्हड़ और लोहे की छड़, हालाँकि अन्त में उनमें से गुड़िया और गाड़ी ही साथ जा पाए थे।

जाने से एक दिन पहले दादी ने कंचन को पास सुलाते हुए कहा था, ''ले अब, दादी का अन्तिम मजा ले ले।'' एक क्षण कंचन को लगा कि अब उसे रात को नींद कैसे आएगी, दादी के उजले पेट पर के लाल तिल पर उँगली फेरती-फेरती कंचन उनके पास रोज कहानी का हक-हिस्सा वसूल करती। उस रात दादी ने राम वनगमन की कथा शुरू की, किन्तु पूरी नहीं कर पाई, कौशल्या के विदाई-वचन उनकी हिचकी में समा गए।

9

नींद में एकाएक कंचन बा हाथ से बिछौना टटोलने लगीं। उन्हें लगा कि उस रात दादी से लिपटकर सोई थी वह कंचन इस समय उनकी गोद में दुबकती जा रही है। मानो सारी वेदना सोख न लेना चाहती हो! पर यदि वह कंचन मैं हूँ, तो फिर मेरा हाथ किसे सहलाने लगा है? नहीं, मैं दादी तो नहीं। वे बेचारी तो कब की गुजर गईं। तो फिर क्या मुझमें से ही एक और कंचन अलग हो रही है? कभी-कभी लगता है कि वह मुझमें से निकलकर दूर हाथ बाँधे खड़ी है। और मुझे यानी उस नन्हीं कंचन को देख रही है! किन्तु यह कैसे हो सकता है? मैं भींगू भी सही और कोरी रहकर दूर से भींगना भी देखूँ? शायद चीरफाड़ की प्रक्रिया देखने के लिए अपने आपको यूँ 'मैं' और 'उस' में बाँटना पड़ता होगा।

कंचन बा ने लेटे-लेटे ही चारों ओर नजर घुमाई। झिंगुर और मेंढक की आवाजें लगातार आ रही थीं। तहाकर रखे हुए किसी वर्षों पुराने कपड़े को खोलें और हर तह पर छोटे-छोटे छिद्रों में से उजाला झाँके ऐसा ही सामने ओसारे में से दिखते आकाश में जहाँ-जहाँ तारे चमकते थे। बादल पूरी तरह छँटे नहीं थे। बीच-बीच में उनका पोत पतला हो गया था। कंचन बा के मन की स्थिति भी कुछ ऐसी थी। अतीत का आवरण हटा नहीं था, पर बीच-बीच में पतले वस्त्र से वर्तमान झाँक जाता था। वे याद करने लगी जीवन की वह पहली यात्रा। पता नहीं कैसी साईत में सामान बाँधा था कि अभी भी पूरा कहाँ खुला है? यों भी सामान के साथ बाँधे जाते स्मरण कहाँ कभी छूटते हैं?

उस दिन की भोर। सवजी चाचा ने पाँच बजे बैलगाड़ी लाकर खड़ी कर दी थी। विश्वनाथ ने तो कहा भी कि हम ठेठ कराँची तक बैलगाड़ी से जाएँ तो? उसे बैलों की रास पकड़ने को मिले, तो मजा ही आएगा न! पिताजी ने बाद में बताया था कि सबसे पहले हळवद के मणिशंकर दवे गए थे, वे तो कच्छ का छोटा रण पार कर पैदल चलते हुए कराँची पहुँचे थे। किन्तु ट्रेन का आकर्षण

तो माँ को भी था। रामपरा स्टेशन तक बैलगाड़ी में जाना था। दादी ने सामान बाँधने में कोई कसर नहीं रखी थी। यह तो चाहिए ही। परदेश में अपने जैसा नहीं मिलता। वहाँ पराई भूमि पर किससे माँगना। ऐसा करते-करते अनाज, मिर्च-मसाला, बरतन, बिस्तर और कपड़े। अरे, सींक की झाड़ू तक। उनको कैसे समझाएँ कि कराँची में सीमेन्ट के फर्श पर यह झाड़ू काम नहीं आएगी। उनका वश चला होता तो चूल्हा लीपने की मिट्टी भी साथ में बाँध देती।

सवजी चाचा ने बैल के गले में घंटी बाँध रखी थी। उसकी आवाज से भोर में पड़ोसी जाग गए थे। यूँ तो पिछले दस दिनों से चाय का न्योता घर-घर से आना शुरू हो गया था, जो अन्त में नारियल और सगुन के रुपए की विदाई देकर थमा। ओसारे में नारियल का ढेर देखकर विश्वनाथ को रुक जाने की इच्छा हुई। गुड़ और कच्ची गरी उसे बहुत अच्छी लगती। उसे चिन्ता हुई कि इतने सारे नारियल दादी और दादा कैसे खाएँगे? दादाजी ने नारियल फोड़कर गरी की पोटली बाँध दी तब विश्वनाथ के पैरों में फिर से जान आई।

रवानगी के दिन होलाष्टक लग रहा था। पिताजी सगुन-असगुन को नहीं मानते थे। यूँ द्वादशी के दिन घर का दरवाजा नहीं छोड़ते और इतवार-मंगलवार को घर की बहू को विदा नहीं करते और इस वार को फलाने दिशा में नहीं जाते काल विपरीत होता है। हालाँकि इन सभी मान्यताओं से बचने के उपाय लोग ही खोज निकालते हैं। सगुन के लिए अगले दिन पड़ोसी के यहाँ प्रस्थान रख आते। माँ ने कंचन को सामान की एक थैली देकर शिवचन्द ताऊ के घर प्रस्थान के लिए चुपचाप भेज दिया था। सवजी चाचा को धीरे से कहा था कि पहले शिवचन्द ताऊ के घर से होकर आना। पूरे रास्ते कंचन लगातार डरती रही कि पिताजी को पता चल गया तो? उसे समझ में नहीं आता था कि यह कैसा सगुन है जिसे करने के लिए झूठ बोलना पड़े। झूठ बोलकर किया हुआ काम अच्छा कैसे हो सकता है?

फागुन महीने की अल् सुबह। सीवान से गुजरते समय आम और नीम के बौरों की सुगन्ध बैलगाड़ी हाँकते हुए सवजी चाचा का कन्धा पकड़कर खड़े विश्वनाथ के घुँघराले बालों के साथ खेल रही थी। बगीचे में कुहुकती कोयल को जवाब देने के लिए उत्सुक कंचन, माता-पिता के उदास चेहरे को देखकर बेजुबान हो गई थी।

रामपरा स्टेशन होगा यहाँ से दस-बारह कोस। बैलगाड़ी से जाने में तीन घंटे लगे। रास्ता ऊबड़-खाबड़। गाँव छोड़ने का जैसा और जितना दुख बड़ों को था, कंचन और विश्वनाथ का दुख उससे अलग था। माँ-पिताजी ने गाँव की

स्मृतियों को साथ में बाँध लिया था और उनके सामने एक नया संसार था। दादी और दादा ने कलपते मन से इसे स्वीकार कर लिया था कि बेटे-बहू से इतना सुख ही लेना होगा? विश्वनाथ की उम्र इतनी न थी कि वह समझे कि क्या खोया है और क्या पाना है। कंचन का मन धुन्ध में घिरा था। दादी, दादा, पिता, घर, खेत, गलियाँ, सहेलियाँ, तीज-त्योहार और कितने ही लगाव। छोड़ने के दुख में एक अनजाना डर और नया देखने का विस्मय घुल रहा था। वह असमंजस में ही थी कि स्टेशन आ गया।

पहली बार रेलवे स्टेशन के प्लेटफार्म पर पैर रखने का अनुभव आज भी नहीं भूली है। सवजी चाचा ने बैलगाड़ी खड़ी करके बैल को खोलकर पास के बबूल से बाँधा और चारा डाला। पिताजी बैलगाड़ी से सामान उतार रहे थे। माँ ने सिर पर कलेवे का बड़ा डिब्बा रखकर विश्वनाथ को उँगली थमाकर, सिर पर गठरी लेकर चलती कंचन के साथ प्लेटफार्म पर पैर रखा था। दोनों तरफ ढलवाँ लोहे की चादरों में रहते पक्षियों की आवाज, पानी के ठेले में एक-दूसरे पर रखे हुए मिट्टी के गगरे और कुछ तले जाने की सुगन्ध। कंचन ने देखा ठेले पर पकौड़ियाँ तली जा रही थीं। घर पर तो साल में दो-बार सावन की सप्तमी-अष्टमी और दीवाली के त्योहार में ही कड़ाई चढ़ती। विश्वनाथ द्वारा इशारे से माँगने पर माँ ने कहा था, "नहीं खाते हैं, छूत लगेगा।"

किताब में देखे हुए गाड़ी के चित्र की बदौलत बहादुरी दिखाता विश्वनाथ दूर से इंजन की सीटी सुनकर माँ से लिपट गया। कंचन ने पिताजी के पीछे छिपने की कोशिश की। पिछले एक घंटे से रेलगाड़ी की राह में दूर-दूर तक आँखें फैलाकर देखा था। पटरी पर कान लगाकर उसकी आहट सुनने की कोशिश की थी और प्लेटफार्म पर विश्वनाथ का कुर्ता पकड़कर गाड़ी चलाई थी; गाड़ी जब प्लेटफार्म पर आई तो कंचन हक्का-बक्का रह गई। माँ ने सवजी चाचा को नारियल दिया। रेलवे का इंजन कोई काला दैत्य था, शिव के विकराल गण जैसा। खुश रहे तब तक तो कोई चिन्ता नहीं, किन्तु नाराज हो तो? माँ ने पहले से ही मनौती मानी थी। सवजी चाचा ने दो पटरियों के बीच में नारियल लुढ़का दिया। माँ ने प्रणाम किया और दोनों हाथों से बलैयाँ ली।

"मेरा सुहाग अखंड रखना और मेरे बच्चों को लम्बी उमर देना।" कंचन और विश्वनाथ ने भी प्रणाम किया। पिताजी और सवजी चाचा ने सामान गाड़ी के डिब्बे में चढ़ाया। माँ, खिड़की के पास विश्वनाथ को लेकर बैठी। डिब्बा छोटा था। कंचन को लगा कि यह खाली डिब्बा उलट जाए तो? तभी इंजन ने भाप छोड़ी। कंचन ने दोनों के बीच डर के मारे सिर छिपा लिया और विश्वनाथ तो

उछलकर दौड़ा दरवाजे की ओर। दरवाजा बन्द करते हुए जोर से चिल्लाकर पिताजी से कहने लगा, "मुझे नहीं आना, मुझे नहीं आना।" पिताजी उसे उठाकर सीट पर ले आए तो खिड़की के पास सवजी चाचा को देखकर फिर जोर-जोर से चिल्लाने लगा। "चाचा, मुझे डर लगता है; दादाजी के पास ले चलो चाचा, डर लगता है।"

शाम को चार बजे कांप आया तब तक विश्वनाथ ने माँ का आँचल एक पल के लिए भी नहीं छोड़ा।

कांप का स्टेशन जंक्शन है। स्टेशन का विस्तार काफी बड़ा, गाड़ियों की आवाजाही भी ज्यादा और लोग भी बहुत। स्टेशन पर छह घंटे तक रहना था। विश्वनाथ का शरीर थोड़ा तप रहा था। पिताजी स्टेशन के बाहर जाकर विश्वनाथ के लिए लोटे में गरम दूध ले आए थे। घर से दूध में गुँथे आटे से बने पराठे, *सुखड़ी*[4], गुड़ और मिर्च का अचार खाते-खाते कंचन को हर बार गाँव में शीतला सप्तमी के दिन *बलिया देव*[5] के थान पर खाई दावत याद आई।

दूसरी गाड़ी में चढ़ते समय कंचन की आँखें उनींदी थीं, विश्वनाथ गहरी नींद में। सुबह जगे तब गाड़ी पालनपुर स्टेशन पर खड़ी थी। क्रॉसिंग थी। पिताजी स्टेशन पर पानी भरने उतरे थे। तभी पास से गाड़ी गुजरी। कंचन चिल्ला उठी, "मेरे पिताजी रह गए। खड़ी रखो।" एक क्षण माँ भी नहीं समझ पाई, फिर प्लेटफार्म की ओर देखते ही समझ गई कि गाड़ी तो खड़ी है। रास्ते में गुजरते, भागते नदी, पुल, घर, खेत से लगते थे और कंचन खिड़की पर बैठकर देखती रही। लूणी स्टेशन पर पहली बार दहीबड़े खाए। माँ बाहर की चीज नहीं खाती थी। वह बुदबुदाई थी।

'धरम बिगाड़ेंगे।' पिताजी ने हँसते-हँसते कहा था, "ऐसा कैसा तुम्हारा धरम कि बात-बात में बिगड़ जाए। वह कोई पकाया हुआ अनाज नहीं है कि बिगड़ जाएगा। अपना तो साफ हिसाब किसी का दिल दुखे तो अधर्म।"

जीवन में असीम विस्तार का पहला अनुभव! बाड़मेर से छोर तक का रेगिस्तान कंचन ने देखा। उसकी नन्हीं-सी आँखें चकित होकर उस भूरे सूखे रेतीले प्रदेश को देखती रहीं। दूर-दूर नजर जाती, कहीं भी अन्त नहीं। कहीं-कहीं रेत के टीले के पीछे एकाध हरी डाली झाँक जाती है। क्या होगा वहाँ? घर होगा, आँगन में गाय बँधी होगी, लड़कियाँ गोटी खेलती होंगी? क्या होगा वहाँ? उसे लगा निर्जन, निस्सीम विस्तार में वह स्वयं ही एक जर्रा है। एक पल एक नन्हीं चींटी बनकर बिल में छिप जाने की उसकी इच्छा हो आई। रेगिस्तान का विस्तार मानो उसे और भी छोटा बना रहा था। उस पर प्रभाव डाल रहा

था। दोपहर की धूप में जगह-जगह पानी की झीलें झिलमिलाती लगीं। पिताजी ने मृगजल की माया समझाई, किन्तु उसे भेदें कैसे? वह भी तब जब मन उन झीलों में मनचाहा प्रतिबिंब देखते हुए भीगेपन का आनन्द लेना चाहता हो तब? गाड़ी छोटे-छोटे स्टेशनों पर रुकती और गाँव के लोग पानी भर जाते। सुदूर सीमांत के लोगों के लिए जीवन से जोड़ने वाली डोर भी ये गाड़ियाँ।

कराची जाने के लिए सिन्ध-हैदराबाद से फिर गाड़ी बदलनी थी। तीसरे दिन की शाम क्वेटा मेल का कनेक्शन लिया। उस भरी हुई गाड़ी में बैठने के लिए जगह की तो बात क्या करें? बड़ी मुश्किल से चढ़ने का मौका मिला। दरवाजे के पास गलियारे में एक ओर सामान और पास में बिस्तर पर विश्वनाथ और कंचन को लेकर माँ बैठी रही। पिताजी थोड़ी देर खड़े रहते, थोड़ी देर चक्कर लगाते, ट्रेन यात्रा की अन्तिम रात कंचन को विचित्र ढंग से हमेशा के लिए याद रह गई।

ट्रेन में कंचन को पाखाने जाते हुए बहुत डर लगता। हिलता-डुलता डिब्बा और नजर नीचे जाने पर दिखती जमीन। लगातार गिरने की दहशत। अब तक तो स्टेशन आने पर माँ उसे प्लेटफार्म पर ले जाती थी। शाम ढल गई थी। मजबूरन कंचन डिब्बे के दूसरे छोर पर गई। पाखाने का दरवाजा खोला किन्तु हिम्मत नहीं पड़ी, वापिस आई। माँ डाँटेगी तो? इसलिए थोड़ी देर दरवाजे के पास खड़ी रही। वह खिड़की से बाहर देख रही थी। उसे लगा कि उसकी पीठ पर कुछ है। उसने पीठ पर हाथ फेरा और मुड़कर देखा। गाड़ी के दूसरे बन्द दरवाजे के कोने में एक आदमी बैठा था। हलकी रोशनी में उसके मैले-कुचैले कपड़े और पैर के पास पड़ी हुई दो गठरियाँ दिखाई दीं। वह कंचन को ताक रहा था। उसकी दोनों आँखें चमक रही थीं। धीरे-धीरे अँधेरे का अभ्यस्त होने पर कंचन ने देखा, उसके ओठ कुछ विचित्र ढंग से खुले थे। उसने चादर ओढ़ी थी। कंचन को अपनी ओर ताकते देख उसने जानबूझकर चादर हटाई। उस वीभत्स दृश्य को देखकर कंचन उबकाई करती हुई माँ के पास दौड़ी, उसके डरे हुए चेहरे को देखकर माँ ने पूछा भी सही। उसे लगा था कि यदि एक भी अक्षर बोलेगी तो उल्टी हो जाएगी। दूसरे दिन विश्वनाथ ने उसे गोटी खेलने को कहा तो बिना मन के ही खेलती रही और बार-बार हारती रही। शाम को कराँची स्टेशन पर उतरे, तब तक वह गुमसुम बैठी रही।

10

मन्दिर की घड़ी में रात के दो की घंटी बजी और कंचन बा ने करवट बदली। यादों का खुमार आँखों पर चढ़ता जा रहा था। बन्द आँखों से वे चलचित्र देख रही थीं। अतीत की दृश्यावली गुजर रही थी।

पहली बार कराची शहर देखने की याद आज आ रही है। कराची शहर, उसके रास्ते, बाजार, चालें और बन्दरगाह का विस्तार। एक शब्द में कहना हो तो कहा जा सकता है कि कराची यानी सागर! कहाँ अँजुरीभर का गाँव जसापर, जिसकी एक-एक गली, नुक्कड़, मुहल्ला एकदम पैरों की नाप में और कहाँ कराची? नजर ऊपर उठे और नीचे आते-जाते तो दूर-दूर तक फैल जाए। कराची को पहली नजर से देखते ही कंचन को विचार आया कि यदि दादी और दादा पूछें कि कराची कितना बड़ा है, यह बताओ तो, हाथ को कितना फैलाना पड़ेगा! कुएं का मेंढक हिलता-डुलता गगरी में खिंचाकर बाहर निकले और कूदते हुए पहुँच जाए समुद्र किनारे। फिर तो उसकी उभरी हुई आँखें फैलती हुई फटी रह जाएँ, कुछ ऐसा ही अनुभव हुआ नन्हीं कंचन को। पहले थोड़ी दहशत, फिर विस्मय और अब तो निरा आनन्द!

विक्टोरिया में बैठते हुए विशु और कंचन को जैसे राज मिल गया। पक्की समतल सड़कें, चौड़े फुटपाथ, ट्राम, बिजली के बल्ब, दोनों ओर जगमगाते बाजार, चार-चार मंजिल की इमारतें, क्या देखें और क्या न देखें? एक विस्मय लोक में आ पहुँचे दोनों भाई-बहन।

बग्गी हरिशंकर शास्त्री की चाल के पास आकर रुकी। कम्पाउंड के चारों ओर कमर तक ऊँची दीवार, बड़ा-फाटक और पास में खिड़कीनुमा दरवाजा। पिताजी ने नीचे उतरकर फाटक खोला और सामान के साथ बग्गी अन्दर आई। पक्का फर्श देखकर कंचन को लगा कि यहाँ विशु गुल्ली-डंडा कैसे खेलेगा? विश्वनाथ तो मानों तारे पकड़ने के लिए तीसरी मंजिल पर दो-दो सीढ़ियाँ कूदते

हुए पिताजी से आगे निकल गया। ताला खोलकर पिताजी ने ओसारे में सामान रखा। तीसरी मंजिल पर लम्बे गलियारे में दसेक घर। ओसारा, रसोईघर, कमरा और पीछे बरामदा। प्रत्येक मंजिल पर दसों घर का साझा शौचालय-स्नानघर। उस रात को विशु और कंचन देर तक घर में आए ही नहीं, गलियारे में खड़े-खड़े रास्ते पर बहते मानव-प्रवाह को देखते रहे। देहात की एक-सी गति में कोई वैविध्य न था, न था कोई रोमांच! यहाँ तो पल-पल नया आश्चर्य जनम ले रहा था।

दूसरे दिन से शुरू हो गई नई लय और नया ताल। हमाम के लिए पानी छत पर बनी टंकी से आता था। विशु कई बार नल की टोटी खोल-बन्द करके खेलता रहा। पीने का पानी भरने के लिए नीचे जाना पड़ता था। पानी सुबह-शाम आता था। चाल के तीसों घरों के लोग नीचे लगे नलों पर लाईन लगाते थे। किन्तु उसमें जो स्त्रियाँ घूँघट निकालतीं उनकी बारी जल्दी आ जाती। 'बेचारी बहू है, इसे पहले भरने दो।' पिताजी को अच्छा नहीं लगता, परन्तु माँ घूँघट काढ़कर पानी भरती ।

अषाढ़ी दूज के दिन पाठशाला में नाम लिखाने के साथ कंचन और विश्वनाथ विस्मय के झूले से नीचे उतरे। यद्यपि, रेवा की खास इच्छा न थी। 'लड़की जात, पढ़ाकर क्या करना है?' किन्तु जेष्ठाराम ने दोनों भाई-बहन को स्कूल में डाल दिया। विशु को लेने-छोड़ने जाती कंचन के मन में जसापर के कच्चे स्कूल का चित्र था। पहली बार स्कूल जाने के दिन ब्रह्मसमाज प्राथमिक शाला की शिक्षिका शारदा बहन और दसेक विद्यार्थी कंचन और विश्वनाथ को लेने आए थे। विश्वनाथ ने चूड़ीदार पाजामा, कुर्ता और सिर पर टोपी पहनी थी। कंचन को आज घाघरा-चोली और चुनरी मिली थी। माँ ने दोनों भाई-बहन को कुमकुम का तिलक लगाकर हाथ में नारियल दिए। गले में फूलों की माला और बैंडबाजे के साथ स्कूल की दिशा में कदम बढ़ाए थे। सगुन के लिए सभी को गुड़-धनियाँ बाँटा था। कंचन को पढ़ना-लिखना आता देख शिक्षिका बहन ने दोनों को सीधे गुजराती की दूसरी कक्षा में ले लिया।

विलायती खपरैलवाली पक्की पाठशाला। बरामदे में लगातार एक साथ आठ-नौ कमरे। प्रत्येक पीरियड पर घंटी बजाता चपरासी। बड़े साहब के पास से गुजरते हुए नमस्ते करते बच्चे। शनिवार को समूह प्रार्थना, सफेद कमीज और नीली चड्ढी में लड़के तथा सफेद घाघरा-चोली में लड़कियाँ। क्लास में कंचन सबसे लम्बी। शुरू-शुरू में उसे संकोच होता था। विश्वनाथ छोटा और दुबला। उसे आगे बैठने को मिलता। कंचन ने पहले ही दिन शारदा बहन की सलीके

वाली साड़ी देखकर तय कर लिया था कि बनूँगी तो शिक्षिका ही। शारदा बहन विधवा थीं। यूँ तो चार किताब पढी थीं। स्वभाव से कठोर। लड़कियों के सिर से ओढ़नी उतर जाती तो गुस्सा होकर चिल्लातीं, "सिर पर कील ठोंको, कील।" एक जरूरतमन्द स्त्री को मदद करने के लिए ब्रह्मसमाज के संचालकों ने उन्हें नौकरी पर रख लिया था। शारदा बहन नौकरी करतीं किन्तु उन्हें जाति के छुआछूत के सभी नियमों का पालन करना पड़ता और करवाना पड़ता। पानी पीकर प्रत्येक विद्यार्थी को पीतल की गिलास माँजकर साफ करना पड़ता था। महीने में चार दिन शिक्षिका बहन को मासिक धर्म पालना पड़ता। उन दिनों वे छुट्टी पर रहतीं। शारदा बहन पहली बार जब छुट्टी पर थीं, तब घर आकर कंचन ने कहा, "माँ हमारी बहनजी भी तुम्हारी तरह छुतिहर होती है।" माँ को लगा अब कंचन बड़ी हो रही हैं।

रेवा गाँव छोड़कर आई थी, किन्तु उसके लिए इतने वर्षों की आदत छोड़ना सरल नहीं था। गाँव में दादा और दादी के कारण रेवा को एक ही बात का पता था कि बड़े जो कहें, वही करना चाहिए । अपना स्वतन्त्र अस्तित्व उसे अपरिचित अनजाना-सा लग रहा था। नई चप्पल पैर में सेट हो, उसके पहले कदम उठाने जैसी उसकी स्थिति थी। रेवा को लगभग एक दहशत रहती। दादाजी को पता चल जाएगा तो। दादी को अच्छा न लगे तो? कंचन के स्कूल में दाखिल होने के बाद नानचन्द चाचा से लिखवाई हुई दादाजी की चिट्ठी आई थी।

राज्यमान राजेश्री, चिरंजीव जेष्ठाराम तथा सर्व,

आपकी चिट्ठी मिली। शास्त्र में कहा गया है कि जवान बेटा बाप के बराबर माना जाता है। तुम तो समझदार हो। पढ़े-लिखे हो। विश्वनाथ को स्कूल में बैठाया तो अच्छा किया। लेकिन कंचन के लिए तो वर खोजने का समय है। लड़की की जात उसे पढ़ाने से क्या फायदा? अखंड सौभाग्यवती रेवा से कहना कि बेटी को घर के काम में लगाए। नहीं तो उसे भी ताने सुनने पड़ेंगे। कंचन के ब्याह के साथ विशु का जनेऊ कर दो, तो हमारे जीते जी तुम्हारा एक प्रसंग निबट जाए। कन्याकाल बीतने के बाद बेटी के कन्यादान का पुण्य नहीं मिलता। हम तो पतझर के पत्ते हैं। तुम्हारी माँ बच्चों को बहुत याद करती है। स्वास्थ्य का ध्यान रखना।

–लिखितंग महादेव प्रसाद का शुभाशिष

किन्तु दादा की इच्छा पूरी नहीं हुई। कराँची आने के दूसरे साल ही दादाजी गुजर गए। आँख झपकते ही क्या से क्या हो जाता है! जाते-जाते दादाजी

पिताजी के हाथ का गंगाजल भी नहीं पा सके। परिवार जनों ने अन्तिम संस्कार किया। परदेश का रास्ता, अन्त में दादाजी का मुँह भी नहीं देख पाए। दादाजी एकदम अचानक ही चल बसे। खेत में अधियरा ने चना बोया था। सोचा कि एकाध चक्कर लगा आऊँ। बड़े सबेरे गए और दस बजे तो समाचार आया कि दादाजी गए। खेत में खिजड़े के तले...बैठे-बैठे ही प्राण-पखेरू उड़ गए। काफी देर तक तो किसी को पता ही न चला। जब पड़ोस के खेत में मजदूर कपास बीनने आए, तब देखा कि अधियरा किसान की कुतिया भौंक रही थी और धीरे-धीरे रोती-रोती हुई दादाजी के आस-पास चक्कर काट रही थी। 'मार रे, ये बुढवा भी भला है, यह रांड़ कुतिया ऐसी असगुनाह रो रही है, पर बुड्ढा कुछ भी नहीं कहता', जब पास जाकर देखा तो कुछ भी नहीं था। शिवचन्द ताऊ कहते थे, महादेव का चोला बदला गया। उसका जीव मूलतः किसान का था। दादा ने अपनी चादर भी खेत में तानी, एक ओर ढेर सारे सरसों के पीले फूल और दूसरी ओर पककर फटती कपास।

कंचन देश में आई किन्तु उसे गाँव, घर, खेत, कुआँ, तालाब, ठाकुर की हवेली सब अनजाने लगते थे। खासतौर से पाठशाला के बिना उसका जी नहीं लगता था। विशु को तो मजा आ गया। उसने स्वीकार लिया था कि दादाजी भगवान के घर गए। कंचन सुना करती, भले आदमी की तो भगवान को भी जरूरत है। तो क्या जो जीते हैं वे सब अच्छे आदमी नहीं? यों घड़ी भर में ऐसा तो क्या होता है कि आदमी मर जाता है? भगवान का घर कहाँ होगा? ठेठ ऊपर कितनी सीढ़ियाँ चढ़ें तो वहाँ पहुँचा जाए? वह देख रही थी। पिताजी ने सिर मुड़वाया, सारी विधि की, लोकाचार निभाया। पिताजी सब चुपचाप कर रहे थे। दादी की एक भी बात का विरोध अब नहीं करते। दादी को रोते हुए देख कंचन को लगता कि पिताजी ने मेरा ब्याह कर दिया होता, तो दादाजी की आत्मा भटकती नहीं। किन्तु उसे क्या पता था कि ब्याह, यानी क्या? नए कपड़े, गहने, मेहमान और मौज-ही-मौज? वह अपनी शिक्षिका शारदा बहन को देखती। वे हमेशा सफेद साड़ी ही पहनतीं। सिर मुड़ा तो क्या दादी का सिर भी! दसवें दिन सूखा नाई दादी के बाल उतारने आया, तब कंचन ने दौड़कर उसका हाथ पकड़ लिया था। कितना रोई, सिर पीटा, नहीं, मेरी दादी की चोटी मत काटो। उसे खींचकर अलग करके कमरे में बन्द कर दिया गया। जाली में से खड़े-खड़े वह देखती रही, "पिताजी क्यों कुछ बोलते नहीं?"

दादाजी की मौत ने कंचन को अचानक बड़ी बना दिया। वह पन्द्रह दिन सारा तमाशा देखती रही। व्यवहार और रिवाजों में छटपटाती भावनाओं को

देखती रही। लोकाचार के नाम पर होती निन्दा–देखती रही। उसे समझ में नहीं आता था कि इत्मीनान से भोजन करने बैठे लोग, चटनी और अचार का स्वाद लेते लोग, मातम को आते देख एक पल में कलपने लगते। ड्योढ़ी पर समाचार आता कि फलाने गाँव से मातमपुरसी के लिए आ रहे हैं तो सभी सावधान होकर अपने-अपने रोल में आ जाते। लम्बे घूँघटों में पुक्का फाड़ कर रोया जाता और चौकन्नी आँखें देखतीं, किसने काली साड़ी पहनी है और किसने सफेद...किसके हाथ में सोने की चार चूड़ियाँ हैं और किसके हाथ में चूड़ा? किसकी आँख सूखी है और किसका विलाप बुलन्द है? पुरुष घड़ी-दो-घड़ी रोते थे फिर कपास का भाव ताल करने लगते और चिलम फिरने लगती। वातावरण थोड़ा हलका होने पर किसका लड़का ब्याहने लायक है, किसके घर जनेऊ है? किसकी बहू को निकाल दिया गया और कौन नई लाया? किसने शादी में क्या खिलाया, और किसकी मैयत में कौन नहीं गया? व्यवहार, ख़ुशी-नाराजगी और आश्वासन तथा ऑसू का जबर्दस्त नाटक चलता।

दादी एकदम बदल गई थीं। किसी ने जैसे उनका सारा लहू चूस लिया हो, उस तरह एकदम चिथड़े जैसा लगती थीं। कभी चुपचाप बैठी रहतीं। माँ घर-व्यवहार और लोकाचार की चक्की में पिसाती रहती थी। पिताजी अकेले-अकेले बैठे रहते। व्यावहारिक लोग जो कहते थे उसे चुपचाप करते रहते। आँधी तूफान में छप्पर उड़े मकान जैसी उनकी दशा थी।

दादाजी का वार्षिक श्राद्ध न हो तब तक दादी को शोक मनाना पड़ेगा। समाज भी अजीब है। एक तरफ तो कहता है कि लो पैंतालिस वर्ष की हुई, छोटी बच्ची है कि रोती है? अब बेटे के बेटे के घर भी झूला बँधेगा। और दूसरी ओर शोक का नियम पालना पड़ेगा। कठपुतली की तरह बस नाचते रहना है। माँ, दादी के पास गाँव में रुक गई, पिताजी बच्चों की पढ़ाई खराब न हो इसलिए कंचन और विश्वनाथ को लेकर करॉंची आए।

पिताजी सुबह जल्दी उठकर *सब्जी-भाखरी*[6] बनाते। शाम को पेढ़ी से आकर दाल-चावल बनाते। कंचन को बड़ी इच्छा होती कि लाओ मैं बनाऊँ पर पिताजी बनाने नहीं देते। "रहने दे जल जाएगी।" आपने तो बड़ा जतन किया किन्तु मेरे ही भाग्य में जलना लिखा था, उसे कौन मिटाता?

कंचन को पहली बार चकला-बेलन पकड़ना याद आया। पिताजी के दाहिने हाथ के अँगूठे का नाखून पका था। एक हाथ से भाखरी का आटा तो गूँथा किन्तु मजबूरन कंचन से बेलवाया। उस पहली भाखरी का आकार किस प्रकार का था, यह कहना मुश्किल था पर बाद में पड़ोस में रहती निर्मला मौसी ने एक तरकीब

सिखाई। पहले बड़ी भाखरी बेल कर उस पर बड़ा कटोरा रख दे, फिर आस-पास कटा आटा ले ले। एकदम गोल भाखरी तैयार। बेचारी निर्मला मौसी का मन दुखी होता । सबके देखते ब्राह्मण की रसोई में लोहाणा से कैसे आया जाता? वे आकर सब्जी छौंक जाती, दाल में तड़का लगा जाती। कंचन को प्यार से उन्होंने सब सिखाया था।

समय बीतता जा रहा था, कंचन धीरे-धीरे घर-गृहस्थी के कामों में कुशल होती जा रही थी। जेष्ठाराम को पता भी नहीं चला इस तरह घर की छोटी-छोटी जिम्मेदारियाँ सरककर कंचन के सिर पर चली गई थीं। जल्दी उठकर पीने का पानी भरने से लेकर देर रात को दूध जमाने तक के सभी काम वह करती थी। स्कूल जाते समय रविशंकर पंसारी को वस्तुओं की लिस्ट पकड़ाती थी। शाम को मजदूर टोकरा भर कर सिर पर उठाकर उसके साथ आता। एक-एक वस्तु लिस्ट से मिला लेती। बाँस के सूप से अनाज फटकना, पछोरना, ढगराना सब निर्मला मौसी से सीखती। मनोमन तैयार हो रही थी। उसे बस एक ही बात की प्रतीक्षा थी कि माँ आए तब उसे सब काम करके दिखाकर चकित कर दे।

डेढ़ वर्ष बाद माँ आई किन्तु...

11

जब से गाँव से नानचन्द का खत आया है तब से जेष्ठाराम कुछ चिन्ता में रहते हैं। दादाजी की मृत्यु को सालभर होने को आया। उनकी बरसी करने गाँव जाना पड़ेगा। रेवा ने जीवन में पहली बार इतने लम्बे समय तक बच्चों को अकेले छोड़ा था। बच्चों के प्यार के सहारे रेवा पति से दूर रहने की आदत डाल पाई थी। जेष्ठाराम के लिए भी यह वर्ष परीक्षा के समान था। पहले अकेले रहने की आदत और तैयारी दोनों थी। रेवा के आने के बाद एक वर्ष के भीतर तो वह ऐसी अनिवार्य बन गई कि उन्हें अपने पर भी आश्चर्य होता कि, इतने वर्ष अकेले कैसे रहे? फिर कंचन और विश्वनाथ के लटके मुँह, उसके उपरान्त घर की जिम्मेदारी। जेष्ठाराम को प्रकट रूप से उदास होने की फुरसत न थी। उसमें रेवा की तबीयत का समाचार...

कंचन और विश्वनाथ तो माँ से मिलने के लिए इतने उतावले हो रहे थे कि वे भूल गए थे कि इस बार गाँव जाएँगे तब दादा नहीं होंगे। वह दादा जो जाड़े की रात में द्वार पर कौड़ा जलाते, फिर दोनों को अपनी गोद में लेकर बैठते और गन्ना छिलते जाते और गुल्ला देते जाते, गाँव में नौटंकी या रामलीला हो या रामदेवपीर का आख्यान, दादा विशु को कन्धे पर बैठाकर पूरा खेल दिखाते, बचपन में कंचन जब गौरीव्रत करती तब वे हलवाई के यहाँ जाकर सामने बैठकर पेड़े बनवाते। दादा के गुजर जाने के बाद महीने में तो बच्चे पिता के साथ कराँची आ गए थे, मासिक पिंडदान किया वहाँ तक कर्मकांड के चलते दादा की अनुपस्थिति दर्ज करने जितनी जगह मन में कहाँ बची थी!

विश्वनाथ को गाँव जाकर माँ से चिपककर मन भरके सोना था। यूँ तो यहाँ पिताजी और कंचन दोनों हैं किन्तु पिताजी के साथ सोने में शर्म आती है। डरपोक कहेंगे। तो कंचन 'तू तो सारी रात पैर मारता रहता है' कहकर अलग सुलाती। कभी-कभी सपने में डर लगने पर बिछौना भी भिगोता। कंचन उसे

चिढ़ाती किन्तु किसी को पता न चले इसके लिए बिछौना पिछले बरामदे में सुखाती। कंचन उसका ध्यान रखती किन्तु ऐसा लगता कि रोज वह उँगली के पोर गिनती है। कंचन भी माँ से मिलकर फिर एक बार पहले की तरह निश्चिन्त हो जाने के लिए थिरक रही थी। माँ आएगी बाद में उसे न तो पिता के नौकरी जाने की चिन्ता, न सुबह जल्दी उठकर पानी भरने की, तब स्कूल नियमित जा सकेगी। शाम की रसोई की चिन्ता न होने पर नीचे खेलने जा सकेगी, इस राखी पर बालों में लगाने के लिए चाँदी की पिन और जुड़े के घुँघरूवाले काँटे की जिद कर सकेगी, अब करेले की सब्जी खाने से मना किया जा सकेगा। माँ की गैरहाजिरी में तो खाना पड़ता था, नहीं तो विशु भी नहीं खाए। अब डाँटने पर विश्वनाथ के रोने की चिन्ता नहीं करनी पड़ेगी, विश्वनाथ की देखभाल करने के लिए जो बड़प्पन ओढ़ना पड़ा था, वह बहुत फूला-फूला बेमेल चोगे-सा लगता था। पहली बार पूरी साड़ी पहनी हो तो लगातार साड़ी सँभालनी पड़ती है, कुछ ऐसी ही यह स्थिति थी। रेवा को गाँव में रुकना पड़ा तब मानो कंचन का बचपन भी वहीं रुक गया। किसी ने बाँध का दरवाजा बन्द कर दिया था और प्रवाह रुक गया था। पिछले कुछ समय से कंचन माँ को उनकी धरोहर सौंप देने के लिए इतनी उतावली हो रही कि पन्द्रह दिन से पिताजी का बदला हुआ चेहरा भी उसके ध्यान में नहीं आया था।

जेष्ठाराम चिन्ता में हैं। नानचन्द ने रेवा की तबीयत का समाचार लिखा है। बच्चों को लेकर जाऊँ या छोड़कर? फिर वे मानेंगे क्या? फिर लगता कि छोड़कर जाऊँ कैसे? एकाध बेला या एकाध दिन की बात हो तो पड़ोसी पर भी छोड़ा जाए, किन्तु यह तो दूर का रास्ता, पन्द्रह दिन-महीना हो जाए। गाँव का घर बन्द करना, वहाँ का कारोबार समेटना और बूढी माँ तथा बीमार रेवा को लेकर वापस आना; सरल न था। अन्त में जेष्ठाराम को लगा कि पेढ़ी के सेठ देवशंकर शुक्ल को बताएँ। वे कोई रास्ता निकालेंगे। मन में थोड़ा भरोसा भी था। दादा गुजर गए थे, उस समय सेठ ने तुरन्त दो सौ रुपए निकालकर देते हुए कहा था यह पैसा वेतन से नहीं काटूँगा, और ब्याज भी नहीं देना है, थोड़ा-थोड़ा बचाकर देना। जल्दी नहीं है। भले ही दो-चार साल लग जाएँ।

एक शाम जेष्ठाराम दोनों बच्चों को लेकर सेठ के घर गए। पेढ़ी तो केमाड़ी बन्दरगाह रोड पर । वर्षों से समुद्री मार्ग से माल भेजने और लाने की एजेन्सी, फिर प्रथम विश्वयुद्ध में गोरे साहबों की मेहरबानी, व्यापार और भी फूला-फला। साथ-साथ महाजनी करने लगे, फिर तो पैसा पैसे को खींचता रहा और शुक्लजी रुपयों में खेलते रहे।

सेठ का बँगला था रतन तलाब के पास। एकतल्ला बँगला। दूर से ऐसा लगता जैसे कोई विशाल पक्षी पंख फैलाकर उड़ने की तैयारी कर रहा हो। बीच में सामने ढलुवा छोटी छत जैसे आगे की ओर बढ़ी हुई पक्षी की चोंच और दाएँ-बाएँ ढलती छत जैसे डैने। विश्वनाथ ने मुख्य द्वार पर संगमरमर की तख्ती में पढ़ा–देवविला। अन्दर घुसते ही बजरी डाला हुआ लम्बा रास्ता। दाएँ-बाएँ केले की गोलाकार क्यारियों के बीच गुलाब और पीले गेंदे। सामने सीढ़ियाँ चढ़ने पर बरामदा उसके चारों ओर तीन फीट ऊँची लाल रंग की लकड़ी का जंगला। बरामदे में सामने तथा बाएँ-दाएँ दरवाजे। सामने शीशम का मुख्य दरवाजा। कमरे में प्रवेश करें तो ऐसा लगता किसी बड़े सभाखंड में खड़े हों। नीचे गलीचे में धँसते पैर, ऊँची छत, कमरे के बीच झूला कमरे के छोर पर सिंहासन जैसी बड़ी-बड़ी दो कुर्सियाँ। बीच से ऊँचा बड़ा पीढ़ा और आसपास सफेद गद्दी-तकिया की बैठक, पीछे सामने की दीवार पर बड़ा-सा चित्र। चित्र में ऊँचे स्टूल पर फूलदानी और बगल में स्टूल पर कुहनी टिकाकर खड़ी हुई स्त्री। दूर से उसकी आसमानी साड़ी का सुनहरा पल्ला चमक रहा था।

जेष्ठाराम दहलीज पर खड़े-खड़े सोच रहे थे कि किसे पुकारें तभी दसेक साल की लड़की ने हॉल में झाँका। उसकी दो चोटी ऊँची कसके बँधी थी और पैर की एड़ी तक लम्बा गुलाबी रंग का फ्रॉक जैसा कुछ पहने थी। उसने पूछा :

"किसका काम है?"

कंचन को उसकी आवाज की बदतमीजी अच्छी न लगी। "बड़ों के साथ कहीं इस तरह बोला जाता है।"

जेष्ठाराम उत्तर दें, इसके पहले,

"कौन आया है जया? अरे व्यासजी आप? आइए-आइए। जया, जा पानी ले आ।" जया कंचन की खुली ओढ़नी और लहँगा-चोली को कुछ कौतुक के साथ देखते-देखते भीतर गई। झूले पर बैठते हुए देवशंकर ने कुर्सी की ओर इशारा किया और विश्वनाथ को पास बुलाया।

"छोटे व्यासजी आपका नाम क्या है?"

"मेरा नाम विश्वनाथ और मेरी बहन का नाम कंचन।"

"अरे हाँ, मैं तो उसे भूल ही गया।" फिर नौकर द्वारा लाए गए पानी का गिलास वापस देते हुए पुकारा; "जया, कहाँ चली गई? अपनी सहेली को साथ खेलने ले जा।"

कंचन को जाने की खास इच्छा न थी, किन्तु पिताजी का चेहरा देख, वह जया के साथ गई।

‘मैं भी जाऊँ’ कहते हुए विश्वनाथ पीछे-पीछे दौड़ा।

बैठक का दरवाजा पिछवाड़े अहाते में खुलता था। अहाते में दोनों ओर कमरे और बीच में पक्का चौक। अहाते के बाएँ छोर पर जया का कमरा था। कमरे में छत्री पलँग पर जया की दुनिया फैली थी। पुस्तकें, कापी, पेन, पेन्सिल, गुड़िया, चूड़ी, फीता। गुड़िया हाथ में लेते ही विश्वनाथ कहने लगा, “चल दीदी हम घर-घर खेलें।”

“नहीं, अभी नहीं।” कहते हुए उसने पुस्तक हाथ में ली।

“तुझे पढ़ना आता है?” जया को कंचन की देशी पोशाक देखकर प्रश्न हुआ।

“और क्या, हम दोनों तीसरी कक्षा में हैं और दीदी तो मुझे भी सिखाती है।”

कंचन किताब के पन्ने पलटते-पलटते बोली :

“नई रोशनी। किन्तु इसमें तो अलग पाठ है?”

“हाँ, किन्तु इस किताब से परीक्षा नहीं देनी है। ये तो पिताजी ऐसे ही पढ़ने के लिए लाते हैं। इसमें कहानियाँ वगैरह हैं।” कंचन को पहली बार लगा कि जया से दोस्ती करने जैसा है। उसने जया से पूछा :

“तुम्हारी माँ कहाँ है?”

“वह तो, मैं एकदम छोटी थी तभी मर गई।”

‘तो फिर खाना तू बनाती है?” विश्वनाथ ने पूछा :

“नहीं रे, मैं तो अभी कितनी छोटी हूँ।” रसोईघर की ओर जाते-जाते जया बोली।

“लो, मेरी बहन को तो सब आता है।”

“किसको सब आता है?” रसोईघर से कुछ काँपता-सा स्त्री स्वर सुनाई पड़ा।

“मेरे पिताजी की बुआ हैं। मेरी दादी।”

देवशंकर की बुआ गंगा बहन को नौ साल की उम्र में ब्याहा गया था, किन्तु गौने से पहले ही विधवा हो गई थीं। भतीजे के बच्चों को भी बड़ा किया। किन्तु वैधव्य के नाम से प्रारम्भ में जो संयम, व्रतपालन की कट्टरता उन पर लादी गई थी, वह अब समय बीतने पर उनका स्वभाव बन गई थी। देवशंकर को बदलते हुए युग में रीति-रिवाजों की गठरी उठाना अच्छा नहीं लगता था, पर वे खास कुछ कहते नहीं थे; किन्तु उनका बेटा अमृत तो ऐसा कट्टर विरोधी था कि बुआ के रास्ते में भी नहीं पड़ता। बुआ भी अमृत की परछाई नहीं लेती।

कहती, "यह अंगरेजी पढ़कर बिगड़ गया है।" जया के पीछे कंचन और विश्वनाथ ने रसोईघर में पैर रखते हुए सुना, "देखना रे। रसोई छुतिहर मत करना।"

"तुम भी दादी। ये लोग तो ब्राह्मण हैं।"

"हाँ, किन्तु जहाँ-तहाँ खेलने गए हों, तो क्या पता किसको छूकर आए हों। खड़ी रहो मैं पानी देती हूँ।" सब्जी काटना छोड़कर लकड़ी का सहारा लेकर झुककर चलते हुए उन्होंने दूर से बच्चों के गिलासो में पानी डाला। कंचन को उनका चेहरा देखकर गर्मी से सूखे तालाब का तल याद आया। झुर्रीदार चमड़ी और पोपला मुँह। वर्षों बाद दादी ऐसी लगेंगी, फिर माँ और बाद में मैं भी। कंचन ने तीनों के गिलास को राख से माँजकर उलटा रखा।

"अरे, बेटी तो बड़ी सयानी है।" बड़े दिनों पर ऐसा ममतापूर्ण उद्‌गार कंचन को रोमांचित कर गया। गंगा बा ने बच्चों को सुखड़ी दी। फिर तो पूरी साँझ कहाँ बीत गई पता न चला। विश्वनाथ ने खोज निकाला कि पीछे नौकर की कोठरी के पास सफेद रंग का ऊँचा घोड़ा और सफेद रँगी हुई बग्गी है। नौकर की खाली कोठरी में खटिया खड़ी करके रसोईघर बनाया गया और उसमें पीतल के छोटे-छोटे बरतनों से गृहस्थी सजाई गई।

"रसोई मैं बनाऊँगी" जया की बात सुनकर कंचन ने उत्साह से कहा, "मैं स्कूल की शिक्षिका बनूँगी और विशु दिन में स्कूल में पढ़ेगा और शाम को वापस आने पर पिताजी बन जाएगा।"

"हाँ, और मैं बाहर जाऊँगा तो बग्गी में जाऊँगा।"

घर-घर के खेल में जया–शाम की रसोई बनाना शुरू करे तभी उसके नाम की पुकार हुई। जया को पढ़ाने एक गोरी मैडम आती। अंग्रेजी लिखने-पढ़ने के अलावा कैसे बोलना, कैसे चलना, किस प्रसंग पर कैसा कपड़ा पहनना आदि तौर-तरीके सिखाती थी।

एक छलाँग में दालान और चौक पार करने को उत्सुक जया को जब मैडम उसके सिर पर कोई भार रखकर फिर धीरे-धीरे चलने को कहती, तो वह ऊब जाती।

जया के जाने के बाद कंचन और विश्वनाथ ने खेल समेट लिया। जया के कमरे के पास से गुजरते हुए कंचन ने देखा, कमरे में खिड़की के पास टेबल था और जया के सामने टेबल के दूसरी ओर गोरी मैडम बैठी थी। कन्धे तक खुले कत्थई बाल, पतला चेहरा, बोलते समय थोड़ा-सा ही खुलते ओंठ व बिना बाँह का घुटने तक का काला फ्रॉक मैडम ने पहन रखा था। उनका गोरा रंग देखकर

कपास की खिली हुई रूई याद आ जाए। आज तक चित्र में ही ऐसी स्त्री देखी थी पर हाड़-मांस की ऐसी स्त्री के होने की प्रतीति तो आज ही हुई। विशु ने कहा भी सही, "बहन वह असली स्त्री होगी? मैं उसे छू आऊँ।" कंचन उसका हाथ खींचकर बैठक की ओर चलने लगी।

बैठक में प्रवेश करते हुए उसने देखा, पिताजी के पास की कुर्सी में एक युवक बैठा था। सिर पर काला हैट और कोट-पतलून। एक क्षण तो लगा यह भी कोई चित्र ही न हो।

"कंचन और विशु, पैर छुओ, ये हमारे छोटे सेठ हैं।" जेष्ठाराम ने कहा।

"आप भी व्यासजी, अमृत तो तुम्हारे बेटे जैसा है।"

देवशंकर ने उन्हें टोका। विश्वनाथ को एकाएक अपनी हैट की ओर ताकता देख अमृत ने हैट निकालकर उसके सिर पर रख दिया। एक पल के बाद विश्वनाथ फिस्स करके हँस पड़ा और हैट की किनार पर हाथ फिराते हुए कंचन को दिखाने लगा, पर उसका ध्यान तो अमृत के बड़े माथे पर झुक आई बाँकी लट पर था। विश्वनाथ ने उसका हाथ खींचा, तब उसने सुना।

'व्यासजी, आप निश्चिन्त हो गाँव जाकर पिताजी की बरसी कर आओ। दोनों बच्चे यहाँ रहेंगे। जाना होगा, तब कहना अमृत आकर इन्हें लिवा आएगा। तुम वापस आओ तब तक दोनों की जिम्मेदारी मेरे सिर पर और हाँ, इसके अलावा भी कोई काम हो, तो निःसंकोच कहना।"

लौटते समय रास्ते में विश्वनाथ देवविला में रहने के विचार से आकाश में उड़ रहा था। बग्गी में बैठकर स्कूल जाना होगा और कैसी शान दिखाएगा। किन्तु कंचन कुछ सोच में थी। अमृत को देखकर कुछ याद आ रहा था। इसके पहले कहाँ देखा है उसे? चेहरा नहीं, किन्तु वह बाँकी लट बड़ी परिचित लग रही थी।

अरे, हाँ याद आया। गत रक्षाबन्धन के दिन ब्रह्मसमाज की बाड़ी में जाति सभा थी। तब देखा था। कंचन की नजर में वह दृश्य फिर से खड़ा हो गया।

नेटी जेटी बन्दरगाह पर जनेऊ बदलने के बाद शहर के सभी ब्राह्मण ब्रह्मसमाज की बाड़ी में लड्डू की दावत उड़ाते। यह प्रथा जब से शुरू हुई, तब से अलिखित नियम था कि रसोई देवशंकर शुक्ल की ओर से। शुक्लजी कराँची में रहनेवाले पुराने ब्राह्मणों में से थे और फिर पैसे-रुपए से सुखी। जाति की नाक। उस बार भोजन की पंक्ति में कंचन की बगल में विश्वनाथ बैठा था। थाली परोसी गई किन्तु आज उसने कंचन को तंग करने का निश्चय किया था। छोटी थी, तभी से कंचन हर भीम एकादशी को कोई न कोई एक नियम लेती

जैसे कि रोज सुबह देहली पूजना या तुलसी को दिया जलाना या सूर्य की पूजा करना या कुछ खाते अथवा पीते समय भगवान का नाम लेना। कंचन ने दो-तीन बार विश्वनाथ से कहा-

"भइया बोल न शंकर पारवती।" किन्तु उसने जोर से होठ बन्द कर लिया। भूल से भी न बोला जाए। उसने चिउँटी काटते हुए धीमी आवाज में फिर कहा। बदले में विश्वनाथ 'अरे माई रे' कहकर चिल्लाया और तभी कंचन को सुनाई पड़ा 'शंकर-पार्वती' कंचन ने चौंककर सामने देखा तो एक किशोर हाथ में लड्डू की परात लेकर झुका था। उसके माथे पर एक बाँकी लट झूल रही थी। आँख उठाकर फिर बोला 'शंकर-पार्वती' और 'लड्डू-लड्डू' कहता आगे बढ़ गया।

कंचन फिर एक बार उसी स्तब्धता का अनुभव करती रही।

12

दूर तालाब के किनारे एक मोर बोला और उत्तर में न जाने कितनी कुहुँक। कोई गायक गीत की पंक्ति शुरू करे और फिर समूह उसे ऊँचा उठाता जाए ऐसी एक कुहुँक कंचन बा के हृदय में भी प्रतिध्वनित हुई। 'देवविला' के वे दिन! कल-कल करती नदी के उछलते प्रवाह के दिन। सागर की ओर कदम बढ़ाने के दिन।

देवविला में लगभग पन्द्रह दिन कंचन और विश्वनाथ रहे। पिताजी को गाँव जाना था, उस शाम को अमृत बग्गी लेकर लेने आया था। कंचन को उसकी बाँकी लट देखकर याद आ गया। 'शंकर-पार्वती।' पिताजी को स्टेशन उतारकर अमृत ने विश्वनाथ को अपने पास बैठाया और पूछा–"क्या विशु, शंकर-पार्वती के बाद अब कौन-सा व्रत लिया है?"

"एक भी नहीं, मैंने तो दीदी का व्रत भी छुड़वा दिया।" "जा-जा बड़ा आया छुड़ानेवाला! अब तो मैं ही मन-ही-मन पाँच बार नाम बोल लेती हूँ और हो जाता है।" कंचन ने विरोध करते हुए कहा।

अमृत ने आँखों में शरारत भरकर कहा, "ऐसे न चलेगा। मन में तो तुम चाहे जिसका नाम लो। इसे तो बेइमानी कहा जाएगा। है न विशु?"

"बेईमानी-बेईमानी' कहते हुए विश्वनाथ ने उत्साह से अमृत के सुर-में-सुर मिलाया। अकेली पड़ी कंचन ने रूठते हुए कहा, "भले, जाओ।" फिर तो घर जाकर अमृत ने कंचन को 'बालजीवन' पत्रिका के पुराने अंक देकर मना लिया था।

अमृत कंचन को 'शंकर-पार्वती' कहकर चिढ़ाता था तो कंचन उसे 'अमृत टोपी' कहती। देवविला में लड़के-लड़कियों की दो पार्टी हो गई थी। एक ओर अमृत और विश्वनाथ और दूसरी ओर जया और कंचन। शाम को कम्पाउंड के पिछवाड़े बँधी हुई नेट पर बैडमिन्टन के जोड़ीदार तय रहते। रात को भोजन के

बाद अमृत विश्वनाथ को पढ़ाता। एक बार उसने कंचन को जबर्दस्ती पढ़ने बिठाया। गुणा का सवाल कराते हुए उसने पूछा, "उन्नीस पंजे।"

कंचन ने उत्तर नहीं दिया। वह सिर झुकाकर बैठी रही। अमृत को लगा कि आता नहीं है इसलिए नहीं बोलती। अमृत ने फिर पूछा :

"उन्नीस पंजे।"

विश्वनाथ को लगा अभी बहन को डाँट पड़ेगी, किन्तु कंचन तो किसी दूसरे खयाल में थी। सामने बैठे अमृत का प्रतिबिम्ब टेबल के शीशे में पड़ रहा था। कंचन उसमें दिखाई देती बाँकी लट और भूरी आँखें एकटक देख रही थी। अमृत ने जोर से पूछा :

"उन्नीस पंजे।"

हड़बड़ाकर कंचन ने ऊपर देखा और 'पता नहीं' कहकर बाहर दौड़ गई।

देवविला में आए उसके दूसरे ही सप्ताह कंचन की शिक्षिका शारदा बहन विदेशी कपड़े की दुकान में पिकेटिंग करते हुए गिरफ्तार हुईं। यद्यपि चार दिन में ही छूट गईं किन्तु पुलिसवान से उतरते समय जमादार ने पीछे से लात मारी और वे जोर से नीचे गिर पड़ीं और उनके दाहिने पैर में फ्रैक्चर हुआ और कनपटी पर टाँके आए। शिक्षिका छुट्‌टी पर, तो बच्चों की भी छुट्‌टी। कंचन ने सोचा कि पुलिस खराब आदमियों को पकड़ती है किन्तु शारदा बहन तो अच्छी औरत हैं। स्कूल में पढ़ाती हैं फिर पुलिस उन्हें क्यों पकड़कर ले गई? उसे मन होता कि अमृत से पूछे किन्तु अमृत के सामने एकदम मूर्ख लगेगी तो? वह पूछना टाल गई।

स्कूल में छुट्‌टी होने पर कंचन पूरी दोपहर ऊबती थी। कुछ न सूझने पर गंगा बा के पास जाकर बैठती। बरसात के दिन थे। गंगा बा व्रत-उपवास तथा कथा-कहानी में उलझी रहती। दोपहर को जया के कमरे में नीचे दरी बिछाकर लेट जाती थीं। कंचन देखती, गंगा बा मुश्किल से नीचे बैठ पाती थीं। उठते समय चार पैरों पर होना पड़ता। उसने एक बार कहा भी, "दादी, आप पलँग पर क्यों नहीं सोती?"

"तुझे क्या पता, विधवा को पलँग पर नहीं सोना चाहिए," कहते हुए गंगा बा सिर से पल्लू खिसकाकर अपने घुटे सिर पर हाथ फेर लेती। कंचन बादल छाए उजाले में उनका चमचमाता सिर देखती रहती। वह छिलका उतारे हुए नारियल जैसा लगता था। गंगा बा अमृत से चोरी-छिपे नाई को घर बुलाती थीं। अमृत दादी के इन सब कर्मकांडों, निषेध और छुआछूत से सांड की तरह भड़कता था। अमृत तीन वर्ष का था और जया छह महीने की, तब से गंगा बा

के हाथ में। उन्होंने तो बच्चों को बड़ा करने में अपने आपको खपा दिया किन्तु अमृत के मन में गाँठ पड़ गई थी। किसी ने उसे बहका दिया था कि उसकी माँ अनसूया गंगा बा के अत्याचारों से दुखी होकर मर गई। वास्तव में तो अनसूया मलमास में समुद्र में नहाने गई थी तब डूब गई थी।

कंचन के लिए समुद्र को पहली बार देखने का क्षण भुला पाना सम्भव नहीं। ऋषि पंचमी का दिन था। गंगा बा हवा बन्दरगाह के समुद्र पर नहाने जानेवाली थीं। विश्वनाथ का बड़ा मन था। मन तो कंचन का भी था। किन्तु इस दिन तो किसान या बड़ी महिलाएँ ही व्रत करती हैं। जया ने कहा, व्रत न करें तो कुछ नहीं, समुद्र पर तो जा सकते हैं न। जया और विश्वनाथ ने अमृत को भी तैयार किया। उस दिन जया ने कंचन को अपना फ्रॉक पहनाया। थोड़ा कसा हुआ था। एक बार तो कंचन को लगा कि साँस ले पाएगी या नहीं? कंचन का हाथ बार-बार चुनरी ठीक करने जाता और खिसियाकर लौटता। कंचन को फ्रॉक में देखकर गंगा बा ने कहा, "एकदम जया की मैडम जैसी लगती है।" कंचन उनकी मीठी नजर का स्पर्श अनुभव करती रही।

हवा बन्दरगाह का समुद्र। कंचन को लगा जैसे उसने आसमानी फ्रॉक नहीं, समुद्र ही पहन लिया हो! छलकता, उफनता, लहराता...नजर पहुँचे वहाँ तक सभी जगह उछलती आसमानी लहरें, आकाश और धरती को अलग करती, फिर एक कर जाती, फेन-फेन होकर बिखर जाती। कंचन किनारे खड़ी-खड़ी पैरों पर लहरों की मौजों का अनुभव कर रही थीं। गंगा बा थोड़ी दूर किनारे साड़ी पहनकर नहा रही थीं। अमृत समुद्र के किनारे रेती के टीले पर बैठा था। जया और विश्वनाथ शंख और सीप बीनते दौड़-भाग रहे थे। कंचन खड़ी तो थी समुद्र के किनारे किन्तु उसकी आँखों के सामने बाड़मेर से छोर विस्तार का रणप्रदेश तैर रहा था। रण हो या समुद्र...असीम...अपार और मैं? एक रजकण, जलकण। किन्तु समुद्र भिगोता है। पास बुलाता है, कन्धे पर हाथ रखता है, एक कोमल स्पर्श लाता है और कोने-कोने तक फैल जाता है। कंचन को कुछ अच्छा लग रहा था तो कुछ उसे उदास कर रहा था। वह समझने का प्रयास कर रही थी तभी पीछे से जया और विश्वनाथ दौड़ते हुए आए और धक्का-मुक्की करते हुए अपने-अपने शंख-सीप दिखाने लगे। जया ने फ्रॉक की झोली में और विश्वनाथ ने कमीज के छोर में बीना हुआ खजाना भरा था। कंचन ने जैसे ही हाथ बढ़ाया तभी मौके की राह ताकती लहरों ने तीनों को भिंगो दिया। उस लहर में जया और विश्वनाथ समुन्दर को उसका धन वापस देकर खिलखिलाकर हँसते रहे। कंचन भींगने से सकुचाई हुई किनारे की ओर चलने लगी। विश्वनाथ

और जया ने कंचन को रोकने के लिए अमृत को पुकार लगाई। भीगे हुए फ्रॉक को निचोड़कर झटकारते हुए कंचन दौड़ने लगी, तभी अमृत सामने आकर खड़ा हो गया। कंचन एक पल रुक गई। अमृत की नजर उसकी नजर से मिली न मिली और वहाँ से सरक कर...कंचन वापस मुड़ गई। उस दिन पहली बार उसने सीने में खिल रहे फूलों की सुगन्ध की सुगबुगाहट का अनुभव किया। उस दिन से कंचन और अमृत आमने-सामने आने से कतराते। जया या विश्वनाथ चौपट या गंजीपा में साथी बनने का प्रस्ताव लेकर आते तो बहाना बनाते, किन्तु अमृत को पता रहता कि विश्वनाथ को पढ़ाते समय कंचन उसकी आवाज सुनते हुए आसपास ही डोल रही होगी। तो जया की खजूरी चोटी गूँथ देती कंचन जानती थी कि अभी अमृत यूँ ही आकर झाँकेगा और तुरन्त वापिस लौट जाएगा।

पिताजी गाँव से वापिस आनेवाले थे, उसके अगले दिन गंगा बा और अमृत के बीच छोटी-सी लड़ाई छिड़ गई। उस दिन डाक से अमृत की ससुराल से शोकपत्र आया था। अनसूया के जीते जी गंगा बा ने अमृत की सगाई अपनी ननद की बेटी के साथ की थी। अमृत पिछले तीन वर्ष से सगाई तोड़ने का हठ पकड़कर बैठा था। देवशंकर अमृत के अठारह वर्ष पूरे होने की राह देख रहे थे। किन्तु ऋणानुबन्ध, वह लड़की बुखार में मर गई। गंगा बा ने लगभग गिड़गिड़ाते हुए अमृत से कहा "भैया, मेरा इतना मान। तू नहा ले। जो भी हो, थी तो अपनी ही। रुपिया और नारियल लिया था। कोई खेल नहीं। उस बेचारी के भाग्य में मात्र सगाई की चुनरी ही होगी। वह अपना कर्ज लेकर चलती गई। तू नहा ले। सूतक तो हमें भी लगी है।"

अमृत ने एकदम साफ इनकार कर दिया। अन्त में गंगा बा ने उपवास का शस्त्र उठाया। "जब तक तू नहाएगा नहीं, तब तक मैं अन्न-जल नहीं ग्रहण करूँगी।" कहकर वे तो बैठ गईं भगवान के सामने। समग्र घटना से जया और विश्वनाथ तो डरकर एक कोने में दुबक गए थे। देवशंकर तो पेढ़ी से रात को वापस आएँगे। अन्त में कंचन अमृत को समझाने गई।

अमृत अपने कमरे में कुर्सी पर बैठा था और टेबल पर कोई पुस्तक खुली पड़ी थी। दूर खिड़की में देखती नजर और कुर्सी के हत्थे पर जकड़ी हथेलियाँ। दबे पाँव टेबल के पास पहुँचकर कंचन खुली किताब बन्द करती हुई बोली–

"चलो, पानी निकाला है।"

पर उत्तर में एक शब्द भी बोले बगैर अमृत ने कंचन के सामने एक तीखी निगाह डाली।

“तू छूत और सूतक नहीं मानता। सिर मत मुड़वाना किन्तु नहाने में क्या हर्ज है?”

“मजाक नहीं।”

समझाने के स्वर में कंचन बोली–

“तू बेकार में गुस्सा होता है। तुझे तो सगाई तोड़ डालनी थी और यह देख सामने से तेरा रास्ता खुल गया। वह बेचारी तो तुझे मुक्त करती गई, साथ ही बिरादरी में बदनामी से भी बचाती गई। चलो, नहा लो।”

“किन्तु मैं उसके नाम का...”

“उसके नहीं, तो मेरे नाम का...” कंचन वाक्य पूरा करे इसके पहले तो अमृत एक झटके में खड़ा हुआ और कंचन के दोनों कन्धे पकड़कर झकझोरते हुए बोला–

“क्या बोली? फिर से बोल तो।”

“कन्धे से हाथ हटाते हुए कंचन बोली–

‘मैं मर जाऊँ तो तुझे क्या?’

धधकते हुए अंगारे पर जैसे पैर पड़ गया हो, यों अमृत उछला और कंचन की चोटी अपने गले में लपेटते हुए बोला :

“तो मैं भी मर जाऊँगा।”

कंचन की साँस रुक गई। नदी के पानी में सरकती सुनहरी मछलियाँ लुभाएँ और यूँ ही छपछपाते हुए हाथ में अचानक कोई मछली आ जाए, इस तरह कंचन तड़प उठी। वह न तो मछली को छोड़ पाई, न पकड़ सकी। पीछे अस्तबल में घोड़े के हिनहिनाने की आवाज ने उस ठहरे हुए पल को तोड़ा। कुछ देर बाद रसोईघर से गंगा बा ने देखा कि कंचन के पीछे-पीछे अमृत जा रहा था।

13

माँ आई। गलियारे में खड़ी कंचन और विश्वनाथ ने विक्टोरिया से माँ को उतरते देखा और दौड़ पड़े। यूँ तो विक्टोरिया गाड़ी चाल के मुख्य दरवाजे पर खड़ी होती, किन्तु इस बार पिताजी ठेठ अन्दर सीढ़ियों के पास ले आए। कंचन और विश्वनाथ को देख दादी दो कदम आगे आईं और दोनों बच्चों को बाँहों में लेकर रो पड़ीं। दादा गुजरे, उन दिनों दादी कोठरी के कोने में घूँघट में चेहरा छिपाए बैठी रहती। उस कमरे के रुँआसे अन्धकार में दादी के मौन या मद्धिम रुदन की आवाज पहचानी जा सकती थी। यों ढलती हुई शाम के चमकते उजाले में दादी को देखकर कंचन की नजरों में गाँव का सुनसान सीवान कौंध गया। वह चिन्ता से दादी को देखती रही। विशु दादी का हाथ छुड़ाकर विक्टोरिया की ओर दौड़ा। उसने सोचा कि अभी सामान उतारने में देर लगेगी, तो चलो उतनी देर कोचवान की सीट का मजा ले लूँ। पर सामान उतारते हुए पिताजी ने विश्वनाथ के हाथ में मिट्टी की सुराही पकड़ाई। सुराही दोनों हाथ से पकड़कर वह गदा की तरह हवा में भाँजने गया, तभी सुराही की गरदन उसके हाथ में रह गई और पेट उछलकर दूर जा पड़ा। कंचन को हटाकर दादी बोली, "लो, अच्छा सगुन हो गया।"

विक्टोरिया के पास जाकर कंचन ने देखा, पिताजी ने सभी सामान उतार लिया था, तब भी माँ सीट के एक कोने में घूँघट काढ़कर उकड़ूँ बैठी थीं। माँ किसी गठरी की तरह लग रही थीं। कंचन ने माँ बोलने के लिए ओठ खोले ही थे कि पिताजी ने उसे दूर हटाकर माँ को दोनों हाथों से उठाया और घर की ओर चलने लगे। नीचे पड़ी हुई गठरी सिर पर उठाकर कंचन भी चलने लगी। पिताजी के पीछे-पीछे सीढियाँ चढ़ती कंचन माँ को देखती रही। पिताजी के हाथ में संकोचवंश पिघल जाने की कोशिश करती माँ का चेहरा, कंचन को लगा एक-एक सीढ़ी पर उसके सिर पर एक के बाद एक गठरी रखी जा रही है।

रेवा को जोड़ों का गठिया हुआ था। आगे उभरा हुआ छाती का पिंजरा, झुकी कमर, जकड़ी हुई हाथ-पैर की उँगलियाँ...रेवा एकदम पंगु और बेडौल हो गई थी। उसका जोड़-जोड़ जकड़ गया था। वह खुद कुछ नहीं कर पाती थी। छींक या खासी आते समय उसकी हड्डियाँ बज उठती थीं और वेदना का जाला रेवा के चेहरे और आँखों में झूल उठता था। वह आई। किसी फालतू वस्तु की तरह कोठरी में मोरी के पास एक कथरी पर उसे रख दिया गया। निरुपयोगी किसी चीज की तरह। उस पर उपेक्षा और पीड़ा की पर्त-पर-पर्त जमती जा रही थी। उसकी ठुड्डी व हाथ के गोंदने मटमैले होने लगे थे। हाथ-पाँव चलना बन्द हो जाने के साथ-साथ उसने जैसे जीभ को समेटकर न जाने कहाँ रख दिया था। जरूरत जितना मुश्किल से बोलती थी। कुछ माँगती नहीं थी। कोई चारा न होने पर, कपड़ा खराब हो जाने के डर से दादी को कहती, वरना वह भी बार-बार न कहना पड़े इसके लिए घंटों पानी नहीं पीती, आधी भूखी रहती। इस या उस वैद्य के काढ़े और आसव, अवलेह और चूर्ण, पुलटिस और लेप, सेंकाई और ताप, मालिश और उबटन, परहेज और निषेध के चक्र में वह चुपचाप चढ़ती-उतरती रहती।

माँ से लिपटने को बेताब विश्वनाथ झेंपकर दूर-दूर रहता था। घर में भी विशेष टिकता न था। जब कभी माँ पास बुलाती तो बहाना बनाकर टाल जाता। कंचन को तो लगता कि माँ उसके कुछ ज्यादा ही पास आ गई!

वर्षों के परिचित रास्ते पर हमेशा आप एक छतनार वृक्ष को देखते आए हों, जब भी उस मार्ग पर जाना हो, तब आपको गले तक पूरा विश्वास हो है कि भले ही आँधी आए या धूप चिलचिलाती हो, वह वृक्ष है न! हमारा स्थायी आश्रय है न! किन्तु एक दिन आप बोझ लेकर तपती दोपहर में पहुँचें और नजर आए नख-शिख उधड़ी हुई छाल के साथ ठूँठा पेड़। सारी आश्वस्ति टूटकर चकनाचूर हो जाए। कलेजा धक् से रह जाए और सिर का बोझ तथा तलवे का ताप पिघल जाए, उस आघात से! वंचित होने का दुख खो जाए वृक्ष की निष्पर्ण शुष्कता में! बचे मात्र वृक्ष और बटोही को जोड़नेवाली वेदना।

कंचन के साथ भी कुछ ऐसा ही हुआ। माँ से कहने के लिए जुटाकर रखी बातों पर ताले लग गए। कंचन को कहना था कि–उसे भी माँ की तरह फरहर लपसी बनाना आ गया। चाल के अड़ोस-पड़ोस में पीढ़े पर गेहूँ की सेव बनानी हो या चावल-उड़द का पापड़, सब कहते कंचन का क्या कहना! 'देवविला' में गंगा बा काम में निपुण कंचन का उदाहरण देकर जया को धमकाती रहती थीं। उसका कहना था कि पाठशाला की सखी ललिता की तरह पढ़ाई

छोड़कर उसे भी स्वदेशी वानर सेना में भरती होना है। कंचन की थिरकती बातें जम गई थीं।

माँ की बीमारी में कंचन दादी का नया ही रूप देख रही थी। गाँव में मामा जब तीज भेजने या संक्रान्ति की खिचड़ी याद करने में टालमटोल करते, मामी वर्ष में दो दिन के लिए भी मायके न बुलातीं, तब तीज-त्योहार में माँ को आश्वासन देकर दादी कहती–"कोई बात नहीं, तुम्हें दुखी नहीं होना चाहिए। भले तुम्हारे मायके में माँ-बाप नहीं किन्तु मैं बैठी हूँ न इतनी बड़ी।" किन्तु वही दादी बदल गई थी। दादी माँ की मालिश करती, नहलाती-धुलातीं, चोटी बना देतीं, खिलातीं...सब करतीं। वे कहतीं, "अरे रे, बेचारी के भाग फूट गए अभी तो छोटी बच्ची है, पूरा संसार भी नहीं देखा। एकाध प्रसंग किया होता तो सिर पर मोर पहनकर कुमकुमवाली उँगलियाँ भी की होती! क्या पता, कब अच्छी होगी, यह रोग आता है घोड़े के वेग से और जाता है चींटी की चाल से। मेरे जेठू का क्या होगा?" माँ पर दया खाती दादी की आवाज और उनके शब्द एक-दूसरे के साथ टकराते रहते थे। दिन में सौ बार माँ को 'बिचारी' कहती दादी की आँख में करुणा के बदले किरकिरापन दिखाई पड़ता था। माँ की लम्बी चोटी में ढेर सारी जुएँ पड़ गई थीं। कंचन को लगता कि यदि जया की मैडम की तरह माँ के बाल छोटे हो जाएँ तो उसे इतना परेशान नहीं होना पड़ेगा। उसने एक बार दादी से कहा भी सही, पर दादी ने उसकी पीठ पर मुक्का मारते हुए कहा :

"मर रांड, अभागिन! तुझमें कोई बुद्धि है या नहीं? हजार बार कहा, यह बिलायती पढ़ाई छुड़वा दो, यह प्रजा भ्रष्ट हो जाएगी। मुई इतना भी पता नहीं चलता कि तेरा बाप बैठा है और तेरी माँ के बाल में कैंची लगेगी? ले जुएँ ही पड़ गई हैं, कोई शेर-बाघ तो नहीं पड़े जो तेरी माँ को खा जाएँगे और खा जाएँ तो..." अधूरा छोड़ा गया वाक्य समझने पर कंचन थरथरा गई। माँ मर जाए तो? इतने दिनों-डेढ़ बरस तक तो माँ हैं और एक दिन आएगी, इस आशा में सब कर रही थी, किन्तु किसी की प्रतीक्षा ही न करनी हो तो कैसे टिके? कंचन कभी-कभी माँ से कहती तो वह कहती, "होगा बूढ़ी औरत हैं। दूसरे पराया देश फिर बरसों पुराना अपना घर छोड़कर यहाँ शहर में कैसे घुलें-मिलें? इसमें भी बहू-बेटे का बोझा ढोना किसे अच्छा लगेगा? ये तो दादा गुजर गए इसलिए उन्हें यहाँ आना पड़ा। बिचारी क्या करें? अकुला जाती हैं इसलिए झल्लाकर बोलती हैं।"

समाचार मिला, तो गंगा बा माँ का हालचाल पूछने आईं। जया साथ में थी किन्तु अमृत ऊपर कमरे में नहीं आया। नीचे बग्गी में बैठा रहा। दूसरा कोई

समय होता, तो वह दौड़कर नीचे गई होती अथवा जया से कहा होता, किन्तु इस बार वह कुछ नहीं कह पाई। वह रसोईघर में चाय बनाती रही और गंगा बा दादी से कहती थीं–'बड़ी अच्छी लड़की है। उम्र नहीं है किन्तु है बड़ी समझदार...''इसका चाल-ढंग कैसा? हर काम का शऊर है और एक यह है हमारी जया, बेशऊर। भगवान ने लड़का गढ़ते-गढ़ते इसे लड़की बना डाला। एक भी काम अच्छा नहीं लगता। न तो बेलन पकड़ना आता है, न बटन टाँकना। बस, पूरा दिन धमाचौकड़ी मचाए रहती है। पता नहीं क्या करेगी ससुराल जाकर।'' कंचन का जी कुछ भी सुनने में नहीं था। चाय देकर वह जया को गलियारे में खींच ले गई। नीचे दूर से बग्गी में बैठे अमृत का पैर दिखाई पड़ रहा था। उसने काला पतलून पहना था। घुटने पर रखे हुए हाथ में सफेद रुमाल था। कंचन को लगा क्या यह वही रुमाल होगा जिसका किनारा उसने स्वयं काढ़कर दिया था? जया कंचन को बता रही थी :

'मोहर्रम के समय मुसलमानों का ताजिया निकले तब ताजिया जुड़ाने की मनौती मानने पर हमारी कोई भी तकलीफ दूर हो जाती है। बड़े भाई को दो वर्ष पहले मियादी बुखार हुआ था, तब दादी ने ताजिया की मनौती मानी थी।'' कंचन को पता नहीं था कि ताजिया जुड़ाना यानी क्या?

कंचन ने पूछा, ''पर उसमें करना क्या होता है? और वह तो मुसलमान हो उसी की ही मनौती फलेगी न?''

''अरे ऐसा तो होता होगा? बड़े भैया तो कहते थे कि भगवान तो एक ही है। भले ही उसके नाम अलग-अलग हों और ताजिया जुड़ाने में तो ताजिया के रास्ते पर दो घड़ा पानी छिड़कना होता है, दुलदुल घोड़े के नीचे से निकलकर जो अपनी छाती कूटते हों, उन्हें शरबत पिलाना होता है। इसमें कौन-सी बात है।''

कंचन ने मन-ही-मन मनौती तो मानी, पर तभी उसे डर लगा कि दादी को पता चल जाएगा तो? वे तो दूसरी जाति के घर का पानी भी नहीं पीने देती। घर का वातावरण दिन-प्रतिदिन बदल रहा था। पिताजी शायद ही कभी कंचन और विश्वनाथ से दो बातें करते। पेढ़ी से छूटकर दो घंटा बही-खाता लिखने जाते। माँ और पिताजी के बीच जैसे–सामान और मजदूर का सम्बन्ध रह गया था । माँ जब कहतीं उन्हें गठरी की तरह उठाकर मोरी में बैठा देते या फिर से कथरी पर सुला देते। कोई कहता उस डॉक्टर के पास जाओ तो वहाँ। बोल्टन मार्केट के पास एक विलायती डॉक्टर बड़ा मशहूर था। उसने तो पिताजी को दूसरा विवाह करने की सलाह दी थी। दादी को पता चला तो वे कुछ उत्साह

में आ गई थीं किन्तु पिताजी ने इतना ही कहा, "यदि यह रोग मुझे हुआ होता तो?" दिन-प्रतिदिन उनका चेहरा सपाट होता जा रहा था। कभी-कभी विश्वनाथ पूछता, "पिताजी, मेरी माँ अब ऐसी ही रहेगी?" कुछ भी बोले बिना विश्वनाथ के सिर पर हाथ फेरते बैठे रहते। कंचन बिना बोले ही पिताजी का दुख सुना करती। अभी तक वह माँ के बदले काम किया करती थी। अब उसने हमेशा के लिए जिम्मेदारी ले ली। उसने दादी का काम भी हलका कर दिया। बदले में उसे पाठशाला छोड़नी पड़ी।

उस दिन दादी पंचमुखी हनुमानजी के मन्दिर गई थीं। किसी ने बताया होगा कि तुम्हें राहु लगा है, श्मशान के पास कोई ब्राह्मण विधि करता है, दादी वहीं गई थीं। शाम के चारेक बजे होंगे। कंचन और विश्वनाथ स्कूल से जल्दी घर आ गए थे। घर में कितने दिनों के बाद मुक्ति देख माँ को भूख लगी। उसने कंचन को पकौड़ी बनाने के लिए कहा। माँ को आलू की पकौड़ी की सुगन्ध अच्छी लगती। वे खाती दो-चार पकौड़ी किन्तु ऐसा लगता जैसे सुगन्ध से उसका पेट भर जाता है। मन्दिर से लौटने पर दादी को पता चला तो उन्होंने पूरा घर सिर पर उठा लिया, "तेरी माँ की जीभ का चटोरापन नहीं गया। इतना कुछ होने पर भी चटखारे लेना है। मेरा बेटा पैसे-रुपए से बरबाद हो रहा है किन्तु इस पराए घर की लड़की को है दर्द? ये तेरी बेटी जल गई होती तो?" और निशाना बदलते हुए उन्होंने हाथ भी उठाया। "इस रांड़ को माँ की बड़ी चिन्ता है। पकौड़ी खाये बगैर जैसे मर जानेवाली हो माँ! ये अभी से चोरी-छिपे करती हो तो सिर पर गठरी रखकर ससुराल से आओगी वापस। और तेरी माँ का पेट छूट पड़ेगा तो कौन धोएगा उसकी गन्दगी, तेरे दादा?" माँ बिचारी कितना रोकती रही किन्तु दादी के चिल्लाने की आवाज में कौन सुने? सँकरी गली में फँसे हुए दो जीव एक-दूसरे से बचने की कोशिश करते रहे।

कंचन रोते-रोते सोच रही थी कि अपने ही घर में अपनी माँ को खिलाने को चोरी कैसे कहा जा सकता है? इन सब क्लेशों के मूल में है माँ की बीमारी। माँ कुछ कर नहीं पाती इसलिए दादी को सब करना पड़ता है। उसने तय किया कि अब से वह स्कूल नहीं जाएगी।

किन्तु पिताजी को अच्छा नहीं लगेगा तो? दादा की इच्छा के विरुद्ध उनकी बात का उल्लंघन करके उन्होंने कंचन को स्कूल भेजा था। पिताजी भले डाटें। यूँ तो कभी हाथ नहीं लगाया किन्तु शायद मारें भी, भले। किन्तु अब बीमार माँ के सिर पर रोज-रोज कलह तो नहीं होगी।

निर्णय जितनी जल्दी से हुआ उसका अमल उतना सरल न था। रोज की तरह स्कूल जाने के समय मन एक पल ललक उठा। आज के दिन हो आऊँ स्कूल? कंचन को स्कूल तो छोड़ना था किन्तु ललिता की तरह। उसे कभी-कभी लगता कि उसके पिताजी भी ललिता के पिता की तरह गांधीजी के साथ रहते होते तो! उसे ललिता से ईर्ष्या होती। जिस दिन उसने स्कूल छोड़ा उस दोपहर को पिछले बरामदे में बैठी वह बस्ते की एक-एक वस्तु को देखकर सहलाती रही। प्रार्थना की कापी के पन्ने पलटते हुए उसे लगा अब बड़े साहब किसे भजन गाने के लिए कहेंगे?

कंचन के स्कूल छोड़ने की बात जानकर माँ कुछ नहीं बोली, किन्तु उस शाम भोजन नहीं किया। विश्वनाथ को साथ छूटने का दुख था। दादी ने चैन की साँस लेकर पिताजी से बधाई ली। पिताजी की आँखों में एक प्रश्न उठा और तुरन्त बुझ गया। उन्होंने दादी से कहा, "कल शाम तुम्हें और मुझे सेठ के बँगले पर जाना है। सेठ ने मिलने के लिए बुलाया है।"

14

"लो रखो कड़ाही लपसी की। जेठू, तेरे तो घर बैठे गंगा आई।"

देवविला से लौटी उमिया माँ फूली न समा रही थीं, किन्तु जेष्ठाराम थोड़ी चिन्ता में थे।

"किन्तु माँ, हमें थोड़े इत्मीनान से सोचना पड़ेगा। सेठ के पासंग में बैठने से पहले..."

"लो तुम भी एकदम ब्राह्मण हो, लक्ष्मी टीका करने आए तब मुँह धोने की बात करते हो। तेरे पिता तो एक अधूरी इच्छा लेकर गए और क्या पता मेरी मौत कैसे लिखी होगी?"

"किन्तु तब तो कंचन पढ़ रही थी।"

"हाँ, पर अब क्या है? देखते-देखते चौदह वर्ष की तो हो गई। लड़की और कूड़े का ढेर, दोनों को बढ़ते कहीं देर लगती है?"

कोठरी के कोने में पड़ी हुए रेवा को समझ में आया कि कंचन के विवाह की कुछ बात चल रही है। उसे एक क्षण को दुख लगा। मेरे पेट की जाई के रिश्ते की बात चल रही है और कोई मुझसे कहता भी नहीं है। एक पराए व्यक्ति की तरह इसे सुनना और सुनकर बात का सन्दर्भ सूत्र जोड़ना होगा। काम नहीं कर सकती तो क्या इसलिए मेरे सारे रिश्ते झूठे पड़ गए? अपाहिज पशु की तरह एकदम छोड़ देना? तभी रेवा को ध्यान से देखते हुए जेष्ठाराम बोले,

"ब्याह तो दो साल बाद..."

"अरे, उनका विचार तो इसी जाड़े में ही ब्याह करने का है। विवाह और गौना सब साथ में। गंगा बा अपाहिज हो गई हैं। उनसे काम नहीं होता इसीलिए तो कंचन को लेने को तैयार हुई हैं। बाकी कहाँ राजा भोज, कहाँ गंगू तेली?"

“पर अम्मा, सेठ का बेटा अमृत तो दुहाजू नहीं कहलाएगा?”

“ये देखो सयानी माँ की बेटी! अमृत ने मरनेवाली के साथ फेरे लिए थे जो दुहाजू कहलाएगा। और तेरी यह बेटी कहाँ छोटी है, जो उसके लिए कुँआरा लड़का बैठा होगा? शुकर मानो भगवान का...महल में राजरानी की तरह रहेगी, तेरी बेटी।' और जेष्ठाराम की ओर मुड़ते हुए उमिया माँ बोली...

'देख जेठा, तू खर्च की चिन्ता जरा भी न करना। मैं बैठी हूँ न बारह बरस की। खेत बेचकर बड़ी धूमधाम से उत्सव करेंगे। गंगा बा तो कहती थीं कि मुझे अक्षत और कन्या दोगे तो भी बहुत। किन्तु हमें भी तो घर के हिसाब से कुछ करना होगा न, और मैं तो कहती हूँ कि कंचन के विवाह के साथ विशु का जनेऊ भी करा दें, एक पंथ दो काज।”

पड़ोस में निर्मला मौसी के यहाँ कच्छ का कशीदा सीखने गई कंचन ने घर में पैर रखा और उसे उमिया माँ का अन्तिम वाक्य सुनाई पड़ा। वह दहलीज पर ही ठिठक गई। जैसे वह सरहद पर खड़ी थी। एक ही वाक्य से घर के अन्दर की दुनिया पराई होने लगी। एक दिशा का दरवाजा बन्द हो रहा था किन्तु दूसरी दिशा कौन-सी?

यूँ तो कंचन को पिछले एक अरसे से लग रहा था कि कुछ घटेगा। जब से स्कूल छोड़ा था तब से दादी दिन में एक बार तो कंचन का हाथ पीला करने की बात करती रही थी। स्कूल कंचन के लिए एक कवच था। उसके हट जाने पर वह जैसे वेध्य हो गई थी। उसने तो माँ के लिए स्कूल छोड़ा था। उसने सोचा था कि दादी भले कहे किन्तु जब तक माँ ठीक नहीं होगी तब तक पिताजी उसकी शादी नहीं करेंगे, किन्तु आज उसने जो सुना, उसका तो दिल ही बैठ गया। वह खुद से अनजान बनती हुई रसोईघर में गई।

रेवा ने आखिरी कोशिश की। वह बोली, “मैं एकदम परवश हूँ, और कंचन को बिदा कर दोगे” तो मानो झपट्टा मारकर बात छीन लेती हों यों उमिया माँ ने कहा, 'अरे-रे, स्वार्थ की भी हद होती है कि नहीं? तू ठीक हो और तेरे हाथों से तेरे दामाद का परछन करे इसके इन्तजार में तो तेरी बेटी बुढ़िया हो जाएगी बुढ़िया। कुँआरा बूढ़ा सुना है किन्तु कहीं कुँआरी बुढ़िया सुनी है? रेवा, तू अपनी बेटी का तो भला सोच।'

रेवा सहम गई। रसोईघर में पराठे का आटा गूँथती कंचन का हाथ कठौती में आटे का ढेर बनाता और फैलाता। यूँ तो कई बार उसे कहा जाता कि सोचने का काम बुजुर्गों का है। “तुझे तो जो कहा जाए वह करना है।” यह उनका विशिष्ट अधिकार है, किन्तु मन था कि बार-बार उस वर्जित क्षेत्र में प्रवेश कर

जाता था। "कौन होगा वह?" तभी विश्वनाथ ने आकर कहा, "दीदी, तुझे पता है, तेरा ब्याह अमृत के साथ होनेवाला है।" 'हैं!' कंचन बोल पड़ी। पराठा बेल रहे उसके हाथ रुक गए। 'हाँ', माँ ने कहा कि "मुझे उन्हें अमृत के बदले अमृतलाल कहना होगा और मुझे भी जनेऊ देनेवाले हैं। देखना, मुझे तो पंडित महाराज *काशी यात्रा*[7] के लिए दौड़ाएँगे, तब दूर भाग जाऊँगा। किसी के हाथ नहीं आऊँगा।" विश्वनाथ शोभायात्रा में घूमता रहा हो यों रोब झाड़ते हुए घोड़े पर सवार होकर रसोईघर से बाहर दौड़ गया।

कंचन ने सोचा, अमृत ने इस सम्बन्ध के लिए हाँ कहा होगा? उसे सुनाई दिया, 'शंकर-पार्वती' और उसके गुलाबी चेहरे पर हलकी मुस्कान दौड़ गई।

वसन्त पंचमी। कंचन के जीवन का नया अध्याय इसी दिन आरम्भ हुआ। ससुराल अपने ही शहर में थी। लोग, जाने पहचाने थे, अमृत का साथ अच्छा लगता था, किन्तु कंचन के मन पर एक बोझ रहता था। वर्षों से एक ही सुर में ससुराल शब्द सुना है, "इस तरह अनाड़ी रहोगी तो कौन हाथ पकड़ेगा? ऐसी-ऐसी भूलें करोगी तो कौन निबाहेगा तुम्हें? डंडे से मारकर भगा देगी सास!" जिस तरह नन्हें बालक को बिल्ला और बाबा का डर बता-बताकर पाला जाता है उसी प्रकार यहाँ ससुराल का हौआ दिखाकर माँ कभी डराती, तो कभी धमकाती थी। एक तो अनजाना डर और उस पर अबोध उम्र भला वैवाहिक जीवन के सपने सजाने का उत्साह कहाँ से उमड़े? यहाँ उगें तो आशंका के थूहड़ उगें। विरोध करने का विचार उगे ऐसी न तो यहाँ जमीन, न हवा, न खाद-पानी। जनमघुट्टी में ही एक ध्रुव पंक्ति पकड़ा दी जाती। 'केवल स्वीकार।' 'स्वीकार ही नियति।'

रेवा भी कहाँ मुक्त थी इस नियति से? रेवा ने अन्त में कंचन को ब्याहने की बात स्वीकार कर ही ली, किन्तु इस स्वीकार का अलग प्रभाव पड़ा उसके ऊपर। बीमारी के कारण घरवाले उसकी उपेक्षा करने लगे थे और समय बीतने पर खुद भी अपनी उपेक्षा करने लगी थी। खाली जमीन देखकर कोई भी व्यक्ति उस पर कब्जा कर ले, यों रेवा का कब्जा रोग ने ले लिया था। किन्तु ज्यों-ज्यों ब्याह करीब आता जा रहा था त्यों-त्यों वह जुनूनपूर्वक रोग को खदेड़कर आगे बढ़ रही थी। उमिया और जेष्ठाराम रीति-रिवाज और लेन-देन के व्यवहार में पड़े थे। रेवा कंचन की विदाई के लिए छोटी-बड़ी वस्तुएँ चुनने लगी। वह कंचन को पास बैठाकर अपना ट्रंक खुलवाती। अपने दहेज में माँ की दी हुई सिलाई-

बुनाई की गठरी खुलवाती। कंचन सोचती कि यदि मेरी माँ ठीक होती, खिड़कियों और दरवाजों के महीन रंगीन मोतियों से बने बन्दनवार, रेशमी रंगीन धागों से कढ़े मेजपोश पलँगपोश और तकिये के गिलाफ, मोतियों और काँच जड़े नारियल कलश, बीजने और इँडुरी देती...किन्तु रेवा ने बिन...चुनकर सब कंचन को दे दिया। मात्र क्रोशिए से बुना हुआ थाल ढकने का एक रूमाल रखा, अपनी माँ की स्मृति के रूप में।

नेग-दस्तूरी और पहिरौनी, न्यौता और परोसा, भोज और भात, करते-करते ब्याह आ गया। सप्ताह पहले, मिठाइयाँ बनीं। पूरी दोपहर ब्याह के गीतों से गूँजती रहती। सबेरे प्रभाती और शाम को साँझी। चौरी और चौका पूरन, ये सास के पापड़-बड़ियाँ और यह रामण दीया, यह मेंहदी और गौरी पूजन, यह माणिक स्तम्भ और क्षेत्रपाल, यह सिन्दूरदानी और गणेश कलश।

...कंचन टुकुर-टुकुर ताकती रहती। उसे सम्बोधित कर गीत गाए जाते। "एक भर रे जोबन में खड़ी हैं कंचन बहिनी, दादा ने हँसकर बुलाया। पतली कमर और रंग है साँवला उसे मेरे सखी ने बखाना। अरे अनजानी पनिहारिन ने भी बखाना।" गीत सुनकर शरमाती हुई कंचन सोचती किन्तु अमृत का रंग तो श्याम नहीं है, तभी कोई चिहुँक कर बोल उठता, "उबटन बराबर मलना। रंग खुले। फिर ससुराल जाकर बड़े घर का चूल्हा सँभालना है।" कंचन को कुछ-कुछ समझ में आता था कितनी ही सूचनाओं में अलग गन्ध आती है। बरतन की पेंदी में दूध जलकर लग जाने से आए वैसी।

कंचन को विश्वनाथ की शोभायात्रा में जाने का अवसर न मिला। माँड़ो गड़ने के बाद घर के बाहर कदम नहीं रखा जाता। विश्वनाथ की शोभायात्रा रणछोड़ लाईन से ट्राम की पटरी के पास से होकर, पार्वतीपति के मन्दिर से होकर चार घंटे में वापस आई थी। विश्वनाथ ने सास्कीन का कोट-पैंट पहना था। घोड़े पर सवार विशु के हाथ में मोती का नारियल था और सिर पर साफे में लाइट चमक रही थी।

आगे बैंडबाजा और पीछे-पीछे विलम्बित लय से जनेऊ के गीत गाती स्त्रियाँ। 'चैत-बैसाख की बयार बही, उस रे बयार में बबूल गिरा, फिर तो उस बबूल से हल बनाया और हल से जोता खेत और उस खेत में कपास बोया और कपास का ढोढ़ा लगा और कपास से बिनौला और रूई निकाली और रूई से सूत काता और अन्त में जनेऊ का धागा तैयार हुआ'...शोभायात्रा के दोनों ओर सिर पर पेट्रोमैक्स उठाकर चलते मजदूरों का अन्धकार में ढँका हुआ चेहरा...।

विवाह और जनेऊ। इतना बड़ा प्रसंग। रेवा के घर तो पहला प्रसंग। किन्तु जब से उसने कराँची में कदम रखा तब से उसके भाइयों ने अपनी बहन को मरा मान लिया था, भतई की आशा करना व्यर्थ। रेवा को बड़ा खराब लगा था, किन्तु उमिया माँ ने उसका भी रास्ता ढूँढ़ निकाला था। "बहू की बुआ मर गई हैं, इसलिए उनके मायकेवाले नहीं आ पाएँगे, यूँ तो रेवा को भी दुख होता किन्तु मायके का शोक ससुराल में किस काम का। किन्तु उसके भाई बड़े दिल के। भात का नकद रुपया भिजवाया है। ऐसे समय-कुसमय पर समधी का बुरा माने तो इंसान नहीं कहलाएँगे।"

छाती तक घूँघट काढ़ उसे दोनों हाथों से पकड़कर कंचन माँड़ो में बैठी तब वह कपड़े से बनी गुड़िया जैसी लगती थी। पंडित महाराज द्वारा पकड़े गए अन्तरपट के उस पार अमृत बैठा था। उसके पीछे खड़ी *लुणवंती*[8] जया थोड़ी-थोड़ी देर में भाई को नजर न लगे इसके लिए मूँग और नमक भरी ताँबे की डिबिया भाई के सिर पर बजाती रहती। अन्तरपट हटा और कंचन का हृदय धड़क उठा। यहाँ शरम की अपेक्षा भय ज्यादा था। उसकी आँखें मुँद गईं। थोड़ी देर बाद उसने हलकी सी नजर घुमाकर देखा, सामने वही पहचाना चेहरा था, वही पहचानी बाँकी लटें थीं, किन्तु इस पल अमृत नया और अनजाना लग रहा था। हस्तमिलाप के समय काँपता हुआ दाहिना हाथ घूँघट से बाहर आया। पंडित की कही दिशा में बढ़ा और अमृत के हाथ में रखा गया। दो हथेलियों के मध्य में रहे हुए पान फूल के आर-पार एक विद्युत लहर दौड़ गई। कंचन महकती जूही की लता की तरह लहलहा उठी। इसके पूर्व अनेक बार अमृत का स्पर्श हुआ था। खेलते समय कई बार कौड़ियाँ छीनी थी और पासे झपटे थे, किन्तु इस स्पर्श का जगाया हुआ कम्पन तो ठेठ अन्त में पिता की चौखट की दीवार पर मारे गए सिन्दूर के थप्पे में हमेशा के लिए अंकित हो गया।

उमिया माँ गर्व अनुभव कर रही थीं कि कंचन का कन्याकाल बीतने से पहले कन्यादान करके पूरा पुण्य कमा लिया है। हालाँकि वही क्यों? उनके जैसे अनेक बुजुर्ग यूँ ही किले फतह करते आए हैं।

कंचन ब्याहकर ससुराल गई उस समय अमृत की मैट्रिक की परीक्षा के लिए महीना भर बाकी था। वह जैसे मात्र ब्याह के लिए पुस्तकों से बाहर आया था। फिर परीक्षा की तैयारी में जुट गया। वह अधिकतर अपने कमरे में पढ़ता रहता। खाता भी अपने कमरे में। कंचन जया और गंगा बा के साथ रहती थी। घर, लोग और अमृत सभी वही थे किन्तु अब रिश्ते बदल गए थे। अब खुली चुनरी नहीं, पूरी साड़ी पहननी पड़ती। देवशंकर सेठ अब ससुर थे। उनके आगे नहीं जाया

जा सकता। जया को तूकार नहीं दिया जा सकता, अमृत को नाम से नहीं बुलाया जा सकता। जल्दी उठकर गंगा बा के साथ-साथ नहा-धोकर, रसोईघर में बैठ जाना पड़ता। गंगा बा भगवान की पूजा करती या माला फेरते-फेरते उसे जरूरी सूचना देती रहती'।

जिस दिन अमृत की परीक्षा पूरी हुई उस रात को गंगा बा ने कंचन को दूध का गिलास लेकर अमृत के कमरे में भेजा और कहा, "तुझे तेरी माँ ने कहा है, वह याद है न? अमृत कहे वैसा करना। किसी बात से इनकार नहीं करना।" कंचन को लगा, ऐसी तो कौन-सी बड़ी बात होगी कि यों विशेष याद करानी पड़ी? उसने सिर हिलाकर 'हाँ' कहा।

सुबह रोज के समय कंचन की नींद खुली। बगल में सोए हुए अमृत को देखकर उसे एक साथ गुस्सा और रोना आया। जैस-तैसे साड़ी खोंसकर वह गंगा बा के पास गई और उनसे लिपटकर रोने लगी।

उसके रुदन में गंगा बा ने टुकड़ों में सुना। 'उसने...अमृत ने मुझे...चोट पहुँचाई।"

गंगा बा के लिए इस परिस्थिति का सामना सरल न था। स्वयं बाल विधवा। एक कोरा कागज! दूसरों के मुँह से थोड़े-बहुत जो अक्षर बूझे थे। किन्तु एक तरह से तो वह कंचन जैसी ही थी। पति-पत्नी के शारीरिक सम्बन्ध के बारे में दूसरों का सुनकर कुछ जाना। समय-समय पर मन में जो कुछ जागता रहा। उसे धर्म-नियम की आड़ में दबाती रही ढकेलती रही, फिर भी वह सिर उठाता रहता। उन्होंने कंचन को अपने पास बिठाया और धीरे-धीरे फुसलाकर पूछने लगीं, क्या हुआ? कंचन को तो उसकी फरियाद सुननेवाला कोई मिल गया। वह कहती गई। बात पूर्ण कर उसने देखा कि गंगा बा की आँखों में एक विचित्र चमक थी, गुस्सा नहीं। फिर तो गंगा बा कंचन को रोज अमृत के पास जबर्दस्ती भेजती। कंचन आनाकानी करती तो कभी उसे कहती, 'पाप लगेगा', तो कभी 'भगवान डाँटेंगे' तो कभी 'तेरी माँ से कह दूँगी'; कहकर धौंस जमाती। दूसरे दिन उसे फुसलाकर एक-एक छोटी-छोटी बातें पूछतीं। जैसे मनपसन्द शरबत को चुस्की लेकर पी रही हों।

एक दिन यह क्रम टूटा। गंगा बा पूजा करते हुए पत्थर पर चन्दन घिस रही थी और कंचन लहसुन छीलते हुए बात कर रही थी, तभी अमृत आ पहुँचा। पता नहीं वह कितनी देर से वहाँ खड़ा था, किन्तु उसका चेहरा था गुस्से से तमतमाया हुआ और गंगा बा का चेहरा सफेद पूनी जैसा हो गया और कंचन को लगा जिस आदमी ने भूल की हो, वह गुस्सा कैसे कर सकता है? शायद

अमृत की गलती नहीं होगी? वह तो विवाह के तीसरे साल गंगा बा गुजर गई, तब अमृत ने उस क्रोध का अर्थ कंचन को समझाया था।

सगाई की चुनरी ओढ़ने के साथ कंचन के कायाकल्प की प्रक्रिया शुरू हुई थी वह दूसरे वर्ष पहलौंठी के बेटे गौतम के जन्म के साथ पूरी हुई। विवाह का पहला वर्ष तो जैसे खुद को और एक-दूसरे को खोजने में ही पूरा हो गया। रोज-रोज काया की नई-नई पहेली का हल खोजने में एक का जवाब मिलता तो दूसरे का तो प्रश्न ही खो जाता।

15

समय बीत रहा था। गृहस्थी घुटने चलती-चलती अपने पैरों पर खड़ी होती जा रही थी। शुरुआत में कहीं टकराती, गिरती, कभी एक-दो कदम एक ही साथ चलकर रोमांचित होती, और एक ऐसा भी समय आया कि निश्चिन्त होकर आस-पास के दृश्यों को निहारते हुए, मजा लेते हुए आगे-ही-आगे बढ़ती जा रही थी।

प्रारम्भ में हर दूसरे दिन हरिशंकर शास्त्री की चाल की ओर दौड़ता कंचन का मन धीरे-धीरे 'देवविला' में रमने लगा था। कंचन के आने के बाद देवशंकर शुक्ल शहर के मेयर हुए। कंचन का मान-सम्मान बढ़ा और साथ-साथ जिम्मेदारी भी। यूँ भी बड़ा घर। एकदम अनजान आदमी मदद की आशा से दौड़ा आता। उसमें भी परदेश में कमाने के लिए आनेवाला गुजराती हो, तो छह महीने का मेहमान पक्का। देवशंकर कहते, "मेरे दरवाजे से कोई बेघर और भूखा वापस नहीं जाना चाहिए। किसे पता, यह सब किसके नसीब का हो?"

गंगा बा की सेहत बिगड़ने पर अब वे खाट से लग गई थीं। घर में नौकर-चाकर तो बहुत थे, फिर भी समग्र तन्त्र पर नजर रखना और रसोई तो थी ही! जया वर्नाक्युलर फाइनल की तैयारी में और फिर उसका स्पष्ट मानना था कि भाभी के आने के बाद ननद काम करे, तो वह ननद नहीं कहलाएगी! जया को ननद बनने में ही लाभ दिखाई देता।

मैट्रिक के बाद अमृत को आगे पढ़ना था। उसने लंडन चैम्बर्स ऑफ कॉमर्स की परीक्षा की तैयारी भी शुरू कर दी थी। तीन वर्ष का कोर्स था। जहाज द्वारा तीन महीने पर परीक्षा का पेपर आता। अमृत ने प्रथम वर्ष पास भी किया था, किन्तु जब से कराँची में कांग्रेस महासभा का अधिवेशन हुआ, तब से वातावरण में बहुत अधिक और तीव्र बदलाव आया था। अभी तक तो रूई के निर्यात के बदले में उसकी पेढ़ी विदेशी कपड़ा, कागज, दवा, चप्पल, खिलौने, सिगरेट,

शराब, साबुन जैसी वस्तुएँ आयात करती थी किन्तु भगतसिंह को फाँसी देने की घटना ने अहिंसक और हिंसक दल की प्रवृत्तियों को जबर्दस्त प्रभावित किया था। स्वदेशी आन्दोलन, सविनय कानून भंग के साथ-साथ क्रान्तिकारियों द्वारा सरकारी तन्त्र को अस्त-व्यस्त करने के लिए तोड़-फोड़ की प्रवृत्ति जंगल में आग की तरह फैलती जा रही थी। एक ओर प्रजा की मानसिकता बदल रही थी और दूसरी ओर गोरे साहबों की। पहले की तरह वे अब भारतीय व्यापारियों पर विश्वास नहीं करते थे।

बदलते हुए समय को पहचानकर अमृत धीरे-धीरे धन्धे का रुख बदलने लगा। व्यक्तिगत ब्याज पर रुपया देने के बदले उसने स्टेट बैंक ऑफ बीकानेर के शेयर खरीदे और बोर्ड ऑफ डाइरेक्टर्स में नियुक्त हुआ। बैंक के चेयरमैन शिवरतन मोता का बेटा कहानमल उसका बचपन का मित्र था। दोनों ने मिलकर थियेटर खरीदा। नाम रखा 'विक्टोरिया।' अंग्रेजों से परेशानी कम हो इसके लिए। धीरे-धीरे एक से तीन थियेटर हुए 'कंचन' और 'लक्ष्मी।' लक्ष्मी कहानमल की पत्नी का नाम था।

कंचन ने पहली बार अपने थियेटर में 'वीणावेली' नाटक देखा। यूँ तो रोज शाम को फिल्म के दो शो होते। कभी-कभी मुम्बई से नाटक मंडली आती तो विशेष शो रखा जाता। जाति बन्धुओं का मिलन या पार्वतीपति के मन्दिर पर लगनेवाले शिवरात्रि के मेले के सिवाय पहली बार कंचन ने एक साथ इतने आदमी देखे। वह तो अमृत, जया और नन्हें गौतम के साथ फैमिली बॉक्स में बैठी थी। आमतौर पर स्त्रियों के बैठने की अलग व्यवस्था होती थी। उनके लिए अन्तिम दो-तीन पंक्ति रहती। ताकि बहू-बेटी को घूँघट न काढ़ना पड़े। 'वीणावेली' नाटक का गीत "अभिमान कभी न करिए, पत्थर बन कैसे तरिए," बहुत दिनों तक कंचन और जया गाती रहतीं। जया ने वैसा कलश आकार के गले और गुब्बारे जैसी बाँह का ब्लाउज सिलवाया जैसा वेली ने पहना था। अमृत कंचन की सादगी देख उसे बुढ़िया कहकर चिढ़ाता। एक बार तो कोई अंग्रेजी फिल्म देखने जबर्दस्ती ले गया। कोई प्रेम कथा थी, क्लब के नृत्य और प्रेम के दृश्य आते तब कंचन घूँघट काढ़कर बैठ जाती। लौटते समय पूरे रास्ते बग्गी में बैठे-बैठे अमृत का भाषण सुना था, "तुम सब साले देशी, तुमको क्या खबर नए जमाने की? ये अंग्रेज आए तब तो तुम्हें पता चला कि तुम्हारा देश कितना महान है? अरे, अभी तक तो तुम कहीं दूर कोने में सड़ते रहते। यह तो आभार मानो अंग्रेजों का कि तुमको रेलवे दिया, बाप मर जाता तो इस डाक व्यवस्था के बिना, बेटे के हाथ की मुखाग्नि नहीं पाता। अरे, मैं तो कहता हूँ कि तुम लोगों

को स्वतन्त्रता की यह समझ ही अंग्रेजी पढ़ाई ने दी। बाकी बैठे होते पुराने सड़े थोथे को रटते हुए। तुम तो बाप के कुएँ में डूब मरने के लिए ही पैदा हुए हो?"

कंचन अमृत की बात कुछ अंश तक स्वीकार करती किन्तु भीतर से उसे अंग्रेजों के लिए तो नाराजगी थी। शिक्षिका शारदा बहन और ललिता का असर जाता न था। दिनोदिन और बढ़ता जाता था। कंचन इन सब बातों को भूलकर अमृत, गंगा बा और घर के अनुकूल होने का प्रयत्न करती, परन्तु वह जब अमृत का मान रखने जाती तो गंगा बा का गुस्सा और ईर्ष्या सहनी पड़ती। अमृत तो पूरा दिन बाहर रहता। फिर वह पुरुष होकर मुक्त हो जाता। गंगा बा समय-असमय पर कंचन को 'आदर्श' का पाठ पढ़ाकर धमकाती रहतीं।

कभी-कभी तो कंचन को लगता कि वह मजदूर की तरह पारी में जीती है। सुबह-शाम पति की इच्छानुसार और पूरा दिन गंगा बा के आदेशानुसार। इसमें अपनी इच्छानुसार जीने का कोई अवकाश ही नहीं था। हाँ, एक बार उसे एक मौका मिला था।

वह गौतम के जन्म से एक दिन पहले की बात थी। फागुन-चैत के दिन थे। बंबा ग्राउंड में बड़ा मंडप बाँधा गया था। कांग्रेस महासभा का अधिवेशन था। ससुराल में होती तो कांग्रेस के कार्यक्रम के लिए पूछताछ भी नहीं की होती। घरवालों को अच्छा नहीं लगता। ससुर रात-दिन अंग्रेज अधिकारियों के साथ कारोबार में रहते। व्यापारी व्यक्ति, किसी का भी पक्ष लेने या विरोध करने में नहीं मानता। अमृत का रुख तो स्पष्ट था ही। अंग्रेजी रहन-सहन और पढ़ाई के लिए उसका पक्षपात रहता। यहाँ मायके में पिताजी को सभा में जाते देख कंचन से नहीं रहा गया। वह विशु को लेकर गई।

बड़ा विशाल पंडाल, सामने मंच और श्रोताओं की बैठक व्यवस्था में एक तरफ पुरुष और दूसरी तरफ स्त्रियाँ। स्त्रियों की संख्या बहुत ज्यादा थी। मंच पर दूसरी पंक्ति में श्यामवर्णी कुछ मोटी और दक्षिणी साड़ी में सजी एक स्त्री बैठी थी। कंचन को बाद में उनके नाम का पता चला। सरोजिनी नायडू थीं। श्रोताओं में ढेर सारे पुरुषों ने सिर पर टोपी पहनी थी। कंचन को गांधीजी और नेहरूजी का वह प्रथम दर्शन हमेशा के लिए याद रह गया। नेहरू पहली नजर में किसी स्वप्न पुरुष जैसे सुन्दर और आकर्षक लगे। गांधीजी निरे धरती के आदमी। उनकी दुबली-पतली देह देखकर आश्चर्य होता कि इस मुट्ठीभर हड्डी के ढाँचे में ऐसी कौन-सी विद्युत शक्ति होगी, जो मुर्दे को भी जिन्दा कर दे! गांधी एक सादे-सरल आदमी की तरह बात शुरू करते। कोई पड़ोसी हमारे साथ बात करता हो यों। उनकी बातों में खुरदुरे अनुभव की आत्मीयता थी। वे

किसी बुजुर्ग की व्यावहारिक बुद्धि से सुननेवाले को विश्वास में लेते और सुननेवाले को पता भी न चले, यों उस पर गांधी का जादू छा जाता। वह प्रभाव में आ जाता। गांधी को देख रही थी कि कंचन अचानक चौंक गई। मंच के पास बनी रस्सी की रेलिंग के पास ललिता खड़ी थी। ललिता ने खादी की सफेद साड़ी पहनी थी और सिर पर ओढ़ रखा था। कंचन दूसरे छोर से उसे बुलाने गई किन्तु अपनी विदेशी साड़ी पर नजर पड़ते ही उसकी आवाज बुझ गई। वह सभा छोड़कर घर लौट गई। दूसरे दिन भोर में गौतम का जन्म हुआ।

कंचन जब-जब कोई सभा-जुलूस देखती, उसकी नजर अवश्य ललिता को खोजती। उसे लगा अच्छा हुआ उस दिन ललिता ने उसे पहचाना नहीं। विदेशी कपड़े के ठाठबाट में उसे उसकी वानर सेना में जुड़ने को इच्छुक कंचन कहाँ से दिखती? हालाँकि खुद भी उसका सामना कैसे करती? परन्तु एक रात्रि को ललिता अचानक दिखाई पड़ी, किसी धूमकेतु की तरह। उस रात कंचन और अमृत 'अछूत' फिल्म देखने गए थे। फिल्म में गौहरबानो और मोतीलाल ने नायक-नायिका का अभिनय किया था। अमृत, अपने एक गुजराती चन्दुलाल शाह की फिल्म का बखान करते हुए थकता नहीं था। कंचन को कहने का बहुत मन हुआ कि, अपने गुजराती, गांधी के विचार भी इस फिल्म में हैं। किन्तु वह बोली नहीं। घर आकर देखा तो बैठकखंड में ललिता जया के साथ बातें करती हुई बैठी थी। कंचन एक क्षण स्तब्ध रह गई। ललिता ने देखा। वह दौड़कर कंचन से लिपट गई और अलग होते हुए बोली, "तू भी कैसी है कंचन, तूने अपने घरवालों से कहा भी नहीं है तेरी एक बहन है–मामा की बेटी, उसका नाम ललिता है, वह बाल विधवा है और स्वामीनारायण सम्प्रदाय में संन्यास लिया है और हाँ, विवाह में नहीं आई थी।" ललिता पहचानी नहीं जा रही थी। वह मैरुन रंग की साड़ी पहने थी, मुंडा सिर और गले में कंठी थी। ललिता ने महीना भर रुकने का प्लान घोषित किया। यूँ तो वह बुआ के घर आई थी किन्तु रेवा की तबीयत ठीक न होने से वह यहाँ रहनेवाली है। कंचन को डर लगा कि अमृत को सही बात का पता चल जाएगा तो? यूँ तो मायके से कुछ भी पता चले ऐसा न था। दूसरे बेटे चन्द्रकान्त के जन्म के बाद मायके की दिशा ही बन्द हो गई थी।

गौतम की जचगी के समय कंचन ने अनुभव किया था कि बाप का घर–घर नहीं रहा था। दादी कंचन को बड़े घर की बहू के रूप में देखती, माँ दिन-प्रतिदिन अधिक दयनीय होती जा रही थी। घर की छोटी-बड़ी जिम्मेदारी पड़ोस की निर्मला मौसी उठाती थीं। निःसन्तान निर्मला मौसी के पति चीनी मिल में नौकरी करते थे। कभी-कभी दो-दो पारी भी करनी पड़ती। पूरे दिन अकेली

और खाली रहती। निर्मला मौसी अपना समय बिताने और कभी-कभी मदद करने के लिए काम करतीं। कंचन की प्रसूति भी उन्होंने ही करवाई। एक दिन उसने देखा मौसी रोटी बना रही थीं और पिताजी खाने बैठे थे। वह गुस्सा करने गई किन्तु पनिहारे पानी पीकर वापस मुड़ गई। माँ ने तो हाथ के सारे पत्ते नीचे डाल दिए थे। वह खेल से बाहर निकल गई थी। दादी के पास एक भी तुरुप नहीं था। वह धड़ाधड़ फिश डाल रही थी और खेलने का नाटक कर रही थीं। विश्वनाथ को विलायत में वकालत की पढ़ाई के सिवाय कुछ दिखाई नहीं देता था। घर धीरे-धीरे निर्मला मौसी के शिकंजे में फँसता जा रहा था। इसमें कभी-कभी कंचन को पिताजी पर गुस्सा आता तो अमृत कहता, "पिताजी का तो विचार कर।" किन्तु उसका मन आश्वस्त नहीं होता था। किसी एक को न्याय देने के लिए दूसरे के साथ अन्याय क्यों करना पड़े?

ललिता के आने से जया बड़ी प्रसन्न थी। वह हमेशा ललिता के आगे-पीछे फुदकती रहती थी। वे घंटों खुसर-पुसर करती रहती। पति, बच्चे और गृहस्थी में फँसी कंचन को ललिता के साथ निश्चिन्त होकर बैठने का समय भाग्य से ही मिलता। उसमें भी गंगा बा की मृत्यु के बाद सगे-सम्बन्धियों तथा व्यवहार भी उसे ही निभाना पड़ता। आज किसी के यहाँ बेटा होने की खुशी मनाने जाना है, तो किसी का हालचाल पूछने जाना है। यहाँ फलाने भाई यात्रा पर जा रहे हैं, तो रुपिया और नारियल देने जाना है, तो ढेकाने दीदी की सास मर गई है, शोक जताने जाना है। इसमें भी कंचन के लिए तो सबसे बड़ा संकट है अमृत! अमृत को यह सब गँवारूपना अच्छा नहीं लगता, किन्तु ससुर के लिए कंचन को यह सब करना पड़ता। लोग तो कहते हैं "घर तो स्त्री का।" पता नहीं कितना?

ललिता सुबह कमरा बन्द करके चार घंटे पूजा करती। रात्रि को देर तक जागती। कहती, जाप करती हूँ। कंचन को लगता कि जया ने उसकी सखी को छीन लिया है। पर वह किससे फरियाद करे? अमृत कभी-कभी ललिता की दिनचर्या देखकर कहता, "इतनी छोटी उम्र में लड़की विधवा हो, तो माँ-बाप को उसे दूसरी जगह ब्याह देना चाहिए। इसके बदले तेरे मामा-मामी तो कैसे राक्षस हैं कि बिचारी को गेरुआ पहना दिया। उनकी जगह मैं होता तो विधवा लड़की का दूसरा ब्याह कर देता।" कंचन के चेहरे पर व्यंग्य की रेखा देखकर उसने कहा, "देखो, सुनो, मैं कहता हूँ वह सौ प्रतिशत करता हूँ। तुझे पता नहीं। जया बाल विधवा है। मेरी तरह उसकी भी पहले सगाई हुई थी। मैं उसे पढ़ा रहा हूँ। फिर किसी पढ़े-लिखे लड़के से शादी करा दूँगा। यह संन्यास भी

एक प्रकार से जीने का बहाना है। धर्म का बहाना या आड़ की तरह उपयोग करके हम भ्रष्टाचार ही बढ़ाते हैं। बाड़ लगाकर उसमें चोर दरवाजा बनाने की प्रेरणा देते हैं।"

कंचन को ललिता समझ में नहीं आती थी। उस दिन बंबा ग्राउंड में देखी हुई ललिता और इस ललिता का मेल न बैठता था। एक दिन रहस्य प्रकट हुआ। ललिता को आए अभी पन्द्रह दिन हुए थे। उस रात को कंचन अचानक जाग गई। उसने बाहर आकर देखा। पीछे अस्तबल की ओर का दरवाजा खुला था। उसे लगा कि भूल में रह गया होगा। वह बन्द करने गई तभी उसने देखा कि पिछली दीवार की दिशा में कोई जा रहा था। कंचन ने उसे पहचानने का प्रयत्न किया। तभी दीवार के बाहर की ओर से दो बार टार्च चमकी। उस चकाचौंध उजाले में उसने ललिता को पहचाना। कंचन दरवाजे की आड़ में खड़ी रही। ललिता कुछ देर में वापस आई और जल्दी से जया के कमरे में सो गई। पूरी रात कंचन सो न सकी।

पाठशाला में पढ़ती थी तब से ललिता कंचन की पक्की सहेली थी। ललिता अपने पिताजी की, सत्याग्रह की लड़ाई की बातें करती। कंचन किसी इतिहास से जीवित पराक्रमों की तरह अहोभाव से सुनती। शारदा बहन और ललिता ने स्वदेशी आन्दोलन के लिए पाठशाला छोड़ी तब कंचन को दुहरा दुख हुआ था। एक तो उनका साथ छूटने का और उनके साथ न जा पाने का। कंचन को ललिता से ईर्ष्या होती। खुद सब छोड़ न सकी किन्तु यों ललिता की मदद करने का सन्तोष ले रही थी। उसने घर में ललिता का सही परिचय नहीं दिया था। अमृत ने एकाध बार पूछा था किन्तु उसे गहराई में उतरने का अवकाश नहीं था। गांधीजी ने 'करो या मरो' का नारा, अहिंसक लड़ाई के लिए दिया था किन्तु 'हिन्द छोड़ो' के आह्वान से सामान्य प्रजा सड़कों पर उतर आई। इस आपाधापी में अमृत रात-दिन व्यवसाय की देखभाल के लिए दौड़-धूप कर रहा था और मेयर देवशंकर मन्त्रणा में फँसे रहते, किन्तु आज रात की घटना ने कंचन को चिन्ता में डाल दिया। यदि ललिता पकड़ी जाए तो? दूसरे दिन उसने ललिता को एकान्त में बैठाकर पूछ ही लिया।

ललिता प्रकट रूप से स्वदेशी आन्दोलन एवं समाज सुधार का कार्य करती किन्तु गुप्त रूप से वह क्रान्तिकारियों के साथ जुड़ी थी। इसके पीछे भी एक घटना थी।

ललिता ने बहुत सोच-समझकर कंचन का घर पसन्द किया था। अंग्रेजों के वफादार परिवार में आसरा लेने से पुलिस को शंका नहीं होगी, फिर कंचन की

सगी बनकर रहने में घरवालों का सद्भाव भी मिल पाएगा। जिस घर में मात्र गुजराती होने से छह महीने के लिए आसरा मिल जाता, वहाँ ललिता का समावेश न हो, यह कैसे हो सकता है?

ललिता ने विस्तार से बताया। पाठशाला छोड़ने के बाद शिक्षिका शारदा बहन ने जो 'गांधी सेवा सेना' की मन्त्री थी, उनके मार्गदर्शन में एक वानर सेना की रचना की गई थी। वानर सेना हाथ की लिखी या लिथो पर छपी पत्रिकाओं को बाँटकर स्वदेशी आन्दोलन का प्रचार करती, जुलूस निकालती, प्रभात फेरी करती, सफाई के कार्य करती। कभी-कभी संकट के समय नेताओं को गुप्त सन्देशा पहुँचाती। ललिता वानर सेना की लीडर थी। परन्तु एक दिन सब बदल गया। दसेक वर्ष पहले की बात होगी।

पंचमुखी हनुमानजी के मन्दिर में तहखाने में लिथो मशीन पर पत्रिका छप रही थी। शारदा बहन छापती थीं और ललिता तथा उसकी मित्र स्नेहलता पत्रिका लेने आई थीं। मन्दिर के भंडार के रूप में काम आनेवाले तहखाने में अनाज की बोरियाँ पड़ी थीं। अचानक गोली की आवाज सुनाई दी। शारदा बहन ने तत्काल ललिता और स्नेहलता को बोरी में छिपा दिया। मशीन बन्द किया और सीढ़ियाँ चढ़कर बाहर निकलीं गिरफ्तार होने के लिए। बीच में पुलिस ने उन्हें पकड़ा और सीढ़ियों पर बोरी की तरह घसीटते हुए बाहर ले गए। चोर कदमों से ललिता और स्नेहलता ने बाहर आकर देखा। शारदा बहन के हाथ-पाँव बाँधकर पुलिस उन्हें श्मशान की ओर ले जा रही थीं। जिस स्त्री ने विधवा होने के बाद अपने पति के साथ चिता में जलने के बदले जीवन की ज्वालाएँ स्वीकार की थीं, उसे किसी अनजानी लाश के साथ चिता पर चढ़ा दिया गया। शारदा बहन के इस बलिदान को कहीं भी दर्ज नहीं किया गया। स्नेहलता घर लौट गई। यों कुछ भी किए बिना बगैर विरोध के मरने की अपेक्षा भले हिंसा तो हिंसा किन्तु सामना करते हुए मरने की प्रतिज्ञा लेकर ललिता 'आत्मनिष्ठ युवती समाज' से जुड़ गई। वह प्रकट रूप से स्वदेशी थी और गुप्त रूप से क्रान्तिकारी। दुहरे मानकों से यदि कार्य सफल हो तो भी क्या? पहली बार कंचन को लगा, वह भले एक सामान्य गृहिणी है किन्तु वह कहीं किसी को छलती नहीं है और अब तो बिलकुल नहीं। उसने ललिता को आनेवाले चौबीस घंटे में दूसरी जगह व्यवस्था करने के लिए कह दिया।

ललिता गई। किन्तु...?

16

ललिता गई और 'देवविला' का ओज-तेज लेती गई। उस भोर से ही शनीचर सवार हो गया। कंचन बा जीवनभर उस दिन को भुला न पाई।

नवरात्रि का पहला दिन था। कंचन के गर्भ के अन्तिम दिन जा रहे थे। नौ महीने से ऊपर दस दिन हो गए थे। कंचन रोज सुबह होने पर विचार करती कि आज तो छूट जाऊँगी और इसकी राह देखते शाम हो जाती। दीया-बत्ती के समय लगता कि पता नहीं आधी रात को दाई बुलवानी पड़ेगी तो? अमृत ने विलायती डॉक्टर से भी कह रखा था। इस बार कंचन की तासीर पहले से ही बदल गई थी। हाथ-पाँव में सूजन आ गई थी। खाने-पीने की आदतों में भी परिवर्तन आ गया था। रसोई बनाने बैठती तो खौलती दाल या सब्जी छौकने की गन्ध सहन नहीं कर पाती। इस बार रसोई बनाने के लिए महाराज रखना पड़ा था। गौतम और चन्द्रकान्त के समय तो नौवाँ बैठता कि दर्द उठने लगता। किन्तु, इस बार सब अलग लगता था और हरदम कंचन को भय बना रहता था, कुछ होगा तो?

बड़े भोर में उसने अमृत को उठाया। दाई को बुलाने से पहले अमृत जया को उठाने गया और कंचन नाक-कान से गहने निकालने लगी। अभी तो कंचन नाक की लौंग साड़ी के पल्लू में बाँध रही थी तभी अमृत कमरे में बौखलाया हुआ आया। उसके हाथ में एक कागज था और चेहरे पर व्यग्रता थी। उसने लगभग फटी आवाज में कहा,

"जया ललिता के साथ चली गई।" और कुर्सी पर धम्म से बैठ गया।

कंचन भूमि पर ढेर हो गई। पाँचेक मिनट के बाद कंचन के पैर के पास पके हुए फल की तरह चू पड़ी लड़की रोने लगी, तब अमृत को खयाल आया कि लड़की जनम चुकी है और कंचन बेहोश पड़ी है। इस पल वह जया के बारे में सोचना छोड़ डॉक्टर के पास दौड़ा। दूसरे दिन कंचन होश में आई, तब उसे पता चला कि बेटी जन्मी है। उसने उसका नाम रखा अरुणा।

जया गई। इस आघात से देवशंकर को चित्तभ्रम हो गया। शहर का मेयर, रात-दिन अंग्रेज अफसरों के बीच उठता-बैठता, पंच में पूछा जानेवाला सेठ देवशंकर, सारे स्थल-काल और स्वजनों के सम्बन्धों-सन्दर्भों से परे, एक अबोध व्यक्ति बन गया। खाली आँखें और सूने चेहरे के साथ वह जीता रहा। परिवारजनों और उसके बीच मात्र सूचना का ही तार रहा था। यह तार एकतरफा था। वे मात्र सुनते थे। छोटा गौतम कभी-कभी कहता–"माँ, दादा तो कठपुतली की तरह जैसा कहो, वैसा करते हैं।" कंचन की आह समझने जितना वह बड़ा नहीं हुआ था। देवशंकर अन्तिम कोठरी में बन्द पड़े रहते। कोई उन्हें 'उठो' कहे तब उठते और 'सो जाओ' कहे तब सो जाते। एक बार वे पाखाने में गए थे किन्तु किसी ने उन्हें 'बाहर निकलो' यों नहीं कहा इसलिए पाँच घंटे तक अन्दर बैठे-बैठे पानी डालते रहे। वो तो कंचन का ध्यान गया तो उसके कहने पर बाहर निकले। खाते समय कहना पड़ता बस पिताजी, अब रोटी नहीं चावल लो। कंचन को लगता कि किस मनहूस घड़ी में मुझे कुबुद्धि सूझी कि मैंने ललिता को आसरा दिया। जिसने दाहिने हाथ से दिया तो बाएँ हाथ को पता नहीं चलने दिया उसकी रोटियाँ गिनने का समय है। ससुर ने खुद को धमकाकर निकाल दिया होता, तो वह रोकर भी हलकी हो गई होती! ये तो उनको देखकर पल-पल आत्मा पर बोझ बढ़ता जा रहा था। अमृत ने तो उसके साथ बोल-चाल लगभग बन्द ही कर दिया था। वह गौतम या चन्द्रकान्त के द्वारा जरूरी समाचार का आदान-प्रदान कर लेता। कंचन देख रही थी कि अमृत भी उसकी तरह अकेला पड़ गया है।

अमृत कल तक देवशंकर जैसे मजबूत खूँटे के बल पर बछेड़े की तरह उछलता था। किन्तु एक साथ लगाम और नाल की पीड़ा उसे परेशान कर रही थी। जया गई उसी क्षण अमृत का मन हुआ था कि वह कंचन का गला दबा दे किन्तु बेहोश कंचन और रोती हुई बच्ची को देखकर उसने अपने-आप पर काबू रखा। वह कंचन को कितना चाहता था! उस पर विश्वास रखकर पूरा घर और अपना-आप सब कुछ उसे सौंप दिया था। किन्तु उसने यों उसे अँधेरे में रखा? अमृत क्या करे? कंचन से पूछे? खुद से पूछे या कि जो पूछ रहा है उस समाज को जवाब दे?

एक झटके में न जाने कितने मोरचे खुल गए थे। उसने लोगों को तो यूँ कहकर कि "जया गाँव गई है।" टाल दिया था किन्तु देवशंकर की आँखों के प्रश्नों का उत्तर किस प्रकार दे? कभी-कभी अमृत को लगता कि पिताजी भाग्यशाली हैं। इन सभी यातनाओं से बच गए। किन्तु क्या जड़ता को सुख

मान सकते हैं? अमृत व्यवसाय समेटकर अफ्रीका जाने की योजना बनाने लगा।

"मनुष्य की योजना के अनुसार सब कुछ होता रहता तो क्या कहना?" मनुष्य की योजना को कोई अगम-अज्ञात तत्त्व छिन्न-भिन्न कर दे तो कुछ समझ में आए, किन्तु मनुष्य के मार्ग में मनुष्य ही विघ्न खड़ा करे तब क्या कहें? कंचन को लगता कि प्रारम्भ के तीस साल तो बाराखड़ी सीखने में ही गए। जीवन और मनुष्य विषयक महाग्रन्थ तो बहुत देर से देखे और उसमें से कितना बूझी, इसका तो तब पता चले जब परीक्षा देनी हो। तुम्हारी जमीन कैसी है, तुमने कैसी जुताई की है? तुम्हारा बीज सत्वशील है या नहीं, तुम्हारी सिंचाई कैसी है और देखभाल कैसी है? यह तो फसल कटने पर ही पता चले।

अमृत ने युगांडा जाने की तैयारी शुरू कर दी थी। किन्तु नियति ने तो कोई दूसरी ही दिशा निर्धारित कर रखी थी। एक शाम बौखलाए हुए अमृत ने आकर कहा कराँची पाकिस्तान में जाएगा। हमें शीघ्र यहाँ से निकल जाना होगा। कंचन ने सोचा अभी तो लोग कहते थे कि गांधीजी देश का बँटवारा नहीं होने देंगे, तो फिर ऐसा क्या हुआ होगा कि...उसने अमृत से पूछा :

"किन्तु हम यहाँ ही रहें तो क्या परेशानी है?"

"नहीं, यहाँ रहने में जोखिम है। यहाँ कभी भी कौमी दंगे भड़क उठेंगे, तो फिर जान बचाना मुश्किल हो जाएगा। परसों पंखा गली में एक सरदार को किसी ने काट डाला। बंगाल, बिहार और पंजाब के छींटे यहाँ भी उड़ेंगे।"

"हम सब तो कैसे एक जान होकर रहते हैं। अब तुम ही कहो अपने थियेटर का चौकीदार रहमत कहीं ऐसा करेगा?"

"तू, अब अपनी ओटना छोड़ और परसों तेरे पिताजी अपने गाँव जा रहे हैं। विश्वनाथ की कम्पनी का जहाज जानेवाला है। तुम और बच्चे उनके साथ निकल जाओ। मैं यहाँ का समेटकर कम्पाला पहुँचूँगा और तुम्हें बुलवा लूँगा।"

"और पिताजी?"

"मेरे साथ।"

"अनजाने देश में आप किस तरह उन्हें सँभालोगे? मैं उन्हें अपने साथ ले जाऊँगी।"

पाँच वर्ष बाद कंचन ने अमृत की आँख में पुरानी पहचान देखी। उस रात कमरे में वही चिर-परिचित महक झिलमिलाई। एक व्याकुलता के साथ उस महक को भरपूर जी लेना था। यह रात कौन जाने फिर कब आए? शायद न

भी आए! नहीं, ऐसा सोचना भी नहीं है। कल या आनेवाला कल, पूरा समय आज पूरा जी लेना है। कमरे का एकान्त वर्षों तक ऐसा अपूर्व अद्वैत भुला नहीं पाएगा। कंचन को उस रात उत्तरा और अभिमन्यु की छह महीने लम्बी मिलन रात्रि का रहस्य समझ में आया था।

दूसरे दिन रात को केमाड़ी बन्दरगाह पहुँच जाना था। यूँ तो सिन्धिया नेविगेशन के जहाज माल की हेरा-फेरी करते थे, किन्तु बदली हुई परिस्थितियों में अस्थायी स्तर पर पैसेंजरों के लिए व्यवस्था की गई थी। पूरी एक ट्रेन के रक्तपात के बाद रेलवे व्यवहार बन्द हो गया था। ये तो विश्वनाथ के कारण सोनावती स्टीमर में जाने की सुविधा मिल गई। ठेठ तक का साथ। कंचन पूरी रात और पूरा दिन तैयारी करती रही, किन्तु जैसे अन्त ही नहीं आ रहा था। गौतम ने पूछा भी माँ तू क्यों बार-बार बैठ जाती है? नास्ते में सुखड़ी नहीं बनेगी यह जानकर चन्द्रकान्त रो रहा था। बच्चों के लिए तो यह कोई प्रवास था। पहली बार जहाज में बैठने का मजेदार मौका। कभी-कभी कंचन वस्तुओं को समेटती हुई उसे सहलाने में तल्लीन हो जाती, तो कभी उलझन में खड़ी रह जाती कि साथ में क्या ले जाएँ और क्या न ले जाएँ। कंचन ने सोचा कि भले साथ में न ले जाऊँ पर सँभालकर तो रख दूँ। वह शीशे के पारदर्शक मर्तबान को पोंछती हुई उसके आर-पार निकल जाती। "भगवान, जो भी इसका उपयोग करे वह प्रेम से करे। मेरी तरह उसका घोंसला बिखरने का दिन न आए। एक-एक तिनका बीनकर इस घोंसले को बनाया है। कितनी ही उधेड़बुन और उमंगों से सना है यह घोंसला। एक-एक वस्तु को छोड़ना जैसे उसके साथ जुड़े हुए व्यक्तियों को छोड़ना। यह चाँदी की तश्तरी और पंचपात्र गंगा बा के जाने से बेसहारा हो गए थे और अब तो एकदम अनाथ। देवशंकर के बिना ताँबाकुँड़ी सूनी पड़ जाएगी। इस गोल तकिए को चन्द्रकान्त के बिना कौन लुढ़काएगा? इस ड्रेसिंग टेबल के सामने खड़ी रहकर अरुणा गुड़िया लेकर नाचा करती थी, वह आईना अब किसके सामने मुँह बिराएगा। गौतम की साइकिल को याद रहेगा कि कैसे उसने गौतम को पटका था? जया के कमरे में झूलता झूला किसके गीतों में सुर मिलाएगा। यह छत्री पलँग किसकी आँखों के रतजगे में 'स्वीट ड्रीम' की कढ़ाई पढ़ेगा।"

कंचन को सामान बाँधते देख अमृत से रहा नहीं गया। वह बोल पड़ा : "बस थोड़े कपड़े और नगद रुपए साथ ले। ये बिछौने और बरतन की बोरी रहने दे। तू सबकी जान सँभालेगी या सामान?" हालाँकि बोलने के बाद उसे पछतावा हुआ। ऐसी बात सुनकर कंचन कहीं डर जाएगी तो क्या होगा? कंचन ने अमृत

की बात मानी। उसे एक पल लगा कि 'किसी पल कहीं यह कुवचन फलेगा तो?' किन्तु फिर मन थोड़ा कड़ा करके वह बोली, "ईश्वर चाहेगा तो सब ठीक-ठाक होगा।" कंचन ने थोड़े रुपए अपने पास रखे और थोड़े गौतम की चड्ढी और कमीज के अन्दर के भाग में सिल दिया। कपड़े से भरी लोहे की पेटी, खाने का डिब्बा और पानी का पेंचदार ढक्कन वाला पीतल का बड़ा लोटा, बस इतना ही सामान लिया।

जाने की अगली रात को आँगन में मोटर आकर खड़ी हुई। रोज के ड्राइवर बंसी के बदले चौकीदार रहमत था। उसके पास बन्दूक का लाइसेन्स भी था। ऊँचा लम्बा तगड़ा रहमत, मेंहदी से रँगी हुई उसकी दाढ़ी और चेहरे पर पान के रस से रँगा हुआ चिरपरिचित स्मित! परन्तु कंचन आज उसे देखकर एक क्षण के लिए आशंका से काँप उठी। उसने फिर एक बार मनोमन निश्चय दुहराया, "ईश्वर जो करेगा भले के लिए। अब ओखली में सिर डाला तो मूसल से क्या डरना!"

कंचन ने भगवान की पूजा करके सामने पनियारे और तुलसी क्यारे पर दीया जलाकर विदा ली । उसकी भींगी हुई आँखों में एक पल पूरा घर कौंधकर पिघल गया। उसने चौखट और दहलीज को भरापूरा घर सौंपकर कदम उठाया। बच्चे अमृत से चिपककर खड़े थे। देवशंकर अगली सीट पर कोरे कागज जैसा चेहरा लिए बैठे थे। चालू मोटर की खिड़की से झाँकती हुई, वह न जाने कब तक दूर जाते अमृत और घर को देखती रही।

गाड़ी रतन तालाब का राउंड लेकर सदर बाजार की ओर मुड़ी। अभी तो रात के आठ बजे थे किन्तु रतन तालाब के किनारे बेंचें खाली थीं। वर्षा ऋतु और फिर कृष्णपक्ष के दिन, रोड लाइटों का प्रकाश भी धुँधला गया था। सदर बाजार में इक्के-दुक्के आदमी दिखाई देते थे। बन्द दुकानों की सीढ़ियों पर कहीं-कहीं भिखारी बिछे पड़े थे। सदर बाजार की चौथी लेन के पास से जैसे ही मोटर गुजरी, तब पीछे जैसे हुड़-हुड़ करते हुए आँधी आती हो ऐसी आवाज सुनाई दी। कंचन ने जल्दी से गाड़ी का शीशा चढ़ाया। पिछले शीशे से देखा तो चार-पाँच सौ आदमियों का झुंड हाथ में मशाल लेकर आ रहा था। रहमत ने गाड़ी तेज भगाकर जोड़िया बाजार के रस्ते ली। वहाँ खुली दुकान और चहल-पहल देखकर कंचन को कुछ अच्छा लगा। किन्तु अब पिताजी और विशु को किस तरह ले? अब पंखा गली से जाना पड़ेगा कंचन थरथरा उठी। उसे लगा रहमत ने जानबूझ कर तो यह रास्ता नहीं लिया होगा न? उसने चोरी-छिपे उसके सामने देखा। रहमत शान्त चित्त से गाड़ी चला रहा था। उसकी स्वस्थता देख लगता

था कि क्या-क्या हो सकता है इसका अन्दाज उसे था। वह पूरी तैयारी के साथ आया था। जैसे ही मोटर पार्वतीपति का मन्दिर पार कर मुख्य सड़क पर आई कि दूर से ऊँची चढ़ती ज्वालाएँ दिखाई दीं। धुएँ का गुबार लोगों के कोलाहल को ज्यादा गहरा बना रहा था। रहमत ने गाड़ी एक तरफ खड़ी की और कहा, "अभी आता हूँ।"

"रहमत चाचा मैं भी आता हूँ।" कहकर गौतम पीछे-पीछे जाने लगा। कंचन ने डाँटकर वापस बुलाया। रास्ते पर जाते राहगीर को देख कंचन ने चिल्लाकर पूछा :

"कहाँ आग लगी है?" हरिशंकर शास्त्री की चाल में पिछले सप्ताह से सब चौकन्ने हो गए थे। पूरी-पूरी रात जगकर पहरा देते थे। घर में ताला लगाकर छत पर बैठे रहते, किन्तु इस शाम को जलते पटाखें फेंके गए। सभी कहते हैं कि ये वे लोग हैं जो बिहार से आए हैं। तो कोई कहता है कि पंजाब से आए हैं वे। दो घंटे से जल रहा है। दमकल आया है किन्तु बुझाने के बदले आग ज्यादा भड़क गई। कोई तो कहता है कि "बम्बे में पानी नहीं, मिट्टी का तेल था, पर बचेगा नहीं कोई।" राहगीर अपनी रौ में बोल रहा था और कंचन की आँखों के सामने अँधेरा छाता जा रहा था। उसने गाड़ी की सीट के साथ सिर टिका दिया।

पता नहीं कितना समय हुआ होगा, किन्तु रहमत ने गाड़ी भगाई तब वह झटके से होश में आ गई। देखा तो गाड़ी पीछे जा रही थी। उसने रहमत से पूछा, "कहाँ ले जाता है?" किन्तु रहमत ने कोई उत्तर नहीं दिया। कंचन को वहम हुआ कि रहमत की नियत तो खराब नहीं है न? उसने पीछे से उसका कन्धा पकड़कर झकझोरा और पागल की तरह कहने लगी, "तुझे क्या चाहिए बोल? बोल कितना रुपया चाहिए? बोल तुझे सोना-चाँदी क्या चाहिए? बोल..." और अभी तो वाक्य पूरा करे तभी वह जोर से चिल्लाई, "मेरा गौतम...।"

17

एक झटके के साथ मोटर रुक गई थी। रहमत ने देखा, गौतम पिछली सीट पर नहीं था। रहमत जब कंचन के मायकेवालों की पूछताछ करने उतरा था तब गौतम ने उसके पीछे जाने की जिद की थी, किन्तु कंचन ने उसे धमकाकर रोका था। नाराज गौतम ने दरवाजा बन्द नहीं किया, वह दरवाजा पकड़कर खड़ा था। जब कंचन गाड़ी का दूसरा दरवाजा खोलकर रास्ते पर जाते आदमी के साथ हरिशंकर शास्त्री की चाल में लगी आग के विषय में पूछ रही थी, तब गौतम धीरे से सरक गया। उसे नाना या मामा की चिन्ता के बजाय आग का आकर्षण विशेष रहा। दमकलवालों के करतब और करामात के विषय में कौतूहल के कारण वह रहमत के पीछे-पीछे गया। रहमत को इसका पता भी नहीं था।

रहमत लगभग दौड़ रहा था। एक ओर गाड़ी में सेठ का परिवार अकेला था। दूसरी ओर एक सम्भावना यह भी थी कि जेष्ठाराम का परिवार बच भी गया हो। वह एक पतली डोर पर जैसे दौड़ रहा था। हरिशंकर शास्त्री की चाल से आधा किलोमीटर दूर उसने देखा कि लोगों की भीड़ बढ़ती जा रही थी। समग्र विस्तार मतवाले साँड़ की तरह इधर-उधर हुँकार भर रहा था। उसकी राह में आनेवालों को या तो ढकेल दे या सींग पर चढ़ाकर उछाले। रहमत को एक पल अपनी दाढ़ी और सुरवाल याद आया। वह उलझन में पड़ गया जाऊँ या नहीं? कुछ नहीं, ज्यादा-से-ज्यादा जान जाएगी। सोचकर वह कुछ आगे बढ़ा, तभी अमृत सेठ की आवाज सुनाई दी, "रहमत आज तुझे अपने सारे जीवन की पूँजी सौंप रहा हूँ। अल्ला की अमानत समझकर सँभालना।" रहमत वापिस मुड़ा, आकर उसने मोटर भगाई।

जैसे ही कंचन ने गौतम का नाम पुकारा कि तभी गाड़ी एक झटके के साथ खड़ी रह गई। वह कुछ सोचे इसके पहले कंचन मोटर का दरवाजा खोलकर सीधे रास्ते पर भागने लगी। रहमत ने दौड़कर उसे पकड़ा। उसकी पकड़ से

छूटने के लिए हाथ-पैर मारती कंचन चिल्ला रही थी, "मेरा गौतम...मुझे जाने दे...मेरा बेटा...जाने दे..." आक्रोश और चिरौरी से भीगे हुए आँसुओं में कंचन के आधे शब्द डूब जा रहे थे। रहमत को उसे मोटर तक खींचकर लाना पड़ा, मानो बछड़े से बिछुड़ती गाय रँभाती हो। रहमत उसे गाड़ी की सीट पर बैठाने गया तभी वह एक झटका लगाकर दौड़ गई। रहमत ने एक पँजे में उसके दोनों हाथ पकड़े और दूसरे हाथ से तमाचा मार दिया। रहमत ने दरवाजा लॉक कर गाड़ी भगाई।

कंचन सीट की किनारे पर सिर पटककर फूट-फूटकर रो रही थी। चन्द्रकान्त और अरुणा डर के मारे सीट के नीचे बैठ गए थे। देवशंकर किसी चित्र की भाँति स्थिर बैठे थे। रहमत ने सेठानी को झापड़ तो मार दिया किन्तु फिर झेंप गया। बन्दरगाह आया तब तक वह एक अक्षर नहीं बोला।

केमाड़ी बन्दरगाह पर पूरे शहर के लोग थे। यदि एक थाली घुमाकर फेंकी जाए तो लोगों के सिर पर घूमती रहे, नीचे न गिरे। शहर की अलग-अलग दिशाओं से एक दहशत, एक आतंक का प्रवाह गिरता-पड़ता, रगड़ता-पगड़ता, खिंचता, चला आ रहा था, और यहाँ बन्दरगाह के धक्के में गिर रहा था। आकाश में शोर-शराबे और चीखों का आवरण सघन होता जा रहा था। कुछ सूझता न था। एक लहर यहाँ से आती, तो दूसरी वहाँ से। भीतर-बाहर सब डावाँडोल हो रहा था।

हर साल शरद पूर्णिमा की रात को केमाड़ी बन्दरगाह पर मेला लगता था। दरिया देव के थान पर, आकाश की छत पर, चाँदनी की डोर से उत्सव का झूला बँधता था। उमंग और आनन्द के दो छोरों के बीच लोग झूलते। आज वही सागर किनारा है और वही दरिया देव का थान। आदमी तो समाते न थे। चीटियाँ उमड़ पड़ी हैं मानो। आकाश में बादल और वातावरण में ऊमस देखकर सभी वर्षों पुरानी बिल छोड़कर निकल पड़ी हैं मानो। चाहे जब ये बादल बरसेंगे और वह वर्षा खून की नहीं ही होगी, इसकी कोई गारंटी नहीं। ये जड़ों से उखड़े हुए लोग कहाँ जाकर फिर अपने को रोपेंगे, पता नहीं। आज तक उखड़े हुए पेड़ को पुनः हरा होते हुए नहीं सुना। भले पेड़ न बचे किन्तु इन पौधों को तो जिलाना ही पड़ेगा, काँख में, कन्धे पर और अँगुलियों पर बच्चों को चिपकाया है। सिर पर खानाबदोश जीवन की गठरी है। आँखें और भिचें ओठ प्रतिज्ञा लेकर बैठे हैं कि बस अब तो दो-चार श्वास बचे या बचा सकें तो भी धन्य-भाग्य!

रहमत ने कंचन को जहाज के पैसेज के लिए लाईन में बैठाया और बगल में सामान रखा। चन्द्रकान्त और अरुणा कंचन से दोनों तरफ चिपककर बैठे।

रहमत ने देवशंकर को लोहे की ट्रंक पर बैठाया और कहा "यहीं बैठना, कहीं खिसकना नहीं।"

"बीबी साहब, आप निश्चिन्त रहना। मैं इसी घड़ी गौतम को लेकर आता हूँ। जमीन की कोख से उसे खोज निकालूँगा। आप इसी लाईन में रहना और जैसे-जैसे लाईन आगे बढ़े, वैसे ही लाईन में आगे बढ़ना। लाईन से बाहर नहीं निकलना। मैं अभी आता हूँ।"

स्मृतियों के धागे से बुने जा रहे अतीत के वस्त्र में कोई तार टूटा...रहमत?

कंचन खाली आँख से रहमत को जाते हुए देखती रही।

कंचन को क्या पता कि रहमत पर क्या बीती? रहमत ने कंचन को आश्वासन तो दिया था, किन्तु यह जानता था कि इस समय में गौतम को खोजने का काम कितना कठिन था? पूरा कराँची शहर एक जंगल में बदल गया था। साम्प्रदायिकता का दावानल शहर में हरे-सूखे सभी को लपेट में लेता जा रहा था। इस जहरीली आग में भुनते, सेंकाते, तड़फड़ाते, बिखरते-बिलखते आदमी न हिन्दू थे, न मुसलमान, न थे सिक्ख । वे सब थे मात्र निरीह जीव। एक मात्र जिजीविषा बनकर वे यहाँ से वहाँ भटक रहे थे। इन जीवों की अन्धाधुन्धी में कितने ही श्वास रुँधते थे, पिसते थे। मौके का लाभ लेने के लिए राह देखकर बैठे शिकारी सौदागर किसी अकेले-दुकेले को एक ही वार से खत्म कर देते थे। उनके लिए दाढ़ी या मूँछ, चन्दन या लोबान, पगड़ी या टोपी सब एक समान। उन्हें न अल्लाह का भय था, न परमात्मा का, न उन्हें कुरान रोकता था, न ग्रन्थ साहेब। उनकी गीता में एक ही सूत्र था–फल की कामना के साथ स्वार्थ के लिए अधम-से-अधम कार्य करते हुए हिचकना नहीं। सत्ता और सम्पति की जोड़-तोड़ में बिचारे प्यादों की क्या हस्ती! रहमत सोच रहा था, "मनुष्य का ऐसा खूँखार रूप आज तक कहाँ छिपा हुआ था?" जो आँखें आत्मीयता का आईना थीं, उन आँखों में आशंका के प्रतिबिम्ब दिखाई दे रहे थे। उसे कंचन की आँखें याद आईं।

रहमत ने बन्दरगाह रोड से स्वामीनारायण मन्दिर के रास्ते पर गाड़ी घुमाई। उसे था कि शहर में सभी लोग सेठ की गाड़ी पहचानते हैं। मेयर की मोटर किससे छिपी रहेगी! फिर शहर में गोरे साहबों के सिवाय ऊँगली के पोर पर गिने जा सकें, उतने देशी लोगों के पास मोटरें थीं। मन्दिर के रास्ते होकर जाने में जोखिम नहीं। किन्तु जैसे ही रहमत ने गाड़ी घुमाई तभी सामने से ताजिए का जुलूस निकला हो यों ढोल, नगारा बजाते हुए लोग मशालें लेकर निकल पड़े थे। 'हाय हुसैन!' के बदले 'हाय हिन्दुस्तान!' का नारा आकाश में

उछाला जा रहा था। रहमत ने पीछे देखा तो नमक मंडीवाली गली में से निकलकर दूसरा टोला महादेवजी के गण बनकर हाथ में लकड़ी भाँजते हुए आ रहा था। दोनों ओर की सेना मशालें, तलवार, लाठियाँ, कृपाण और पत्थरों से सजी थी। अभी कल तक यही प्रजा एक होकर परदेशियों के सामने लड़ रही थी। किन्तु आज वही किसी अन्य की बात में आकर अपने ही एक-एक अंग को काट डालने के लिए उद्यत हुई थी। रहमत ने फुर्ती से गाड़ी को नानकबाड़ा की गली में मोड़ा। अँधियारी गली में थोड़ी दूर चार-पाँच नकाबपोशों को उसने गली रोककर खड़े देखा। अब वापस मुड़ना सम्भव न था। रहमत ने गाड़ी खड़ी रखी। वे नकाबपोश दौड़ते हुए आए और उनमें से एक ने रहमत के गले पर खंजर रखा।

"चल, गाड़ी खोल।"

एक आगे की सीट में रहमत के पास बैठा। उसने रहमत की पीठ के पास खंजर रखा था। दूसरे चार पिछली सीट पर बैठे।

"चल, बोल्टन मार्केट ले चल।"

रहमत ने गाड़ी चालू की। उसे एक विचार तो आया कि गाड़ी वापस लेकर उस टोले में फँसा दूँ। भले लोग जला दें। किन्तु तुरन्त याद आया, अभी गौतम को खोजना है। बीबी साहब राह देखती होंगी। उसने तिरछी नजर से देखा, खंजरवाले की आँखों में भी भय था। यह कैसी लड़ाई? जिसमें दोनों एक-दूसरे से डर रहे थे, शस्त्रवाले और निःशस्त्र दोनों। हालाँकि लड़ाई मात्र की जड़ भय है। मनुष्य ने पहली बार भय का साक्षात्कार किया होगा, उसमें से ही उसे शस्त्र खोजने की प्रेरणा मिली होगी। निर्भयता तो मात्र प्रेम और विश्वास की भूमि पर ही सम्भव है।

सदर बाजार में टेढ़ी-मेढ़ी गलियों से होकर रहमत ने पाँचों नकाबपोशों को बोल्टन मार्केट उतारा। वे पाँचों अँधेरे में गुम हो गए। रहमत ने राहत की साँस लेकर गाड़ी पंखा गली की ओर मोड़ी। गली के नुक्कड़ के पास पहुँचकर उसने सोचा लाओ, एक मिनट घर हो आऊँ। गाड़ी खड़ी कर वह मुहल्ले की ओर मुड़ा। बड़े मुहल्ले में दस-बारह घर थे। पौरी की छोटी खिड़की खोलकर वह अन्दर गया। मुहल्ले में विकराल शान्ति थी। एक क्षण उसके हृदय की धड़कन रुक गई। अभी वह अपने घर की साँकल खटखटाए तभी 'मारो मारो' की आवाज सुनाई दी। वह बाहर दौड़ा। जैसे ही खिड़की में से देखा तो पचास-साठ आदमियों का झुंड सेठ की मोटर को घेर कर खड़ा था। रहमत गाड़ी की ओर दौड़ा। कोई लकड़ी से मोटर के शीशे को तोड़ रहा था। तो कोई मिट्टी का तेल

छिड़क रहा था। रहमत झुंड में घुसा। उसकी पगड़ी उछलकर गिर पड़ी। वह गिरते-पड़ते मोटर तक पहुँचा। तब तक तो मशाल ने अपना काम पूरा कर दिया था।

रहमत मशालवाले की मशाल छीनने गया तभी उसके सिर पर पीछे से लाठी गिरी। "मारो साले को, दे दो साले को हिन्दुस्तान..." कोई उसे अमृतसेठ का ड्राइवर बंसी समझकर मार रहा था, कोई काफिर समझकर। "साला, हिन्दुड़े को बचाता है, गद्दार...भेज दो इसे भी बीबी बच्चे के साथ..." मोटर के साथ रहमत को जलाने के बाद टोले को लगा कि इंसाफ बराबर हुआ है। एक काफिर को बराबर सजा मिल गई है।

इंसाफ और ईमान की व्याख्या कभी इधर कभी उधर रो रही थी। जो भारत से भागकर आते थे वे अपने रिसते जख्मों को दिखाते थे और जो यहाँ से सब छोड़कर जाते थे, वे भी अपने कटे हुए अंग दिखाते थे। प्रत्येक को शिकायत थी एक-दूसरे से। हरेक जन अपनी तरफ से हिसाब बराबर करने की पैरवी में था। किन्तु कोई यह विचार करने के लिए रुकता न था कि इस बही-खाते को शुद्ध करने में मानवता का सतत भाग हो रहा है। शेष में शून्य लेकर हम किसके आधार पर टिकेंगे?

रहमत के जाने के बाद कंचन न जाने कब तक उसी दिशा में देखती रही। उसके आगे एक लम्बी लाईन थी। धीरे-धीरे उसके पीछे लोग बढ़ते जाते थे। शुरुआत में एक हरकत होती और फिर सब स्थिर होने लगता। कंचन के आस-पास तरह-तरह की आवाजें उभरती थीं। किन्तु कंचन के कान में कुछ भी पड़ता न था। वह धीरे-धीरे किसी मूर्छा में सरकती जाती थी। तभी चन्द्रकान्त ने उसे झँझोड़ा।

"माँ, देखो तो सही। दादा ने धोती गीली कर दी।" ट्रंक पर बैठे देवशंकर के पैर के पास पेशाब का गड्ढा भरा था। पिछले पाँच घंटे से किसी ने उन्हें याद करके पेशाब करवाया न था। कंचन एकदम उठी। देवशंकर को खड़ा करके उसने ट्रंक में से दूसरी धोती निकाली। आज तक तो अमृत उन्हें कपड़ा पहनाता, नहलाता। अमृत नहीं होता तब गौतम के सिर पर यह काम आता। आज पहली बार यह काम करना था। एक पल कंचन सकुचाई। देवशंकर तो कब के स्त्री-पुरुष के भेद से परे हो गए थे। यूँ तो कहना चाहिए कि वे मनुष्य होने की स्थिति से भी परे हो गए थे। कंचन ने उन्हें आड़ में खड़ा किया और गीली धोती निकाली। देवशंकर अबोध शिशु की तरह कंचन के सामने खड़े रहे। कंचन ने धोती उनकी कमर पर लपेटकर गाँठ लगाकर चुन्नट ली। चुन्नट का दूसरा सिरा

खोंसने वह देवशंकर के पीछे गई। सिरा खोंसते समय कंचन देवशंकर की पीठ से लिपटकर रो पड़ी। उन हिचकियों में वह खोजती थी पिता की गोदी और पति की छाती, भाई का हाथ और बेटे का कन्धा। स्वस्थ होने पर उसने निर्णय किया, 'अब तो जो मानो वो मैं ही हूँ। अब मुझे अपने बलबुते पर ही यह सागर तैरना है। हाँ, पार करना है।''

देवशंकर को लाईन में बैठाकर वह बन्दरगाह के कार्यालय पर गई। विश्वनाथ के साथ जाना था इसलिए लाईन में तो बैठना ही नहीं था, किन्तु अब विश्वनाथ तो था ही नहीं। उसने कार्यालय में पूछताछ की। एक छोटे-मोटे से गाँव जितना कम्पनी का विस्तार और उसमें नौकरी करनेवाले आदमी हजारों की संख्या में थे। उसमें फिर माल बाबू के रूप में काम करनेवाले विश्वनाथ जैसे सामान्य आदमी को कौन पहचाने? अब तो तकसीम कमिटी जिस-जिस मुहल्ले की बारी निकाले उसके अनुसार जहाज पर चढ़ना था।

¿लकत्य ायथप८ चपक यिचब.प अबह्थपँपप८ यन ामजि थपदग सप उपथ रवँायप भत्रन्थक भकबँपप गनजब८ पिमिपस थपकह रपायपगपकब मपक ाृपगक ज्पव मक ाथ, भपग लकच्चक नवब ामच्कत्र रवल्व कि चपक□न्नकब रवथह नज भपगचक नवब८ दूइपश भकब ,म धिम रवनभ८ ज्पज रुपत्रथ तपचप नव८ चजविक ालग नावुमबमव ु पपी.पज मज उपथ मज अपवज रवपदश चअ मबउग□मिकब त्तत्रः ह्दस्८ मामरब्ज मक लीसपकब भकब कि ,म७लपक गक ायपकरप ामसप चअ□गकि मनप ाम ¿¿ाच्पत्तज रवपकव ज्पदश मज रवीसप□ ।.पयक ।पज भकब ायतिश्च मवगज नवब८८ रवच्च भकब□कि ख्जिभव मक ँपःश म्थपा सिपगज ाम अिकि गजउक चनृपपगक मक ष्पयिपथक अंक्र नपथ्थ तवजि तहन भकब ,म मपकगप ाभ्थप८ □षाज लपकगपकब चथ्थपकब ष्व त्तीरव्श म्थपा रिवपकव किमबः म्थपा मिज मकअगकबँपजब८ ामजि गक मबउग कि मनप ज्पज निजि¿¿रवपमपक सनप□ रवत्रिथ□पप नपकह्जब८८ भाृ्स गक :बम भपवगप मनप□ कि ज़्रिप नपकह्प् मबउग मत्रल ग अपकथजब८ यन मवकि मनक ाम रवार पमपुब्म ष्पि रवपकवँ पपकंप७अनत्रच हनगप हपकचभ मज नपत्तषबः मक ज्पजचवज ज्पह भकब ाथिप ँपप यन अि हपकचभ मक पिँप नज उथप हसप८□कि थहचपँपप ाम अएउप भिश्रमव ामजि मपक□मिक ष्पा ष्विपि नपकगक मप ुपम गनजब नपकहप८ मबउग ाममिक ाथ, वपक, अवरब्क मक ाथ, सप षकि मपक्रवाक अंक्र ज्पदश किभाँपा मपक सपल मवमक वपकच्चज नत्रदश भप□ मज ष्जःप□कि रवपत भिश्र भकब रवपदश८ ामच्चत्र त्तव□कि नत्ररवपे ¿¿भकवप हपकचभ ातग्लप चपक नपकह्प ग्सप ात्तव(((८८

मबउग ,मलभ रवबाचभ रुपांज चम सपगज ाम ख्जिभव मक चजविक पिसवग चम वनभच मज वपन लकृमचज वनजब□कि सप यन हपकचभ मपक थकमव रवयुस रवप,हप१ ाष्थक चजग ालग यन उस्लशामपम्च रवपकव रव३ ।पप मपक लकयुमबमव मपृसपथ वृागक मज ानलपरसच लकमव सनप□७यनप□ त्पकरवक७अंक्र अएउपकब भकब हपकचभ मपक ?धि□ःविज कनजुमपसल ामजि मक पिाि अलवहमन

चम रवम हसप नपकऽमपकन्दश अपलभज अुारश भकब नपकच्चप सप मपथज नपतबबख्भकब चपक यन यनप

लपकांमव तप ष्नत्र उचज रवपकव श्रकबष तपचजष पवाउच सप रवपवाउच तपक ज्पज ।भथचप ।कि यन ध्लचजे ६६रवपषाक लज्हिसपकन यूश मक तवप भपकरवक चँपप हपकथ७भरवपकथ उकन्वकयपथक हपकव्वक७हपकव्वक अएउक मपक लवृभप नक्मिकि भँपाक घ ,म अपबमज थरछकनचज नकलवृभकब चपक भत्रश्रक अचपद्हस्ट, रवपकव मज्मज चपक ।कि सन ज्पज ज्पपग ग कनचप ।म पिभगकयपथप चपक रवपर पप नज त्रिगम्व रवपह्वक अ? हसप नकयन रवषाज नज रपत्राग भकब अपकथचज तपचजष यन छ्थप म्सपकब ग हदशे दमिप ।कि रवपत चम ीयसब रवपुउसशँ पपष

ीख्जभवृफ्रथजष ।मगपकक घ ध्थपकरवमव रवपगप्ट, मनगकयपथप मपकन्दश रवपभजस नँपप गनजब ँपपे पिभगकँ पक अपमज अउके तपगक मज वपन चमचक ष्शयपजिब्गमक नँपप ।नथ वनकँ पक रवपकव मन वनकँ पक ।म नभपकक ।थ, ज्पज ष्शँपशगप मवगप ।ताकि नभ ज्पज रवषाक लवुम मज ज्पधाभ मपक लवृभ मिकबष यूपपक+ चम ।ताकि रवषाज भपगजँ पज यन ज्पधाभ ,म रवज्पपह्वक पाप ।भकब घपराज नपक हद्शँपजष

18

घड़ी में डंका बजा और कंचन बा जाग गईं। आँख खोलकर देखा तो अँधेरा गहरा था। 'कितना बजा होगा?' एक...दो...वे घंटा गिनने लगीं। तीन...चार...कंचन बा एकदम उठकर बैठ गईं। उजाला हो उससे पहले तालाब पर जाकर नहाना-धोना निपटा लेना चाहिए, ऐसा सोचकर वे उठीं। आँख में किरकिरी पड़ी हो यों कुछ गड़ रहा था। यों स्फूर्ति लगती थी पर अभी भी मन लेटे रहना चाहता था। पूरी रात जागते-सोते बीत गई थी। एक मन सो रहा था और एक मन योजनों का सफर करता रहा था। ओसारे की बत्ती जलाकर जाली में से देवी माँ का दर्शन करके उन्होंने हथेली देखी। "कराग्रे वसते लक्ष्मी, करमूले सरस्वती। करमध्ये तु गोविन्दम् प्रभाते कर दर्शनम्।।..." आदत के अनुसार ओठ फड़फड़ाने लगे। श्लोक पूरा कर उन्होंने बिछाई हुई साड़ी उठाई और झटककर तह की। थैली में से गमछा, कपड़े की जोड़ी निकाली और लोटा तथा घड़ा लेकर तालाब पर जाने की तैयारी की।

ओसारे की जाली खोलकर उन्होंने आकाश पर नजर डाली। इक्के-दुक्के तारे जाने से पूर्व अपने पसारे को समेटने की तैयारी कर रहे थे। आकाश का गहरा काला रंग कहीं-कहीं बदरंग लग रहा था । कहीं-कहीं स्लेटी झाईं दिखाई पड़ती थी। कंचन बा ने फाटक खोला तभी गली में कुत्ता भौंका। ये कुत्ते उन्हें कहाँ से पहचानेंगे? एक पूरी पीढ़ी नई आ गई थी। कंचन बा ने नीचे झुककर हाथ में लकड़ी ली और फाटक बन्दकर तालाब की दिशा में चलने लगीं।

तालाब गाँव के पूर्वी छोर पर था। तालाब के किनारे कुआँ। बरसात के चार महीने भरपूर पानी रहता। लोग कहते कि तालाब फूटा हुआ है। जाड़े की ऋतु में तो उसे तालाब कहें या गड्ढा! गर्मी तो यूँ भी इस सूखी धरती को चपेट में लेती है उसमें अच्छे-खासे पात्र दरक जाएँ। उन दिनों किसी भवानी के खप्पर

जैसा लगता है तालाब! इस बार अच्छा मेल है मलमास और वर्षाऋतु। तालाब में पानी होगा। कंचन बा को लगा, कितने वर्षों के बाद *कांठागोर*[9] की पूजा होगी। अहमदाबाद में साबरमती है, किन्तु वह भी ऐसी कि जल चढ़ाने के बाद भगवान को फिर से नहलाना पड़े!

सूनी गली में चलती कंचन बा एक पल रुक गईं। बहुत कम घर खुले थे। ज्यादातर लोग शहर में रहते हैं। आगे-पीछे नजर डाली। कहीं-कहीं स्ट्रीट लाइट जल रही थी। वे एक लम्बी सँकरी सुरंग से गुजर रही थीं। सम्भव है, छोर पर कोई मुख्य मार्ग मिले? उन्होंने दूर से देखा हरजी पटेल के ओसारे में उजाला था। समता जल्दी उठी होगी। शक्ति माँ की कोठरी के बाद 'कुनबी' टोला शुरू होता है। गाँव में राजपूत और कुनबियों की बस्ती ज्यादा थी। बाकी दूसरे वर्ण के लोग उँगली के पोर पर गिने जाएँ इतने। वर्षों पहले राजपूतों का वर्चस्व था। अब उनके किले में धीरे-धीरे दरारें पड़ती जा रही हैं। कुनबी खेती के उपरान्त उद्योग-धंधे में भी लगे हैं। मेहनत करने में कैसी शर्म! पूरे देश की तरह यहाँ भी सत्ता-सुन्दरी का लक्ष्मीजी से बड़ा मेल है।

हरजी पटेल के पिता सवजी पटेल जेष्ठाराम के जिगरी दोस्त। दोनों घरों में पीढ़ियों से सम्बन्ध। सवजी पटेल की पत्नी मोंघी जेष्ठाराम से परदा करती। जेष्ठाराम बड़े जो ठहरे! सवजी पटेल की गृहस्थी बहुत देर से शुरू हुई। कन्या के पिता को देने के लिए रुपए नहीं थे इसलिए कुँआरी लड़की नहीं मिली। इस मोंघी को बैठा लिया। नाम के अनुसार वह मोंघी (महँगी) ही थी। नन्हीं कंचन ने हरजी को बहुत खेलाया था। पाँच-छह महीने का हरजी गोल मटोल। कंचन उसे गुड्डा समझकर खिलाया करती। मोंघी हरजी को नहलाती तब कंचन वहाँ पहुँच जाती। उसे नए-नए झबले पहनाती। मोंघी हरजी को काजल लगाती तो कंचन हरजी की हथेली और पैर के तलवे पर टीका लगाकर कपाल के एक कोने पर काला दिठौना लगाती, नजर न लगे इसके लिए। वर्षों बाद कराँची से आने के पश्चात हरजी का घर बसाने में कंचन बा ने मुख्य भूमिका अदा की थी। उस पुरानी घटना को याद करके कंचन बा के होंठ मुस्करा उठे।

बचपन में ही हरजी का ब्याह समता के साथ हो गया था। समता का मायका गाँव में ही था। ठाकुर मन्दिर के पास नांदोला वास में। समता सयानी हुई किन्तु उसके पिताजी उसे गौना करने की बात नहीं करते। सवजी पटेल कहते तो पीछे टालमटोल करते। नित नए बहाने बनाते। "सोने की माला बनवा दो तो भेजूँ।" अथवा "लॉकेट बिना कहीं चलता होगा।" तीज-त्योहार

पर मोंघी अपनी बहू के लिए चाँदी की छागल, करघनी लेकर जाती, तो कहते--इतना हलका नहीं। पूरा पाव सेर वजन भी नहीं, दो-तीन महीने बाद शिकायत आती। वह छागल घिस गई है, नया लाना।" मूल योजना यह थी कि इस तरह आनाकानी करें तो लड़केवाले सामने से छोड़ देंगे। लड़की को दूसरी जगह देंगे, तो मुँह-माँगी रकम मिलेगी। यों पाँचों उँगली घी में और सिर कड़ाही में!

उन दिनों की कमी थी कन्याओं। कुनबियों में तो कहा जाता कि वर्ष अच्छा आता, तो कुनबी एक तो नया बैल लाता और नई मेहरारु लाता। समता दो मजदूरों के बराबर काम करती इसलिए मायकेवालों को भी गौना करने की जल्दीबाजी न थी। उसमें फिर समता का बड़ा भाई बड़े घर का रिश्ता लाया। पश्चिम में ठिकाना था। लड़का नगद दो हजार रुपया गिन देने को तैयार था। किन्तु न समता अलग होने को तैयार थी, न हरजी। इसी तरह उमर बढ़ती जा रही थी।

कंचन बा को कराँची से आए दो साल हुए होंगे। भादों का महीना था। तरणेतर के मेले में जाने के लिए हरजी ने गाड़ी जोती थी। मोंघी चाची ने आग्रह करके कंचन और उसके बच्चों को भेजा था। इस बार हरजी कुछ अलग ही मूड में था। गाड़ी में छींट की नई कथरी बिछाई थी। झूल और सींग- ट्टंगार से बैल बाराती जैसे सज रहे थे। कमीज में सोने की बटन, गले में रेशमी रुमाल, कढ़ाई की हुई किनारेवाली धोती, चर-चर बोलती जरीवाली जूती। हरजी की सज-धज में उत्साह छलक रहा था। अत्तर की खुशबू श्वास में लेते हुए अरुणा बोली भी सही, "हें हरजी मामा, हमें मामी को लेने जाना है?"

तरणेतर के मेले में लोग दूर-दूर से आए थे। कोई बैलगाड़ी में, तो कोई साइकिल पर, कोई पैदल चलकर! ऋषि पंचमी के दिन त्रिनेत्रेश्वर महादेव की साक्षी में कुंड में गंगाजी प्रकट होती हैं और स्नान करनेवाले के सब पाप धुल जाते हैं। तो किसी वनवासी अर्जुन को द्रोपदी को जीतने का मौका मिल जाता! रंग और रस की लहरें उठतीं थीं। पूरा दिन *रास, गरबा, और हुड़ा*[10] की मौजमस्ती में जवान लड़के-लड़कियाँ गन्धर्व-किन्नर बनकर ऐसे विचरण करते हों, जैसे पैर जमीन पड़ते न हों! तो रात्रि को अलग-अलग तम्बुओं में टिमटिमाते दीये के उजाले में कहीं मँजीरा, तो कहीं रावणहत्था तो कहीं रामसागर की संगत में भजन की धुन में स्थल और काल का होश ही न रहे। दुकानों और उड़न खटोलों की तो दुनिया ही अनोखी। जैसे मेले में धरती के सारे रस गटगटाकर मानव-सागर आकाश को छूने के लिए उछलता रहो।

उस मेले में समता भी आई थी। दिन के समय उसकी झलक दिखाई दी थी, किन्तु भैया-भाभी के पहरे में मिलना सम्भव नहीं था। देर रात को हरजी ने जहाँ बैलगाड़ी छोड़ी थी, वहाँ वह हाँफते-हाँफते आई और कंचन से कहती गई, "अपने भाई से कहना, यह दिवाली मैं उनके घर मनाऊँगी।"

दशहरे के दिन बड़े सबेरे समता गोबर काढ़कर खेत में डालने निकली और खाँची गिराकर सीधे कंचन के घर पहुँची। नहाकर कंचन द्वारा लाए गए कपड़े की जोड़ पहनकर हरजी के घर से गागर लेकर पानी भरने निकली। साथ में पिता के घर की ओढ़नी और लहँगा-चोली खाँची में डालती गई। पिता की ड्योढ़ी खोल उसने गली में से आवाज दी, 'माँ, ये ले लेना।' ओसारे में अनाज फटकती माँ ने देखा, बेटी ने खुली ओढ़नी के बदले साड़ी पहनी है और सिर पर सवजी पटेल के घर की गागर है। ड्योढ़ी की अगड़ी बन्द करते हुए समता को पिता की आवाज सुनाई दी, "मेरे लिए पानी निकाल, लगे हाथ मैं समता के नाम का भी नहा लूँ।"

सबसे अधिक तो समता के भाई को चोट पहुँची थी। दिनों तक वह ताक में रहा कि समता कहीं अकेली मिल जाए, तो उसे बराबर का झाड़े। समता ज्यादातर कंचन बा के साथ ही बाहर जाती। कंचन बा होती तो उसके भाई की बहुत हिम्मत नहीं होती, फिर भी एक बार तालाब के किनारे दोनों से भेंट हो गई। समता कपड़े धो रही थी और कंचन बा कपड़े सुखा रही थी, तभी समता का भाई बैलों को पानी पिलाने लाया। समता को देख लाल-पीला होकर कहने लगा, "हट साली, चार-चार बैलों के मालिक की बेटी होकर उस भुक्खड़ के घर गई। जवानी इतना ज्यादा भड़क रही थी तो तू...।"

"कलमुँहे...तुझे तो अपनी सगी बहन की दलाली करनी थी...।" कहती हुई समता ने मुँगरी फेंकी। उसका भाई तो खिसक गया, किन्तु आज भी ठंडी में कंचन बा के पैर की नल्ली टीसती है। उसके बाद समता के मायकेवालों ने उसका पीछा छोड़ दिया।

गली के अन्त में रास्ता दाएँ-बाएँ अलग होता है। बाएँ मुड़कर पन्द्रह-बीस मीटर चलो तो आएगा धरमशी कोरी का मुहल्ला। आस-पास होंगे दसेक घर। मूल वंश धरमशी का। जाति का 'चुंवाल', किन्तु स्वभाव का कोमल। धरमशी गाँव का गोड़इत। उसकी बाज नजर अच्छे-खासे चोर के पैरों के निशान पकड़ लेती। धरमशी का छोटा बेटा लखमन ठाकुर साहब का नौकर। लखमन के मर जाने के बाद उसके बड़े बेटे जीवा ने बाप की जगह सँभाल ली। विलायती साहब ने उसका वेतन बाँध दिया था और उसके रहने के लिए कोठरी दी थी। जीवा

अधिकतर ठाकुर साहब की ड्योढ़ी पर पड़ा रहता। उसकी बहू केसर बँटवारे में मिली कोठरी में। उसकी कोई सन्तान न थी। प्रभु भजन करती और दिहाड़ी मजदूरी करके खाती। जीवा और केसर का दाम्पत्य-जीवन भी विशिष्ट था। जीवा के घर के पास से गुजरते हुए कंचन बा ने देखा, दरवाजे पर ताला था। "केसर कहाँ गई होगी?"

तालाब पर जाने के लिए यूँ तो कुनबी टोले से दाहिने मुड़कर दसेक मिनट चलकर लम्बा फेरा घूमकर जाना पड़े। दाएँ मुड़ो तो सामने खटिकों के मुहल्ले में से सीधे निकल जाएँ। जीवा का घर पार कर कंचन बा थोड़ा चलीं, तभी सामने नजर पड़ी। सामने एकदम ऊँची दीवार थी। पहले तो खुले मुहल्ले में आठ-दस घर और उसके पीछे बाड़े से होकर सीधे तालाब की पाल पर जा सकते थे। कंचन बा को एक पल लगा कि किसी मिलते-जुलते दूसरे गाँव में तो नहीं आ गई न? कंचन बा पीछे मुड़ीं। लम्बा चक्कर काटकर जाना पड़ेगा। मुहल्ले के बीचोबीच पानी की नाली बह रही थी । बरसात के पानी में आसपास के घरों के पनोह का पानी मिलता था। बचपन में ओरी का पानी सिर पर झेला है, तो मुहल्ले के बीच बहते पानी में छपछपिया किया है, किन्तु उस समय ऐसी बारहों मास बहती-बदबूदार नाली न थी। नहाने-धोने का ज्यादातर काम कुएँ-तालाब पर होता। थोड़ा-बहुत पानी उपयोग करते तो वह गली में ही सूख जाता। कुएँ से स्वयं पानी खींचकर लाना पड़ता इसलिए स्त्रियाँ भी किफायत करतीं। उमिया माँ कहतीं :

"जिस स्त्री को पानी की किफायत आती है उसके पति के सिर पर उधार नहीं होता।" कंचन बा ने सोचा कि इस समय तो मकान की बुनियाद से कर्ज शुरू होता है और पिता का श्राद्ध भी कर्ज से। दुकानवाले सामने से कर्ज देते हैं। महीने की पहली तारीख को पौना वेतन तो ये कर्ज देनेवाले ही ले जाते हैं। भले पचीस हजार वेतन हो, तो भी यदि पन्द्रहवीं तारीख को माँ बीमार पड़े तो घर से दो हजार रुपया नहीं निकलेगा। यह जमाना ही उधारी का है। पैसों से लेकर मानवता तक। तालाब की पाल चढ़ते हुए कंचन बा ने लम्बी साँस ली।

तालाब में काफी पानी था। कंचन बा ने किनारे एक पत्थर के नीचे कपड़े रखकर तालाब में से लोटा भरा। गीली मिट्टी में बड़ा सँभलकर चलना पड़ता है। काली चिकनी मिट्टी, यदि थोड़ा चूके तो फिसले ही समझो। तालाब के सामने की पाल उतरकर कंचन बा एक बैर की आड़ में बैठीं। चन्द्रकान्त के छोटे बेटे के जन्म के बाद विशाखा को कमर में दर्द उठा था, तो बड़े ने घर में कुर्सी जैसा विलायती पैखाना बनवाया। शुरुआत में कंचन बा को माफिक न आता था, किन्तु

बाद में आदत पड़ गई। आज यों बहुत वर्षों बाद उठंग बैठीं, तो दोनों पैरों में झुनझुनी चढ़ने लगी। झनझनाते पैरों से वे मुश्किल से दो कदम चलीं तभी उन्हें लगा, "बुढ़ापा आ गया क्या? नहीं, इतने वर्ष तक रोका है, उसे आने नहीं देना है।"

कंचन बा ने तालाब के किनारे आकर लोटा माँजकर साफ किया। बगैर लहँगे के सिर्फ साड़ी पहनते समय महीन साड़ी के कारण ठंड की एक कँपकँपी आई। साड़ी को थोड़ा कसकर लपेटते हुए उन्होंने तालाब के पानी की ओर नजर की। पानी एकदम स्थिर और काला लगता था। बरसात में आगे से आया बरसाती पानी मटमैला होता है। तालाब के किनारे बैठकर नहाने का विचार किया। आगे जाने का जोखिम किसलिए लें? हालाँकि उन्हें तैरना आता था। बचपन में तालाब भरता उस समय घर लौटना याद ही नहीं आता। शुरुआत में घड़ा उलटाकर तैरना, फिर तो तालाब का कोना-कोना छान डालने का। आज उस करतब को परखने का मन भी नहीं था और उम्र भी नहीं थी। पानी में पैर डूबाते ही ठंड की एक लहर शरीर में से दौड़ गई। तुरन्त ही पानी में एकदम बैठकर वह लगातार लोटे का पानी शरीर पर डालने लगीं। "गंगा नहाई...यमुना... गोमती नहाई...नर्मदा...हरे हरे।" करते हुए वे बाहर निकलीं। बबूल की आड़ में कपड़ा बदलते हुए उन्होंने कुएँ पर गड़ारी की आवाज सुनी। "इतनी जल्दी कौन होगा?" जल्दीबाजी में साड़ी लपेटकर कुएँ पर पहुँची। जीवा था। "जै नारा'ण पंडिताइन।"

"जै नारा'ण। इस घड़े में एक गागर डालना जरा। केसर क्यों दिखाई नहीं देती?" कंचन बा ने पूछा।

"अपने भाई के घर गई है।" जीवा ने गागर कन्धे पर रखते हुए कहा और चलने लगा।

किनारे आकर उन्होंने कांठागोर की स्थापना की। मिट्टी के पाँच पिंड। जल चढ़ाकर नमन करते हुए सोचा, "न तो अबीर गुलाल, न धूप या दीप।" किनारे उगे कनेर के पीले फूल चढ़ाकर मन को मनाया । चावल कहाँ से लाए? हाथ में फूल लेकर कांठागोर की कथा आरम्भ की। कहनेवाली भी वह और सुननेवाली भी वह। नहीं, सुननेवालों में इस तालाब का शान्त जल था। कुएँ का हौज और गडारी थे, दिशाएँ थीं, आकाश से अँधकार को हटाकर फैलता उजाला था। किनारे पर उगे हुए वृक्ष तो धीरे से झमकर हुँकारी भर रहे थे।

"एक गाँव था। गाँव में एक श्रद्धालु सास रहती थी। उसकी दो बहुएँ थीं। दोनों में जमीन-आसमान का अन्तर। पुरुषोत्तम महीना (मलमास) आया। छोटी

बहू तो रोज सास के साथ नदी पर नहाने जाती। कांठागोर की पूजा करती, कथा सुनती और व्रत करती। एक दिन छोटी बहू ने सोचा, लाओ अपनी जेठानी से कहूँ। तो घमंडी जेठानी ने कहा, "जा बहन जा, यह मेरा काम नहीं। ये तो रांडों का काम है, बुरी औरतों का काम, नादान-मूरख का काम, इधर-उधर हाथ जोड़ती रहें और भटकती रहें। मेरा पति राज से आए, बेटा पाठशाले से आए, बहू मायके से आए और बेटी ससुराल से आए। मेरे तो घूमती मथानी और झूलता पालना, कमर पर बेटा और माथे पर टीका, बाड़े में बछवा और सिवान में पाड़ा, खदकती खिचड़ी और जच्चा बेटी, बहन मेरे पास फुर्सत नहीं।" जेठानी के कुवचन सुनकर कांठागोर तो कुपित हुए। "पति राज से नहीं लौटा, बेटा पाठशाला से नहीं आया, बहू मायके से न आई। बेटी ससुराल से नहीं आई...? बाड़े से बछड़ा नहीं आया, सिवान से पाड़ा नहीं आया। झूलता पालना और घूमती मथानी रुक गए। फिर तो जेठानी को पछतावा हुआ। उसने सास के कहे अनुसार व्रत किया और सब कुछ ठीक हो गया। कांठागोर जैसे जेठानी से रूठे वैसे किसी से रूठे नहीं, जैसा उसे फले, वैसे सभी को फले।" कथा पूरी करके फूल आँख पर छुआते हुए कंचन बा ने सोचा, ईश्वर का न्याय इतना सीधा-साधा और सरल होता तो और चाहिए ही क्या था?

आकाश में धीरे-धीरे केसर घुलता जा रहा था। कंचन बा ने पैर उठाया। शक्ति माई के थान पर आकर पीछे की बाड़ी में कपड़े सूखने डाले। नीम के ओटले को सूना देख सोचा, पंछी को मुट्ठीभर दाना डाल दें, तो कैसा रहे?' ओसारे में आकर उन्होंने बासी कचरा बुहारा। सामने घड़ी पर नजर गई। छह बजने की तैयारी थी। उन्हें चिन्ता हुई। आज आनन्द को किसने उठाया होगा? उसकी माँ को तो जल्दी उठने की आदत नहीं। उसकी स्कूल में गैरहाजिरी होगी तो? दोनों बच्चों का स्कूल, घर और नौकरी, विशाखा कैसे कर पाएगी सब? छोड़ो, जाने दे जीव तू कहाँ फिर उलझ गया।

रंजन की आवाज से कंचन बा का विचार तन्तु टूटा। रंजन हाथ में चाय का लोटा और पीतल का प्याला लेकर खड़ी थी। कन्धे पर बस्ता था।

"लो दादी, यह आपकी चाय। मुझे स्कूल जाने में देर हो रही है। अभी तो पहली घंटी बजे उसके पहले बड़े साहब की ऑफिस के पास फ्री हैंड बनाना है, सुविचार लिखना है। जल्दी करो।"

"अभी आई, पर मुझे एक कोरा कागज और एक पेन तो दे जरा।"

"इस समय आपको कौन-सा लेख लिखना है।" बड़बड़ाते हुए रंजन ने बस्ते में से कागज और पेन दिया।

"रुक थोड़ी देर।" कहकर कंचन बा ने कोरे कागज में बड़े अक्षर से लिखाः "आज मेरा मौन व्रत है।" और पेन रंजन को वापस दी।

रंजन ने सूचना पढ़ी। उससे रहा नहीं गया। "तो फिर कहानी?"

"दो दिन बाद।" रंजन ने गली में दौड़ लगाई।

कंचन बा जानती थीं कि आज पूरे गाँव में उनके आने की खबर फैल गई होगी। मिलने आनेवालों की उत्सुक आँखें और कुलबुलाती जीभ का क्या? स्त्रियाँ तो सीधे ही शुरू कर देंगी। "हे माँ जी, कब आईं? क्यों आईं? अकेले क्यों आईं? कब जाएँगी? कहाँ रहेंगी? मलमास की कथा कहेंगी न?" सभी प्रश्नों का उत्तर एक ही था–मौनव्रत। बाहर से होनेवाली जिरह को मौन द्वारा शायद टाला जा सकता है किन्तु अन्दर से ही उठते प्रश्नों का क्या?

19

पूरे दिन कंचन बा गायत्री मंत्र का जाप करती रहीं। "ॐ भूर्भुवः स्वः तत्सवितुर्वरेण्यं भर्गो देवस्य धीमहि धियो योनः प्रचोदयात्..." हे सर्वव्यापी प्राणस्वरूप, तेजस्वी पापनाशक परमात्मा, हम आपको अन्तःकरण में धारण करते हैं। हमारी बुद्धि को सद् मार्ग पर प्रेरित करो..." जिन्दगानी के ऐसे अनचीते मोड़ पर कंचन बा इसके सिवा दूसरा माँगे भी क्या? मंत्र जाप ने भीतरी जिरह से बचाया तो 'मौनव्रत' की लिखित सूचना ने मुलाकातियों से। जगदीश रोज के नियमानुसार आकर पूजा करके भिक्षा माँगने गया। रूखी बा आईं, चुपचाप पाँच माला फेरकर घर गईं। दोपहर में समता ने झाँका किन्तु कंचन बा की बन्द आँखें, तनी हुई देह और प्रत्येक मंत्रजाप पर घूमती माला के मनके देख कुछ भी कहे बिना वापस चली गई। इतना ही नहीं यदि कोई मन्दिर की ओर आता तो रंजन से कहकर चुप रहने की सूचना भी पहुँचाती रही। संध्या आरती गाकर कंचन बा ने मौन व्रत तोड़ा।

अहमदाबाद से निकली थीं तो सिर्फ इतना ही तय था कि जसापर जाकर माताजी का दर्शन करना है। कहाँ उतरूँगी, कितना रुकूँगी, क्या करूँगी, कुछ तय न था। पिछले कितने महीनों से जी उचटने लगा था, जब से चन्द्रकान्त के छोटे बेटे को स्कूल में डाला तब से कंचन बा को लगता था कि अब यहाँ रहने की क्या जरूरत? कहीं चले जाना है। यहाँ नहीं रहना। कहाँ जाऊँ? तब मन ने कहा, 'जसापर।' जब-जब कोई है, उलझन हुई। तब-तब मातृभूमि ने ही रास्ता दिखाया है। उन्हें भीतर तक श्रद्धा है कि जसापर जाएँगी तो कलेजा ठंडा होगा। कोई रास्ता सूझेगा। दिशा मिलेगी।

फिर एक और दिन डूबा, फिर एक और रात आई। कंचन बा, इसी की राह देख रही थीं। जैसे थियेटर का प्रेक्षक प्रतीक्षा करता है कि कब हॉल में अँधेरा हो और कब परदे पर एक अलग संसार चलता-फिरता देखने को मिले। प्रत्येक

प्रेक्षक प्रारम्भ में उस संसार को दूसरे का जीवन मानकर रसपूर्वक निहारता है किन्तु देखने के दौरान उसे पता भी नहीं चलता कि कब परदे का जीवन उसे अपने में शामिल कर लेता है। प्रेक्षक एक साथ दृश्य को देखता भी है और उसे अदा भी करता है। कंचन बा राह देख रही थीं कि कब रात हो और कब आस-पास उठती, उछलती, छोटी-बड़ी लहरें शान्त हों और कब वे उस शान्त सागर में झाँके? क्या कंचन बा भूल गई होंगी कि शान्त हो, उसे क्या सागर कहा जा सकता है?

ठाटें मारती हैं यहाँ धरती-आकाश को एक लपेट में लेती लहरें। यूँ तो श्रावणी पूनम को समुद्र की पूजा करने के बाद ही मल्लाह और नाविक पानी में उतराई करते हैं किन्तु पूरणमासी की राह देखने का समय कहाँ था? अब तो जो हो वो। वर्षों की परिचित भूमि ने जब खदेड़ दिया तब किससे शिकायत करें। अब तो अनजाने जल का भरोसा करने के सिवा कोई चारा नहीं था।

नीचे तहखाने में घुराते ही सिर पर, हाथ में, बगल में, कमर पर, गठरी-बिस्तरा दबाते हुए लोग धक्का-मुक्की करने लगे। अच्छी और ज्यादा जगह पाने की लालच में यह भी भूल गए थे कि पीढ़ियों से जिस धरती को अपना माना था वह धरती क्षण के छठे भाग में पराई हो गई, तो फिर इस रैनबसेरे जैसे जहाज पर थोड़ी-सी जगह के लिए एक-दूसरे के साथ झगड़ना कितना उचित था? लोग सामान और बच्चों की बाड़ बनाकर अपनी-अपनी सीमा आँकने लगे। हवा में सामान के पटकने और बच्चों के रोने-चिल्लाने की आँधी में लोगों के तरह-तरह के उद्‌गारों की पर्चियाँ उड़ रही थीं ।

“अरे, लड़के धक्का क्यों मारता है?”

“बाई तुझे अकेली को जाना है क्या?”

“अरे भाई, ये तो वक्त के सताए हुए हैं।”

“खबरदार जो मेरे सामान को हाथ लगाया तो?” “घड़ी-दो-घड़ी की बात है। पंछी का मेला है...”। “क्यों, क्या तेरे बाप का जहाज है।” “यह तो मेरा लोटा है। तुम्हें चोरी करते हुए शर्म नहीं आती?” “हाय-हाय मेरी बच्ची कहाँ गई?” “अरे भगवान अब तू जो करे वही सही।” झिड़कियाँ, झगड़े और झींक एक-दूसरे से टकरा रहे थे।

कंचन और चन्द्रकान्त ने सामान उठाया था। अरुणा ने दादा का हाथ पकड़ा था। देवशंकर की इधर-उधर चकराती आँखों को देखकर एक स्त्री बोली भी सही, “हाय-हाय यह तो पागल लगता है।” चन्द्रकान्त ने जैसे ही एक

जगह पेटी रखी तभी पास में बैठा हुआ आदमी चिल्लाया, "यहाँ नहीं। सामने की ओर चले जाओ। इस पागल को देखकर मेरी बीबी डर जाएगी।" कंचन ने देखा कि उसकी पत्नी पेट से थी और बैठी-बैठी रोटी और पकौड़ी खा रही थी। पति-पत्नी सिन्धी लगे। भाई के दिमाग और शरीर दोनों पर मोटापे की काफी परत जमी थी। चन्द्रकान्त कुछ कहे इसके पहले कंचन ने दूर जाकर सामान रखा। इस संकट की स्थिति में झगड़ा करने का विचार करते ही कलेजा काँप उठे!

शुरुआत में तहखाने में घुसे तब लगता था कि इतने सारे आदमी कैसे समाएँगे? पीपे में अनाज भरते समय लगता है कुछ ऐसा ही हुआ था। भीड़ धीरे-धीरे ठिकाने लग रही थी। पहले जिन्होंने पैर फैलाकर जगह रोकी थी वे थोड़ा खिसककर सिमट जाते और कहते, "इस ओर आ जाओ। जगह है।" अब तो निश्चित था कि जब तक जहाज लँगर नहीं डालता, तब तक साथ में ही रहना है। लोग धीरे-धीरे बातों में मशगूल होकर छोटी-छोटी टुकड़ियों में बँट गए थे। आदमी नहीं थे, पीड़ा की एक-एक गठरी थे। प्रत्येक जन आँसू पोंछते-पोंछते उसे खोलता और दिखाता जाता था। "देखो मैंने इतना सारा खोया है। देखो मुझे कैसा नासूर हुआ है।" कंचन देखती थी। उसे लगता था यों जख्म खोलकर दिखाने में उनकी पीड़ा दुगुनी नहीं होती होगी? कभी-कभी तो ऐसा लगता कि सभी अपनी-अपनी बड़ाई मारने के लिए अपनी पीड़ा का प्रदर्शन कर रहे हैं। इस तरह से बढ़ा-चढ़ाकर वर्णन करते तब लगता जैसे उसका मजा न ले रहे हों! हरेक को लगता कि उसके जैसा दुखी कोई नहीं।

अनुकूल मौसम हो, तो कराँची से ओखा बन्दरगाह का सफर बारह से पन्द्रह घंटे का है किन्तु बिदके हुए समुद्र ने तीन दिन तक किनारे पहुँचने नहीं दिया। लोगों का भोजन तो कब का खत्म होने लगा था। पीने का पानी भी बचा-बचाकर पीना पड़ता था। थर्ड क्लासवालों का तो वैसे भी कोई माई-बाप नहीं। बूचड़खाने में बन्द किए हुए पशु के जैसी दशा थी। कंचन और अरुणा को समुद्र बहुत चढ़ा। अरुणा तो उल्टी कर-करके अधमरी हो गई थी। कंचन को लगातार चक्कर आते और पेट में मरोड़। समुन्दर और शुक्ल पक्ष के दिन। देवशंकर का उधम बढ़ गया था। बार-बार भागकर डेक पर चले जाते। वहाँ घंटों पानी को ताकते हुए खड़े रहते। उनका ध्यान रखने के लिए कंचन चन्द्रकान्त को भेजती। एकाध दिन चन्द्रकान्त को पानी देखना अच्छा लगा फिर वह भी ऊबने लगा। चुपचाप बैठे हुए देवशंकर को देखकर कोई चौंककर खिसक जाता और तब वह कहता, "कुछ नहीं करेंगे। मेरे दादा इतने पागल नहीं कि मारपीट करें।" किन्तु

नीचे तहखाने में देवशंकर को अच्छा नहीं लगता। किसी पिंजरे में कैद पशु की तरह आकुल-व्याकुल होकर घूमते रहते। दूसरे दिन हाथ-पैर पटकते देवशंकर को देख सामनेवाला सिन्धी बोला, "बुड्ढे को बाँध दो।" कंचन काँप उठी। आस-पासवालों ने भी चिल्लाना शुरू किया, 'बाँध दो, बाँध दो।' दो-चार जनों ने मिलकर देवशंकर का हाथ-पैर बाँध भी दिया। विरोध में देवशंकर सिर पटकते, लोटते रहे, थककर देवशंकर सो गए, तब कंचन धीरे से उनके पास गई। अधखुले मुँह से बहती लार, गाल पर सूखे हुए आँसुओं की सफेद लकीरें, आँख के कोनों में चिपका हुआ कीचड़, अबोध, असहाय बालक जैसे लगते थे देवशंकर। कंचन के सीने में गौतम की याद उमड़ आई। देवशंकर का हाथ-पैर खोलते हुए उसकी रुलाई छूट पड़ी। चौंककर जगे हुए देवशंकर किसी भयभीत शिशु की तरह उससे चिपक गये। उनके रूखे लट जैसे बालों में फिरती कंचन की उँगलियों से ममता झरती रही।

उस रात सामनेवाली गर्भवती स्त्री को दर्द उठा। कंगाली में आटा गीला! किन्तु जिन्दगी कहाँ किसी की राह देखती है! वह तो अपने निजी ताल और लय में अविरत चलती रहती है। जहाज में बैठे तब से किसी-न-किसी बात पर सबके साथ झगड़ता उस स्त्री का पति, कंचन के पास मदद के लिए चिरौरी करने लगा। कंचन ने देखा स्त्री को दरद लेने भी नहीं आता था। वह ऐंठती थी, लोटती थी। कंचन ने दूसरी तीन-चार स्त्रियों को बुलाकर चद्दर और साड़ी से आड़ की। पूरी रात मथने के बाद बालक का जन्म करवाया जा सका। कंचन के हाथ की मांसपेशिया खिंच गईं थीं। वह औरत उसकी बाँह पकड़कर जोर जो लगाती रही थी। कंचन ने थाली बजाई। बेटा जन्मा था किन्तु उसने इस धरती पर पहले पैर रखा था। यों भी इस विपरीत परिस्थिति में दूसरा क्या हो सकता था! किन्तु यही आश्वासन था कि विपरीत स्थिति में भी साँस चल रही थी। शायद टिकने के लिए किया गया संघर्ष जीवन को अधिक वेग देता होगा। सब कहते 'दरियालाल' नाम रखो किन्तु उसका देश कौन-सा? बेटे को नहलाकर उसके बाप के हाथ में दिया तभी चन्द्रकान्त ने आकर पूछा, "अम्मा, बाबा कहाँ हैं?"

एक पल तो कंचन स्तब्ध रह गई, फिर तेजी से दौड़ती हुई डेक पर पहूँची। डेक पर कोई नहीं था। जहाज का कोना-कोना छान मारा। झगड़कर फर्स्ट क्लास और सेकंड क्लास की केबिन खुलवाई। देवशंकर कहीं नहीं थे। वह डेक की रेलिंग पकड़कर बैठ गई। चौदस के चन्द्र का नूर उड़ गया था। सामने आकाश में देवशंकर की आकुल-व्याकुल आँखों की लालिमा उभर आई थी।

समुन्दर रो-रोकर थकी हुई आँखों जैसा क्लान्त शान्त था। शायद उसे भी दुख था कि एक जान के बदले में एक जान लेनी पड़ी थी! किन्तु ऐसे तो कितने ही जीव होमे जा चुके होंगे, किसे पता? एक ही प्रश्न कंचन के सिर पर चील्ह की तरह मँडराता था। "मैं अमृत को क्या जवाब दूँगी ?" गौतम गया। पता नहीं, कहाँ होगा? होगा भी कि नहीं? देवशंकर यों आँखमिचौनी खेलते हुए चले गए। कंचन को जोर-जोर से रोना था। उसकी आँखें जल रही थीं और आँसू सूख गए थे। आस-पास के लोग मिलकर आश्वासन दे रहे थे। अरुणा कंचन की गोदी में सिर रखकर हिचकियाँ भर रही थी। चन्द्रकान्त माँ का कन्धा पकड़कर खड़े-खड़े रो रहा था। कोई कहता था, "उस बुड्ढे का हाथ-पाँव किसने खोला?" कोई कहता था, "होगा, बिचारे मुक्त हो गए", तो कोई कहता था, "अब उ पागल मनई, हो तो भी क्या और न हो तो भी क्या?" तो कोई कहता था, "यह औरत रोएगी नहीं तो पागल हो जाएगी।" कंचन सूनी आँखों से बैठी रही।

तीसरे दिन दोपहर में ओखा बन्दरगाह पर जहाज लगा तब कंचन के चेहरे पर बच जाने की कोई खुशी न थी। देवशंकर के जाने के बाद चन्द्रकान्त एकाएक बड़ा हो गया था, परिवार का एकमात्र पुरुष! चन्द्रकान्त जैसा कहता कंचन वैसा यन्त्रवत् करती रही। देश में जाने के लिए ओखा से ट्रेन में कांप तक जाना था। उसमें भी बारी थी। अभी तो अगले पाँच खेपों के प्रवासी जाने की राह देखते हुए शरणार्थी कैम्प में पड़े थे। कैम्प अर्थात् एक बड़ा-सा शामियाना। मंडप से थोड़े दूर पानी के पीपे भरे थे। सुबह-शाम ऊँट गाड़ीवाला आकर उन्हें भर जाता। राहत कार्य के लिए लोगों में जबर्दस्त आत्मीय उत्साह! स्वयंसेवक सुबह में पूरी-सब्जी और शाम को खिचड़ी-छाछ लेकर आते। सकुचाते-शरमाते लोगों को बुलाकर कहते, "यह आपका ही है। संकोच मत करना।" सामने से आकर पूछ जाते कि "आपने खाया?" जिसके घर चूल्हा अखंड अग्निहोत्र की तरह जलता था उस देवशंकर के बहू-बेटे लाईन में खड़े थे! टिफिन के डिब्बे में, ढक्कन में खिचड़ी या सब्जी लेते और लोटे में छाछ। पूरियाँ तो साड़ी के आँचल में लोकना। इसी को कहते होंगे समय की गति न्यारी?

सप्ताह बीता होगा, एक शाम कोई समाचार लाया कि समुद्र के किनारे कोई लाश आई है। कंचन जैसे नींद से जाग उठी। चन्द्रकान्त ने कहा, "वह दादा की लाश न भी हो" और हो तो? कंचन ने सोचा, "मैं अमृत से इतना तो कह सकूँगी कि मैंने पिताजी को विधिवत् विदा किया है।" चन्द्रकान्त और अरुणा को सामान की देखभाल सौंपकर वह जाने लगी, तब एक दो जनों ने टोका भी

सही, “इस समय रात को रहने दो, कोई...” किन्तु रात में लाश को क्या पता कुत्ते-सियार नोच डालें तो ? कंचन एक क्षण भी न रुकी।

बड़े भोर में कंचन कैम्प में वापस आई। वह लाश लेने गई थी और लाश बनकर वापस आई थी। उसके पैर लड़खड़ा रहे थे। उलझे हुए बाल, खरोंचे हुए गाल, चीरी हुई कान की लोर पर जमा खून, नोची-खसोटी हुई देह...उसके जैसी कितनी ही स्त्रियों के जीवन का दुर्भाग्यपूर्ण अध्याय! अरुणा ने पूछा, “अम्मा, तुम्हारा मंगलसूत्र?” कंचन ने कोई भी जवाब न दिया और अपनी सूनी कलाई, देखती बैठी रही।

20

ख न न न...कोई धातु का बरतन गिरा। उसके गिरने से आवाज की भँवर एक के ऊपर दूसरी मँडराती-घिरती अन्त में शान्त हो गई। आँख बन्द किए कंचन बा ने सोचा, "चूहे अभी गए नहीं", आवाज पर से लगा कि तसला गिरा है। एक क्षण वे वर्तमान में आईं किन्तु तुरन्त ही वापस मुड़ गईं। पहली बार भिक्षा माँगने जाना था तब चन्द्रकान्त ने ऐसे ही तसला ओसारे में फेंका था। वह सुबह जीवन भर नहीं भूली जा सकती।

करॉंची से आने के बाद जसापर में बाप के आँगन में पैर टिकाने की जगह मिल गई थी। सिर पर टूटी-फूटी छाजन भी थी। बरसाती रातों में सवजी काका द्वारा दी गई सुतली की बुनी हुई खटिया में तीनों माँ-बच्चे दुबके रहते। वर्षों से नरिया फेरा नहीं होगा। जगह-जगह से चूता था। कोरी तो जगह में खटिया खिसकाते-खिसकाते सुबह हो जाती। कंचन कभी सिरहाने, तो कभी पैताने बरतन रखकर चूते हुए पानी को रोकती जिससे बच्चे न भींगे। उसकी बरसती हुई आँखें आँचल भिगोती रहतीं। ऐसे भी वह कोरी रह पाए ऐसा कहाँ था!

नानचन्द काका पुराने कपड़ों की दो पतली गुदड़ी दे गए थे। सनसनाती हवा का वह क्या मुकाबला कर सके? एक बिछाने की और दूसरी गुदड़ी तीनों को ओढ़ने की। कंचन अपनी महीन साड़ी को साटकर ठंडी कम करने का प्रयत्न करती। गर्मी की खोज में लड़के माँ की गोद में घुसते जाते। कंचन जागती रहती। बादलों की गर्जना और बिजली की चमक जाली से होकर कमरे में आ पहुँचती। जर्जरित दरवाजा और जहरीले जीव-जन्तुओं का भय! कभी छत की बंडेर के पास साँप जैसा दिखाई भी देता। टिमटिमाते उजाले में कंचन किसी खजाने की रखवाली करती हो यों अमृत की धरोहर पर फन फैलाकर बैठी रहती, सोचती रहती।

महीने भर तो ठाकुर साहब ने चूल्हे के देवता को जीवित रखा था, किन्तु ऐसा कब तक? कंचन के पास एक ही रास्ता था–माधुकरी का। लालजी मिस्त्री ने यजमान के घर भी दिलवाए थे, किन्तु कंचन को शास्त्र के अनुसार किसी भी प्रकार का कर्मकांड नहीं आता था। पंडिताई करे भी तो कैसे, एकदम मुफ्त में आटा माँगकर खाने को मन स्वीकार नहीं करता था। दूसरी ओर किसी का उपकार लेना भी सह्य नहीं था।

वह सर्व पितृ अमावस श्राद्ध का दिन था। रतिलाल की पत्नी रूखी पूरा महीना चले उतना सीधा लेकर आई। कंचन ने गुड़ का ढेला लेकर बाकी सब वापस किया। साफ-साफ कहे बिना जाए तो वह रुखी कैसी?

"तो फिर क्या करोगी? माँगने जाना नहीं है और दूसरों की मदद लेनी नहीं है। आपको तो पता ही है कि सत्युग में भी ब्राह्मण आटा माँगते थे।" थोड़ा रुखाई से रूखी ने कहा, "तो आप किस खेत की मूली हो।"

रूखी के क्रोध को ठंडा करते हुए कंचन बोली, "जसापर के खेत की। भाभी, तुम्हारी बात सही है। परन्तु वे सब विद्वान ब्राह्मण थे। बच्चों को पढ़ाते थे इसलिए उन्हें मुफ्त की रोटी तोड़ने का दोष नहीं लगता था।"

"तो तुम भी सिखाना न! बच्चे तो स्कूल जाते हैं किन्तु हमारे जैसी औरतों को दो अक्षर पढ़ना-लिखना सिखाना! फुर्सत का समय हो तब कथा कहना। दो अच्छी बातें कान में पड़ेंगी तो कितनों के भव सुधर जाएँगे।"

थरथराती आवाज में कंचन ने कहा, "भौजी, आज तक मैंने भगवान से भी नहीं माँगा औ...;"

"यही तो बात है। भगवान को किसने देखा है? भगवान मानो तो भगवान और मनुष्य मानो तो मनुष्य, दोनों एक ही हैं। संकट में सहाय करे वही भगवान।"

कंचन को लगा रूखी भाभी की बात सोलह आने सही है। इस संसार में ईश्वर का प्रमाण मनुष्य द्वारा ही मिलता है। इतने सारे जीवों में मनुष्य ही एक ऐसा जीव है, जो दूसरों की मदद करता है। अपने अलावा दूसरों के लिए जीता है। इसीलिए ही वह भगवान की बराबरी कर सकता है। मनुष्य अवतार इसीलिए तो दुर्लभ माना जाता है। कंचन नानचन्द सेठ के तलकचन्द से कांप से कर्मकांड और व्रत-कथा की पुस्तकें मँगवाकर सीखने लगी।

वह कुआर बद एकम् का दिन था। कंचन प्रातःकाल जल्दी उठ गई थी। हालाँकि सोई हो तब न उठे! पूरी रात मन उधेड़-बुन में लगा रहा था। मन-ही-मन शब्द, वाक्य जोड़ती रही। आटा माँगते समय क्या बोलूँगी? 'देवविला' में

तो कौन आया और क्या ले गया इसका हिसाब नहीं देखा। हाथ कैसे फैलाऊँगी? जो हाथ हमेशा ऊपर रहा है, देता रहा है और इस हाथ में अपना पूरा अस्तित्व रखकर किस प्रकार किसी के सामने खड़ा रहा जाएगा? देनेवाले की आँखें और देनेवाले हाथ का सामना किस प्रकार करूँगी? रो पड़ी तो? इस तरह आटा माँगने के बजाय किसी का कपड़ा-बरतन करना अच्छा, पानी भरना ठीक, किन्तु इस गाँव-देहात में कौन करवाएगा ऐसे काम? और फिर वह भी ब्राह्मण की बेटी से! पाप लगेगा तो? यह पाप-पुण्य का चरखा भी जबर्दस्त है। किसी का स्वमान चिथड़े-चिथड़े करने में भी बाधा नहीं। उसे बैठे बिठाये रोटी देने में कोई आपत्ति नहीं ऐसा ढकोसला किसी आलसी जीव ने ही खड़ा किया होगा।

कंचन ने चन्द्रकान्त को तैयार कर थैली में तसला रखने के लिए दिया तो उसने फेंक किया, और फिर हिचकियाँ भर कर रोने लगा। कंचन किसको आश्वासन देती? बेटे को सीने से लगाते वह भी बिखर गई। उस दिन चन्द्रकान्त साथ नहीं आया। ड्योढी के बाहर पैर रखते हुए लगा, "सामने सात समुन्दर हैं, नाव गिनो या पतवार, जो मानो वो यह कलपता हुआ कलेजा है। अब तो पार उतरें या डूब जाएँ।" कंचन मानो प्रतिज्ञा दुहराती हो ऐसे अपने आपसे कहने लगी, "मैं अब भूल जाऊँगी कि मैं महादेव प्रसाद व्यास की पौत्री हूँ जिसके नाम की हुंडी चलती थी। मैं भूल जाऊँगी कि मैं देवशंकर शुक्ल की बहू हूँ, जिसके नाम पर सखावतें बोलती हैं। अब, मैं केवल माँ हूँ।"

गली में आने पर पैर अनायास ही सवजी पटेल के घर की ओर मुड़े।

"नारायण प्रसन्न कुआर बद एकम्, सोमवार" मोंघी काकी हाथ में आटा लेकर आईं। दूर से कंचन को पहचाना नहीं। पास आने पर...

"रे कंचन तू? कहते हुए वे कंचन से लिपट गई और कहने लगी, 'अरे रे कैसा बखत आया है...जेठा भाई की बेटी के सिर पर पहाड़ ऐसा...जिसने इस बेचारी भोली-भाली की हाय ली है, उसका सातो जनम में..."

"नहीं-नहीं, काकी ऐसा मत कहो" कहते हुए कंचन ने आँसू पोछा और कहा, "भगवान किसी का भी घर न बिखेरें, इतना ही माँगती हूँ। यह तो समय-समय की बात है।" मोंघी काकी के साथ-साथ अपने को भी सँभालते हुए कंचन ने तसला बढ़ाया। उस दिन कंचन दूसरे घर नहीं गई, वापस लौट गई। उस दिन चूल्हा सूना ही रहा।

समय गुजरता गया। चन्द्रकान्त भी माँगने जाता। कंचन एकादशी-पूनम, तीज-त्योहार पर कथा-वार्ता कहती। सत्यनारायण की कथा करने जाती। धीरे-

धीरे सब ठीक-ठाक होता जा रहा था। कंचन ने देखा कि अकेले ही रहना है। थोड़ा सँभलकर रहना होगा। गाँव के लोगों के साथ अन्तर रखने से यूँ ही कौतूहल का विषय बन जाएँगे, और फिर एकदम घुल-मिल जाना भी ठीक न था। घर को चौतरा नहीं बनने देना चाहिए। मध्यम मार्ग ठीक। लोगों के सहारे टिकना था, उनके सुख-दुख में सहभागी होना, सहायक होना चाहिए। किसी के भी साथ इतनी ज्यादा निकटता नहीं रखनी चाहिए कि दूसरों की उपेक्षा हो जाए। वह शायद ही पिछली बातें दूसरों से करती। यूँ भी हर एक को अपनी बात करने में ही दिलचस्पी रहती है। कंचन को एक गुरुचाभी मिल गई थी। वह अधिकतर श्रोता की भूमिका में रहती। इसमें दूसरों को वह आत्मीय लगती किन्तु उसके अन्तरंग में सामनेवाला व्यक्ति शायद ही प्रवेश कर पाता। फिर कंचन का एक विशिष्ट प्रभाव पड़ता। ऊँचा पहुँचता कद, उजला रंग, सुख वैभव में पोषित अभिजात व्यक्तित्व का लोगों पर रौब पड़ता।

कंचन का घर गति पकड़ता जाता था किन्तु वह मनोमन अकुलाती थी। डेढ़-दो महीना जैसा होने आया था, किन्तु वह बाहर नहीं बैठी थी। वह तय नहीं कर पाती थी कि क्या हुआ है? सम्भव है कि जैसे भूतकाल में हुआ था वैसे यूँ ही मासिक चढ़ गया हो! अथवा सम्भव हो कि वह गर्भवती भी हो। उसकी नजर में हमेशा दो दृश्य नाचते रहते थे। 'देवविला' छोड़ने से पूर्व अगली रात्रि को पति के साथ भोगे हुए वे मधुर क्षण उसके अन्दर जन्म ले रहे थे। उन क्षणों का स्मरण उसके रोम-रोम को झनझना जाता किन्तु अभी वह झंकार थमे-न-थमे तभी ओखा बन्दरगाह की कलंकित काली रात बिजली की तरह गिरती। पैर से सिर तक आग लग जाती। बन्दरगाह के चौकीदार ने लाश खोजने आई कंचन को गलत मार्ग दिखाकर लूटा था। उस घटना की दहशत जो आज तक भीतर दबा रखी थी वह फिर उभर आई थी। कभी-कभी उसे लगता था कि इस शरीर का मांस काट कर किसी हिंसक पशु को डाल दूँ तो मुक्ति मिले, किन्तु फिर दूसरे पल मन कहता "सम्भव है कि तेरे भीतर अमृत की अन्तिम निशानी पल रही हो।" और हाथ की मुट्ठियाँ खुल जातीं। "अमृत कहाँ होगा? वह ठीक ठाक तो होगा न? क्या अब इस जनम में कभी भी उसका मुँह देखने को नहीं मिलेगा? मध्य समुद्र के तूफान में टूटे हुए जहाज के बिखरे हुए टुकड़े के जैसे इधर-से-उधर एक-दूसरे को ढूँढ़ते हुए, एक-दूसरे की राह देखते हुए ही तल में बैठ जाएँगे?" कभी-कभी कंचन को लगता "मेरा गौतम वैसे नहीं तो ऐसे मेरे साथ आया है।" उसकी ममता गौतम के लिए तड़पती रहती। गौतम की स्मृति में वह भूल जाती कि अमृत इस तीसरी सन्तान का स्वीकार नहीं करेगा तो?

शायद उसका मन अमृत के ऐसे अविश्वास की बात सोच ही नहीं सकता था। उसे पूरी गहराई तक विश्वास था कि बलात्कार का बीज पनप ही नहीं सकता। कभी-कभी उसका मन उधम मचाता तब वह त्रस्त होकर कह उठती, "कोख की मिट्टी तो मेरी है।" कंचन दुविधा की चाक पर चढ़ती, उतरती रही और पिंड से आकार बनता रहा।

एक दिन रूखी ने पूछा, "बहन, कौन-सा महीना चल रहा है।" 'पाँचवाँ' कंचन ने उत्तर दिया। कंचन की आवाज में कहीं हिचकिचाहट न थी। जिसके विषय में स्वयं निःशंक थी उसके विषय में उसे लोगों की आशंका छूती नहीं थी। उसने कहाँ कोई अनाचार किया था कि डरना पड़े। फिर लोगों का तो ऐसा ही है कि वे कहाँ किसी का भरोसा करते हैं? नहीं तो सीता को दो-दो बार परीक्षा देनी पड़ी होती! जिन्हें विश्वास करना हो उन्हें सबूत की जरूरत नहीं पड़ती और अविश्वासी लोगों को कौन प्रतीति करा सका है?

एक सुबह कंचन भारत सिंह के घर गई। उनकी माता ने एकादशी का सीधा लेने बुलाया था। हेमकुँवर बा कोठरी में थाली तैयार कर रही थीं तभी भारत सिंह ने इशारा करके पूछा :

"यह किसका है?" उसकी आवाज में कोई रहस्य ढूँढ़ लेने का रोमांच था।

"आपको जानना है?" ठंडी आवाज से बराबर सामने ताकते हुए कंचन ने पूछा।

"हाँ" चोर-चोर मौसेरे भाई की उत्सुकता भारत सिंह की आँख में दिखाई दे रही थी।

तभी भीतर की कोठरी से हेमकुँवर बा सीधा लेकर आईं। उन्होंने पूछा :

"क्या जानना है बेटा?" भारत सिंह कुछ भी बोले उसके पहले कंचन ने कहा :

"वो तो बेटवा पूछते हैं कि उनके असली बाप कौन हैं? इसलिए मैंने कहा कि वो तो आपकी माँ के सिवाय किसे पता होगा?"

कंचन की आवाज की धार दोनों को लहूलुहान कर गई। खिसियाये भारत सिंह और आगबबूला हेमकुँवर को यूँ ही छोड़कर कंचन चली गई। सीधा ओसारे की देहरी पर पड़ा रहा। उसके बाद कंचन कभी भी भारत सिंह की चौखट पर नहीं चढ़ी।

सातवें महीने कंचन ने बेटे को जन्म दिया, परन्तु...

21

सातवें महीने दर्द उठा तो कंचन को लगा, "चलो जल्दी छूट जाऊँगी। बच्चे को तो माँ पर दया आई!" अन्तिम कुछ महीनों से मन और शरीर से वह जिस तरह जूझ रही थी उसमें टिक पाना ही बड़ी बात थी। एकदम फीकी और मिट्टी के गारे जैसी देह लेकर वह मुक्त होने के लिए दिन गिनती रहती थी। प्रसव के समय बालक के सामान्य रुदन के बदले कौए के बच्चे के चीत्कार जैसी हलकी आवाज सुनकर वह काँप उठी। मोंघी काकी ने बच्चे को नहलाकर बगल में दिया तब उसने एक क्षण आँख मीच ली। साँस रोकते हुए उसने सोचा, "बच्चे का चेहरा कैसा होगा?" बन्द आँखों में फिर एक बार दरियाई दानव की परछाँई उभर आई। बालक का तनिक भी कुलबुलाना न सुनने पर उसने आँख खोलकर देखा तो वह मनुष्य की अपेक्षा किसी प्राणी खरगोश या चूहे के बच्चे जैसा ज्यादा लगता था। एकदम कच्चा गुलाबी पिंड; छूने में भी डर लगता। लगता कहीं अधिक दबाव पड़ जाए तो पिचककर आकार बदल जाएगा। जनमघुट्टी की एकाध बूँद गले उतरी होगी। फाँक जैसी मिचमिची आँखें थोड़ी खोली न खोली और डूब गया था गाढ़ी निद्रा में, जैसे वह पुनः गर्भ में न पहुँच गया हो? उसकी मन्द चलती साँस और सुषुप्तावस्था देखकर कंचन को लगता कि यह बालक नहीं जीएगा। कोई देख न ले यों वह बालक की नाक के पास हथेली रखकर यकीन करती रहती, कभी एक अवांछित सन्तान को पालने से मुक्ति का विचार उसे बेचैनी के बजाय राहत अधिक पहुँचाता। कभी लगता, यह बालक बच पाएगा तो भविष्य में पति से भेंट होगी। अमृत की निशानी समझकर ही उसने अपने-आपको कसौटी पर चढ़ाया था। वह जानती थी कि वास्तविकता का सामना कितना कठिन होता है। फिर...

एक तो सातवाँ महीना, कच्चे महीने जन्मा बेटा और फिर बाएँ पैर से विकलांग। बालक के पैर की एड़ी की हड्डी तिरछी थी इसीलिए पंजा पीछे की

ओर मुड़ा रहता। दोनों पैरों की मानो अलग-अलग दिशा थी। कंचन सोचती, यह बालक इस युग की सन्तान है। भारत ने आजादी पाई किन्तु मेरे जैसी भारत माता की सन्तान अपने दोनों पैरों पर खड़े रहने के लिए शायद नहीं बनी। जिस तरह से एक पूरा जनम अब पराया कहे जानेवाले देश में छूट गया है, वहाँ अब आनेवाला समय किस प्रकार कदम-ताल मिलाकर आगे बढ़ सकेगा? पति अमृत के बिना यह गृहस्थी कार्तिक की तरह लँगड़ाते ही चलेगी क्या? इस दुःस्वप्न के विचार मात्र से उसका दिल दहल उठता।

चन्द्रकान्त ने छोटे भाई का नाम रखा—कार्तिक। अरुणा उसे काकु कहकर लाड़ करती। छोटे भाई पर बड़े भाई-बहन का बरसता प्यार देखकर कंचन अपने-आपको भरोसा दिलाती। "निश्चय ही यह अमृत की ही सन्तान है। खून को खून का आकर्षण हुए बिना नहीं रहता!" किन्तु जब समता पूछती।

"अरे पंडिताइन माँ, यह तुम्हारा काकु तो एकदम अलग ही है। न तो तुम्हारे जैसा है, न ही भाई-बहन जैसा। दई जाने किसके जैसा है?" समता का प्रश्न कंचन के कलेजे में गूँजने लगता। उस अनुगूँज को नजरअन्दाज करते हुए वह कहती, "मेरे ददिया ससुर जैसा है।"

विकलांग बालक पैदा होने का समाचार मिला और हरिप्रिया कंचन का हाल-चाल पूछने आईं। यूँ तो वह शायद ही कभी दरबारगढ़ से बाहर निकलतीं। गाँव में उँगली की पोर पर गिन सकें इतनी स्त्रियों ने उनका चेहरा देखा होगा। विवाह के समय सास-ससुर की नाराजगी के कारण लोकचर्चा का विषय बनी थीं, इसलिए भी खुले में लोगों से मिलना-जुलना टालतीं, फिर स्वयं घूँघट-परदा की विरोधी। दरबारगढ़ में वैसे भी तूफान मचते रहते, उसमें कहाँ एक और की बढ़ोतरी करना। हरिप्रिया ने अपने आपको एकान्तवास में कैद कर लिया था, किन्तु उस एकान्त महल के शान्त जल में कंचन के कराँची से आने के बाद, एक हलचल हुई थी। कभी-कभी जीवा की बहू केसर गाँव में से बात लाती जिससे कभी-कभी थोड़ा-बहुत इशारा कंचन से मिलता। हरिप्रिया कंचन की व्यथा से अनजान नहीं थी। बल्कि कुछ अंश में सहभागी थी। पहली बार कंचन उनकी चौखट पर चढ़ी और कहा :

"नारायण प्रसन्न कार्तिक सुद नौम और शुक्रवार" बढ़े हुए तसले में आटा डालते हुए हरिप्रिया ने कंचन की आँखों को आँखों से पकड़ते हुए पूछा था :

"आशीर्वाद नहीं दोगी माँ।"

"मेरे पास है क्या जो मैं दूँगी?" आशा-अपेक्षा के मलबे के नीचे से एकदम निस्तेज उत्तर आया।

'आपको सखी कहने का हक।'

उसके बाद कंचन और हरिप्रिया एक-दूसरे को 'सखी' कहकर सम्बोधित करते। दोनों देर रात तक बतियाती रहतीं। हरिप्रिया जीवा की बहू केसर को लेकर रात को बैठने आती। कार्तिक का पैर देखकर उन्होंने कंचन को अहमदाबाद जाने को कहा। अहमदाबाद में कोई परदेशी डॉ. कुक हैं। हरिप्रिया के भतीजे को भी जन्म के समय पैर में ऐसी ही कोई कमी थी। तीनेक ऑपरेशन के बाद कुछ साल में वह ठीक हो गया था। एक पल कंचन को लगा कि जल्द-से-जल्द जाना चाहिए किन्तु ऑपरेशन और दवा का खर्च, फिर अनजाने शहर में रहने का खर्च कहाँ से जुटाये? यहाँ मुश्किल से दाल-रोटी का जुगाड़ हो पाता है। कंचन की आँख भींग गई थी। कराँची में 'मातृश्री शारदामणि देवी अस्पताल' में पचास बिस्तर के वार्ड का अर्पण कंचन के हाथों हुआ था। कराँची में बिरादरी का सभाखंड, दवाखाना, मन्दिर, धर्मशाला, पाठशाला, लाइब्रेरी, बगीचा, फुव्वारे से लेकर पानी के प्याऊ तक में देवशंकर शुक्ल का दान रहता था।

हरिप्रिया ने कंचन के मन को दूसरी ओर मोड़ने के लिए पूछा, "चन्द्रकान्त किसमें पढ़ता है?"

"वहाँ तो तीसरी किताब में था, अब यहाँ जिस किताब में बैठाएँ, वही सही। आपने विनोद बा को पाठशाला में डाला?"

"लो, तुम क्यों बा-बा करती हो?"

"अरे बहन, छोटी थी तब एक बार एक ठाकुर की बेटी को तुकारे से बुलाया था तो मास्टर और माँ दोनों की मार खाई थी।"

"वो सब तो गया और अब यह राजे-रजवाड़े भी चले। खैर, विनोद को अहमदाबाद भाई के घर पढ़ने भेजा है। हालाँकि हाइकम बा नाराज हैं।"

"कौन, आपकी सास?"

"हाँ, साहब ने अपनी माँ का नाम 'हाइकम बा' रखा है। यूँ तो अंग्रेजी में होता है हाइकमांड किन्तु यहाँ उसका देशी रूप कर डाला है।"

कंचन ने देखा मजाक करती हुई हरिप्रिया की आवाज कुछ भींगी हुई थी। बेटे का अपनी इच्छा से दूसरी जाति में विवाह करने का घाव वर्षों बीतने पर भी जीजा बा भूल नहीं पाई थीं। बेटा अपना न रहा, तो उसकी सन्तान को भी माँ-बाप से अलग करने की उनकी योजना थी। प्रेम के नाम पर वह हरिप्रिया के तीनों बच्चों को एक विरोध पक्ष की तरह पाल रही थीं। हरिप्रिया ने उनके गढ़ में सेंध लगाई थी।

“मेरी जिन्दगी तो बहुत गई और थोड़ी रही। इतने वर्ष बीत गए किन्तु अभी भी घर में मेहमान हूँ। न तो अपने हाथ से पति की थाली परोसी और न ही बच्चों को उनकी पसन्द का बनाकर खिला सकी। पंखा झलती पास बैठी सासु माँ के पहरे से बचकर मुझे दूर झरोखे से पति और बालकों को खाते देखना है, मैं तो कड़वा घूँट पी गई हूँ। कोई हमारे प्रेम पर उँगली न उठाए इसलिए, किन्तु सन्तानों के भविष्य का विचार तो करना ही होगा।” बोलते हुए हरिप्रिया की आँखें छलक उठी थीं।

विह्वल होकर कंचन ने हरिप्रिया के कन्धे पर हाथ रखा। जाने की अनुमति लेते हुए हरिप्रिया बोली, “चलो जाती हूँ। बहुत देर हो जाएगी, तो अकेले जाते-जाते अँधेरा हो जाएगा।”

“क्यों केसर नहीं आई?”

“केसर अब हाइकम बा के कब्जे में है। एकान्त महल की खिड़की भी बन्द।”

हरिप्रिया गईं किन्तु उस रात देर तक कंचन सो नहीं पाई। तथाकथित अपार सुख में इस तरह जीने का? यह भी कोई जिन्दगी है?

कार्तिक बड़ा हो रहा था। कंचन अपने या पराये की उलझन में उसे पालती जा रही थी। तीनों भाई-बहन रात को सोते हों उस समय लालटेन के उजाले में वह देखा करती, कभी-कभी कार्तिक उसे अमृत का अंश लगता और उसका हृदय उछलने लगता। वह सोऐ हुए कार्तिक को छाती से लगाकर चुम्बनों से नहला देती। नींद से जागकर कार्तिक रोने लगता। कंचन उसे चुप कराने के लिए कितने ही जतन करती, तो कभी कंचन को लगता कि यह बच्चा स्तन नहीं, उसका सुख-चैन चूस रहा है। समय बीतने पर कंचन की यह विचित्र मनःस्थिति बालकों से भी छुपी न रह सकी। चन्द्रकान्त देखता कि माँ एकदम अकारण कार्तिक का पक्ष लेती हैं, तो कभी-कभी छोटी-सी बात के लिए उसे बहुत मारती हैं। इस स्थिति में कार्तिक का एकमात्र आधार बनी रहती थी–अरुणा।

कंचन ने नाम तो उसका साभिप्राय रखा था। उसके जन्म के समय सरकार ने स्वातंत्र्य सेनानी ‘अरुणा आसफ अली’ के सिर पर इनाम घोषित किया था, किन्तु अरुणा में ज्वाला की तपन के बजाय ज्योति का प्रकाश अधिक लगता। कंचन को लगता, अरुणा की प्रकृति अमृत की माँ अनसूया जैसी थी। गंगा बा कई बार उनकी सूझबूझ और धैर्य का बखान करतीं। अरुणा पहली नजर में किसी को अन्तर्मुखी लगती, कभी-कभी अभिमानी भी। वह बहुत कम बोलती।

उसे बस एक ही शौक था। अकेली-अकेली काम करना और गीत गाना। कंचन से छुपा न था कि वह स्वयं अरुणा पर बूते के बाहर की जिम्मेदारी डाल रही हैं किन्तु कोई चारा न था। कभी कंचन दुखी होती तो अरुणा, “यह तो मुझे बड़ा अच्छा लगता है” कहकर पूरी बात को मोड़ देती। जब-जब कंचन कार्तिक को धुत्कारती-धमकाती तब धीरे से वह कार्तिक को अपने आगोश में ले लेती। अपने स्वभाव से लाचार कंचन देखती रहती। आगे अरुणा और पीछे-पीछे जाते कार्तिक को देखकर उसे अपना और भाई विश्वनाथ का बचपन याद आ जाता। क्या अरुणा के भाग्य में भी उसके जैसी ही व्यथा का अक्षय पात्र होगा? कंचन डर जाती।

इस साल अरुणा छठी कक्षा में आई थी। चन्द्रकान्त एक वर्ष से कांप के ब्राह्मण बोर्डिंग में रहकर हाई स्कूल कर रहा था। यूँ तो खर्च उठाना मुश्किल था। किन्तु कंचन से कहे बिना उसने अरजी में विधवा ब्राह्मणी के पुत्र के रूप में पहचान देकर फीस और भोजन बिल माफ करवा लिया था। कंचन तो यही समझती थी कि उसके शिक्षक उसकी मदद करते हैं। हालाँकि पाठशाला में फीस माफी के उपरान्त पुस्तक भी मिलती है लेकिन उसमें आय के साधन के खाने में माधुकरी लिखना पड़े। चन्द्रकान्त के मित्र यही मानते थे कि खेती की आय से उसकी माँ घर चलाती है। चन्द्रकान्त पढ़ने में ठीक था। विशेष तो उसका गणित अच्छा था। बोर्डिंग में ही उसे तीन-चार लड़कों का ट्यूशन मिल गया था। कंचन हाथ-खर्च के लिए थोड़े-बहुत फुटकर पैसे देती उसे चन्द्रकान्त जमा करता। कभी-किसी मित्र को जरूरत पड़ती तो उधार देता। बदले में मित्र को उसे एक फिल्म दिखानी पड़ती ।

कार्तिक को पाठशाला में डाला था। पाँच वर्ष पूरे हो गए थे, किन्तु अभी उसे चलने में थोड़ी कठिनाई होती। साबुत पैर के घुटने पर हाथ रखकर वह लँगड़े पैर को घसीटकर चलता। पैर का पंजा टेढ़ा होकर घिसटता। धूल, ऊबड़-खाबड़, पथरीले या पानी-कीचड़ से भरे रस्ते पर चलने में कई बार पैर का पंजा लहूलुहान हो जाता। कंचन पहली बार उसे पाठशाला छोड़ने गई तब मास्टर ने पूछा था :

“पिता जिन्दा हैं?” फिर कंचन ने ललाट के सामने देखकर सिर नीचे कर लिया था।

“हाँ, कम्पाला में धन्धा करते हैं।”

“बहन, एक बात पूछूँ? बुरा मत मानना। किन्तु परदेश में फलता-फूलता धन्धा है और तुमने लड़के के पैर की दवा भी नहीं करवाई?”

“आप सोचते हैं, ऐसा नहीं है। अहमदाबाद के डॉ. कुक ने इसे जाँच कर कहा था कि यह केस ऑपरेशन से भी नहीं ठीक होगा।” कंचन की आवाज में प्रयत्न करने के बावजूद भी तल्खी आ ही गई।

मास्टर तो चुप हो गया किन्तु कार्तिक के प्रश्नों को टालना मुश्किल था।

“यदि पिताजी हैं, तो आते क्यों नहीं? चिट्‌ठी क्यों नहीं लिखते? तुम सचमुच ही मुझे डॉ. कुक के पास ले गई थीं?” माँ पर अविश्वास करने का कारण था। वह देखता कि दूसरे माँ-बाप अपने कुछ कमजोर बालक को विशेष प्रेम करते। उसका पक्ष लेते हैं। किन्तु माँ तो उसे किसी भी बात में थोड़ा भी छूट नहीं देती। उसका आग्रह रहता कि प्रत्येक व्यक्ति को घर में अपना काम तो खुद करना चाहिए। कुएँ पर कपड़ा धोना होता, तब अरुणा के साथ-साथ कार्तिक को भी जाना पड़ता । कुएँ से पानी खींचना पड़ता। कार्तिक को अच्छा नहीं लगता किन्तु कंचन मानती थी कि कार्तिक को दुगुने पुरुषार्थ से प्राकृतिक क्षति की पूर्ति करनी पड़ेगी। बेबस लाचार बेटे की माँ कहलाना उसे पसन्द न था, हालाँकि कभी-कभी ऐसा लगता कि इन सब विषयों के बारे में कंचन पर खब्त सवार हो जाती। कार्तिक हमेशा द्विधा में रहता। वह तय नहीं कर पाता कि क्या करने से माँ नाराज नहीं होगी। कंचन किसी भी क्षण उसे हड़काती। वह माँ का प्यार भी समझ नहीं पाता। वह घुटने लगता। कंचन की स्थिति विचित्र थी। किनारे रह नहीं सकती थी और बहाव में बहना नहीं था। कार्तिक ज्यादा समझता नहीं था किन्तु अनुभव करता था। वह देखता कि जितने आराम, सहजता और मुक्त मन से बड़ा भाई और बहन, माँ के साथ बर्ताव करते थे उस तरह स्वयं नहीं कर पाता था। कभी-कभी उसे लगता कि वह तीनों जन की अपेक्षा अलग है, उपेक्षित है, बाहर का है, इसीलिए ही वह गोरा नहीं है।

कार्तिक सोचता, “लाओ बड़े भाई को अपनी उलझन कहूँ।” किन्तु चन्द्रकान्त छुट्‌टियों में घर आता तो किसी मेहमान की तरह, बहुत कम बोलता। घर आता तब से ही धूल झटकता रहता। विचार में मग्न हो तो दूर से कार्तिक को लगता कि भाई कुछ गिनता रहता है। कार्तिक गणित में था कमजोर, किन्तु चित्र अच्छा बनाता था। कार्तिक का परिणाम देखकर चन्द्रकान्त इतना ही बोलता, “इन चित्रों से कुछ नहीं मिलेगा। माँ इसे अपने साथ माँगने ले जा। पढ़ने से कुछ हासिल नहीं होगा।” उस समय कार्तिक देखता कि माँ का चेहरा ढाल की तरह कठोर हो जाता। कार्तिक को अच्छा लगता। कंचन कार्तिक को कभी किसी यजमानी के काम से किसी के घर नहीं भेजती थी। उसे सख्त

नफरत थी कि कोई उसके बेटे पर दया खाए। उसे कार्तिक के चित्र अच्छे लगते किन्तु साथ-साथ चिन्ता भी होती कि इसका क्या होगा?

उस वर्ष चन्द्रकान्त ने मैट्रिक बोर्ड की परीक्षा दी। उसे कॉलेज करना था। इसके लिए तो अहमदाबाद जाना पड़ेगा। फिर कॉलेज में खर्च भी ज्यादा। वैकेशन में आने से पहले ही चन्द्रकान्त ने गार्डी सेठ की सिफारिश से कॉलेज में पढ़ाई के लिए स्कॉलरशिप की व्यवस्था करवा ली थी। कंचन को पता चला तब उसने कहा, “अच्छा किया। तू अब अहमदाबाद जाता है तो साथ में अरुणा को भी ले जा। अगले साल हाईस्कूल में आएगी। यहाँ तो कक्षा सात तक ही स्कूल है। अहमदाबाद में दोनों भाई-बहन कमरा किराये पर लेकर रहना और पढ़ना। अरुणा रहेगी तो तुझे घर का अच्छा खाना मिलेगा। तेरी तबीयत सँभलेगी और अरुणा की पढ़ाई।”

“किन्तु माँ, अरुणा आगे पढ़कर क्या करेगी?” कंचन को लगा कि क्या उसके पालन-पोषण में कोई कमी रह गई?

चन्द्रकान्त गया। कंचन सोचती रही, “क्या अन्न अलग होने पर मन भी अलग हो जाता होगा? एक बार घर छोड़ने के बाद फिर कभी भी वापस आना नहीं होता? तो, तो फिर अमृत...”

22

चन्द्रकान्त कॉलेज की पढ़ाई करने अहमदाबाद गया। पहली बार जब वह कांप गया था तब कंचन को था कि दो-एक वर्ष में वापिस आनेवाला ही है न? किन्तु जब उसने अहमदाबाद जाने का निश्चय किया तो कंचन का मन काँप उठा। उसे लगा, अब चन्द्रकान्त कभी वापिस नहीं आएगा। उसे चन्द्रकान्त का जाना बड़ा दुस्सह्य लगा। कंचन मानो बेटे का मन पढ़ सकती थी। चन्द्रकान्त को गाँव से कोई विशेष लगाव न था। जिस स्थिति में और जिस तरह गाँव में रहना स्वीकार करना पड़ा था, उसमें ऐसा कोई विशेष भाव न जागे वह अस्वाभाविक न था। किन्तु कंचन को था कि चन्द्रकान्त को घर, माँ और भाई-बहन का लगाव तो बाँधकर रखेगा। किन्तु कंचन को लगा था कि चन्द्रकान्त गाँव से मुक्त होना चाहता हो। मानो गाँव उसे उसके विवश-लाचार अतीत की याद दिलाता हो। कंचन मन को समझाती। पंख उगने के बाद किसके बच्चे घोंसले में बैठे रहते हैं? किन्तु पिछले कुछ समय से चन्द्रकान्त की गैरहाजिरी में उसे अमृत की कमी अधिक तीव्रता से खलने लगी थी। वह सोचती, "कहाँ होगा अमृत? होगा भी या फिर..." तुरन्त ही मन को बरजती। कहीं हीन, अनुचित विचार न आ जाए। गंगा बा कई बार कहतीं थीं, "थोड़ा भी हीन विचार नहीं करना चाहिए, पता नहीं किस घड़ी-पल मुहूर्त में विचार फल जाए!" अमृत कहाँ होगा? कंपाला पहुँच पाया होगा या फिर कराँची ही नहीं छोड़ पाया होगा? लोग बातें करते हैं कि जो कराँची में रह गए थे उनका जबर्दस्ती धर्म परिवर्तन करा दिया गया। जान बचाने के लिए क्या नहीं करना पड़ता मनुष्य जात को? क्या अमृत को भी धर्म बदलना पड़ा होगा? क्या छापा-तिलक या जनेऊ के बदले दाढ़ी या सुन्नत से धर्म बदल जाता होगा? चारों ओर से घिरे हुए जीव की जीभ से अल्लाह के बदले ईश्वर निकल जाए या ईश्वर के बदले अल्लाह तो उसमें कौन-सा पहाड़ टूट पड़नेवाला था ? भय से

मनुष्य के धर्म की भाषा बदली जा सकती है किन्तु क्या उसकी प्रार्थना का आर्तनाद बदला जा सकता है?

कंचन स्वयं को जाँचती। वह पहले भी भगवान की पूजा-दीया-बाती करती थी और आज भी करती है। कोई विशेष फर्क नहीं पड़ा है। वह सत्यनारायण की कथा कराती, तीज-त्योहार में पूजा करवाती इससे उसकी धार्मिकता न तो बढ़ी न घटी। कभी-कभी तो कर्मकांड की जड़ता और रूढ़िबद्धता के कारण उसका मन उचट जाता। लोगों को तो विधि-विधान में ही दिलचस्पी होती। व्रत की पूजा करते समय या कथा सुनते समय एक-दूसरे की ईर्ष्या या बुराई करने में संकोच नहीं करते। कंचन उनकी आँखों के इशारे या ओठ की बुदबुदाहट में सुनती "लो बहिनी, देखो न कैसी बन-ठनकर आई है! क्या भगवान को आँखें हैं जो उसे देखेगी? इतराती फिरती है तो मौका मिले तो पछाड़ूँ इतनी ही देर है।" पूजा में, आरती के पैसे में घालमेल करते या एक-दूसरे की थाली में से सुपारी या कमलगट्टा सरकाते लोगों को देखकर कंचन के मन में सवाल होता, "भगवान यह सब देखता होगा?"

चन्द्रकान्त ने अरुणा को आगे पढ़ाने के लिए अप्रत्यक्ष रूप से मना किया, उस समय एक क्षण कंचन खीझ उठी। अरुणा लड़की है इसलिए नहीं पढ़ेगी तो चलेगा और स्वयं लड़का है इसलिए खुद को पढ़ने का अधिकार। चन्द्रकान्त भूल गया कि यदि माँ दो आखर पढ़ी-लिखी होती तो यों घर-घर भीख न माँगनी पड़ी होती! वह भूल गया कि कितनी बार माँगे हुए आटे और माँगी हुई छाछ खाकर दिन बिताए हैं! वह भूल गया कि नन्हीं अरुणा ने गुड़ के लिए जिद्द की थी तब माँ की कितनी मार खाई थी! भूल गया कि पैसे के अभाव में छोटा भाई पैर घसीटता है! कंचन को लगा, पेट के जाये को यह सब याद कराना पड़े! इससे तो अच्छा होता कि कराँची के समुद्र में डूब मरी होती, किन्तु कंचन जानती थी कि बच्चे जीने का आधार थे और जीने की लाचारी भी। छोटी-छोटी चीजों को तरसते बच्चों की आँखें और खाली हाथ देखने के लिए जितनी हिम्मत की जरूरत पड़ती है उससे बहुत कम हिम्मत की जरूरत है आत्महत्या करने के लिए! बस एक वचन की खातिर, बस एक हलकी-सी आशा की डोर पर टिकी हुई थी कंचन!

"अरुणा को पढ़ाना तो है। चाहे जो भी हो।" ऐसा दृढ़ निश्चय करके कंचन तलकचन्द के पास गई। तलकचन्द और कंचन लगभग हमउम्र थे। तलकचन्द ने लड़की अच्छी-बुरी करने से थोड़ा देर से ब्याह किया। कुछ उसने नखरा किया तो कुछ लड़कियों के माता-पिता ने। गाँव में बेटी देने के लिए

कोई तैयार नहीं। पहली पसन्दगी अहमदाबाद-मुम्बई के सेठों की तरफ। गाँव में तलकचन्द की एक छोटी दुकान थी किन्तु असली धंधा था ब्याज का। गाँव में किसान ज्यादा और फिर यह झालावाड़ की धरती! यहाँ बरसात आए दिन बरसना भूल जाती। तलकचन्द जैसे व्यापारियों की पाँचों ऊँगली घी में। कटाई के समय किसान हिसाब चुकाते और फिर बुआई के समय उधार लेने को तैयार। कंचन तलकचन्द के घर पहुँची उस समय उसकी पत्नी झवेर भीतर के कमरे में मुँह पर *मुफ्ती*[11] *बाँधे सामयिक*[12] करने बैठी थी। झवेर में धार्मिक संस्कार थे। उसमें भी ब्याह के काफी वर्ष बाद बेटी जन्मी तो फिर बेटा पाने के लिए उनकी धर्मप्रवृत्ति ने दुगुना वेग पकड़ा। हालाँकि अभी उनकी इच्छा पूरी नहीं हुई थी। ओसारे के पालने में डेढ़ वर्ष की भावना सोई थी। कंचन को देख झूले पर बैठे तकलचन्द ने अखबार समेटा और बोले, "आओ, आओ कंचन बहन! बड़े दिनों बाद इधर का रास्ता भूल गई।" बचपन में कंचन को चिढ़ाकर दाँव निकलवाते तलकचन्द अब उन्हें तू नहीं कह सके।

"भैया, मैं तो रोज भूली पड़ती हूँ न! किन्तु आप मुझे ये 'आप', 'आप' कहते हो, लेकिन मैं तो आपसे दो वर्ष छोटी हूँ।"

"दो वर्ष ये कोई ज्यादा फर्क नहीं कहलाएगा। और कल सुबह तुम्हारा बेटा पढ़-लिखकर तैयार होगा और बहू लाएगा।"

"लाए तब की बात तब, किन्तु इस समय तो बेटी के काम से आई हूँ।"

"बोलो, बोलो। आप मन में जरा भी संकोच न करना।"

"अरुणा के भविष्य का सवाल है। इतने वर्ष में पहली बार तकलीफ देने आई हूँ। यूँ तो हम माँ-बच्चे आप सबके आसरे ही जी रहे हैं।"

"ऐसा मत बोलिए। आप गाँव में आईं तो गाँव को भी लाभ ही है न! इन औरतों को दो अच्छी बातें सुनने को मिली। मैं तो पहले से ही कहता था, किन्तु सभी को बनिये की बात में स्वार्थ की गन्ध आती है। किन्तु आपने तो हरिजन टोले में मीठे जल का कुआँ बनवाकर कितना बड़ा आशीर्वाद लिया है। आप नहीं होंगी, तब भी लोग बुआ के कुएँ को याद करेंगे।"

कंचन ने लम्बी साँस लेते हुए कहा, "अभी तो जीने का संघर्ष तो पूरा नहीं हुआ। मरने के बाद किसने देखा?"

"बोलो, क्या काम पड़ा है?"

"अरुणा को सातवीं कक्षा के बाद आगे पढ़ने भेजना है। चन्द्रकान्त अहमदाबाद है, किन्तु अभी बच्चा है। जवान बहन की जिम्मेदारी उसके सिर

पर नहीं डालनी चाहिए। अहमदाबाद में आपकी कोई पहचान या ऐसा घर-बार हो, जहाँ लड़की रहे, पढ़े और घर काम में मदद करे।"

"देखो बहन, आपसे मन की बात कहूँ। घर तो बहुत हैं, मेरे साले का भी है, धन्धेवाला है और फिर भरा पूरा परिवार। पर उसमें बच्चा पढ़ नहीं पाएगा। काम में ही थक जाएगा। ऊपर से एहसान चढ़ेगा अलग से। इसकी बजाय किसी संस्था में रखें, तो अरुणा को हर प्रकार की तालीम मिलेगी। तैयार होगी। अपने कांप में पुष्पा बहन मेहता की 'विकासगृह' नामक संस्था है। मेरी माँ मरी थीं तब मैंने क्रियाकर्म नहीं किया। उसके बदले में 'विकासगृह' में दान दिया था। ट्रस्टी से अपनी पहचान है, वहाँ निराधार स्त्रियों को आसरा दिया जाता है और अपने पैर पर खड़े होने के लिए पढ़ाते भी हैं।"

"उसमें अरुणा को दाखिल करेंगे?"

"हाँ, जरा देखना पड़ेगा। आप चिन्ता न करें। मैं पूछताछ करता लूँगा। यह जिम्मेदारी मेरी।"

सामयिक पूरा करके झवेर कमरे से बाहर आई।

"आओ कंचन दीदी! अरुणा को पढ़ाकर क्या करोगी? लड़की की जात। उसे तो चूल्हा ही फूँकना है न? पढ़ना-लिखना आ जाए बस काफी है।"

कंचन से रहा नहीं गया।

"भाभी, कल किसने देखा है? आप लड़की को कितने ही जतन से अच्छा घर और लड़का खोजकर सोने के ढेर पर बैठाए किन्तु न करे भगवान...ये तो हाथ में जीने के लिए साधन हो, तो मेरी तरह भीख तो न माँगनी पड़े?" झवेर कुछ बोले तभी पालने में बच्ची रो उठी। झवेर ने उसे उठाया और तलकचन्द की गोदी में बैठाते हुए बोली, "आप इस जवाबदारी को मत भूल जाना। दूसरों की चिन्ता में।" फिर कंचन के सामने देखकर बोली, "चाय पियोगी, बहन?"

"नहीं भाभी, आज पूनम का व्रत है। चलो, जै नारा'ण।"

कंचन गली में से दिखना बन्द हुई। झवेर ने ड्योढी बन्द करते हुए कहा, "पति जिन्दा है या नहीं यह तो पता नहीं और पूनम का उपवास करती है।"

"मनुष्य का मन यों जल्दी आशा नहीं छोड़ता है। अपनी ही बात देखो, तेरे मन से अभी बेटे की आशा जाती है?"

झवेर ने कोई जवाब न दिया।

अरुणा को सातवीं कक्षा पास करने के बाद एक वर्ष बैठे रहना पड़ा, किन्तु अन्त में कांप के विकासगृह में उसे प्रवेश मिल गया। जीवन एक अजीब पहेली

है। कभी हमारे हाथ में उसे सुलझाने का एक सिरा हो, किन्तु ऐन मौके पर हाथ में से सरक जाए। कभी जटिल रूप से उलझी हुई पहेली का सिरा बिना सोचे हुए हाथ में आए और पूरी गुत्थी सुलझ जाए। अरुणा के बारे में कुछ ऐसा ही हुआ। ईश्वर की लीला ऐसी ही है कि आकस्मिक घटना को ऐसा मोड़ दे कि हमें वह आयोजित की हुई, नाट्यात्मक लगे। जीवन तो कल्पना से भी अनेक गुना आश्चर्य सिरजता रहता है।

कंचन ने तलकचन्द के साथ कांप में जाना तय किया। बस गाँव से दिन में दो-बार सुबह सात बजे और शाम को चार बजे कांप जाती और इसी तरह से कांप से गाँव में आने के लिए दो बस मिलती। कांप कोई ज्यादा दूर नहीं किन्तु कच्चे-पक्के रास्ते और आस-पास के गाँवों से सवारी लेती हुई बस लगभग चार घंटे में कांप पहुँचाती। कंचन ने अरुणा और कार्तिक को घर पर छोड़ा था और पड़ोस में समता को ध्यान रखने के लिए कहा था। झवेर को कांप में खरीदारी करनी थी इसलिए वह भी साथ में आई थी। छोटी बच्ची और ऊपर से बस में चक्कर आए। कंचन ने बड़ी मुश्किल से सँभाला उसे।

'विकासगृह' एस.टी. स्टैंड से काफी दूर। लगभग गाँव के छोर पर। ताँगा करके वहाँ पहुँचे, किन्तु बन्द फाटक के पास खड़े चौकीदार ने अन्दर नहीं जाने दिया। कितनी पूछताछ और पहचान बताने के बाद खिड़की खोली।

सामने बीच में बड़ा मैदान और समकोण पर आमने-सामने श्रेणीबद्ध कमरे और ओसारा। मैदान में छिट-पुट नीम के पेड़ और बीच की क्यारी में कनेर और चम्पे के पौधे। मैदान के सामने के छोर पर एक ओर संस्था का रसोईघर और दूसरी ओर नहाने-धोने का घाट और पानी की टंकी। प्रवेश करने पर दाहिने हाथ ऑफिस। कंचन, झवेर और तलकचन्द पहुँचे उस समय एक स्त्री ऑफिस बुहार रही थी। बड़े कमरे के तीन कोनों में टेबल और पाँच-छह कुर्सियाँ थीं। ऑफिस के बाहरी दरवाजे पर तख्ती लटकी थी, 'गृहमाता'।

"थोड़ी देर बाहर खड़े रहो," स्त्री की आवाज ने तीनों को बाहर धकेल दिया। ऑफिस की सीढ़ियों पर कंचन और झवेर बैठे। बाईं ओर कमरे के ओसारे में बाँधी हुई डोरियों पर कहीं फ्रॉक तो कहीं साड़ी-ब्लाउज सूख रहे थे। कमरे बन्द थे। बाईं छोर के बड़े हॉल जैसे कमरे की खिड़की में से बैठे हुए लोगों के सिर कुछ-कुछ दिखाई देते थे। थोड़ी देर में समापन के श्लोक का धीमा किन्तु मधुर स्वर सुनाई दिया। कमरे के खुले दरवाजे से लगभग चालीस-पचास लड़कियाँ-स्त्रियाँ बाहर आईं। सबके हाथों में आयताकार पेटियाँ थीं। झवेर ने पूछा तो तलकचन्द ने बताया–चरखा है। यहाँ सभी को सुबह अनिवार्य रूप से

सूत कातना पड़ता है। कंचन का ध्यान दूसरी ओर था। वह कमरे को ताला लगाती आखिरी स्त्री की पीठ देख रही थी। वह कुछ जानी-पहचानी लगती थी। वह स्त्री सामने की ओर घूमे उससे पहले ऑफिस से आवाज सुनाई दी। कंचन और तलकचन्द गए। झवेर भावना को खिलाते हुए बाहर बैठी। ऑफिस में गए तो जो स्त्री कचरा बुहार रही थी अब, वह बाएँ कोने में टेबल सँभालते हुए कुर्सी पर बैठी थी। अब उसने चश्मा पहन लिया था। उसके सामने दो कुर्सियाँ खाली थीं, किन्तु उसने किसी से बैठने के लिए न कहा। फॉर्म निकालकर पूछने लगी, "औरत को क्या तकलीफ है?"

कंचन और तलकचन्द एक-दूसरे के सामने देखकर उसके प्रश्न को समझने का प्रयत्न करने लगे।

"कौन-सी स्त्री को" कंचन ने पूछा, "क्यों, नन्हीं लड़की को लेकर आई हैं उसे? पति ने कब और क्यों निकाल दिया?"

कंचन ने आवाज बदलते हुए कहा, "बहन, कुछ तो सोचकर बोलो। न तो बैठने को कहती हो, न ढंग से पूछती हो। गाँव का आदमी समझकर अपना ही ओटे जा रही हो। वह स्त्री मेरी भाभी है और ये मेरे भाई हैं। हमें अपनी बेटी को यहाँ पढ़ाने के लिए भर्ती करवाना है, इसलिए यहाँ आए हैं।"

क्लार्क बहन को पहले तो बुरा लगा और फिर आगन्तुक का अज्ञान देखकर उसे जोश चढ़ा।

"यहाँ, पाठशाला समझ रही हो? यहाँ तो रांड, छोड़ी हुई या फिर माता-पिता न हो ऐसी अनाथ स्त्रियों को दाखिल करते हैं। जाओ अब मेरा सिर मत खाओ।"

कंचन कुछ कहने जा रही थी। तलकचन्द ने रोककर कहा, "कंचन दीदी, एक मिनट बाहर चलो।" उसने कंचन को समझाते हुए कहा।

"तुम बड़ी जल्दबाज हो। बेटी को दाखिल कराना है, यह कहने की क्या आवश्यकता थी? कह देती कि सगेवाले की बेटी है और माँ-बाप नहीं हैं। उन्हें क्या पता चलता?" तलकचन्द ने बोल तो दिया, किन्तु कंचन के चेहरे का बदलता हुआ रंग देखकर उसने कहा, "देखो बहिन, आप बुरा मत मानना। ये तो हमें काम निकलवाना हो, तो थोड़ा अक्ल से काम लेना पड़ेगा।"

"अक्ल यानी झूठ?" कंचन की आवाज का तीखापन अनुभव करते हुए तलकचन्द कहने लगे, "ऐसा करते हैं कि मैं गाँव में जाकर यहाँ के ट्रस्टी हीराचन्द वखारिया की सिफारिश चिट्ठी ले आता हूँ। शायद काम हो जाए। आप अपनी भाभी के साथ यहीं रहना।"

“मैं यहाँ क्या करूँगी? मुझे बच्ची के लिए कपड़ा लेना है, मैं भी साथ चलूँगी।” कहते हुए झवेर खड़ी हो गई।

कंचन को लगा, अब यह मोरचा उस अकेली को ही सँभालना पड़ेगा।

तलकचन्द और झवेर को फाटक पर छोड़कर वापस आते हुए उसने देखा, उद्योग रूम को ताला लगानेवाली बहन ऑफिस में गई। कंचन ने सोचा, लाओ एक बार बात करके देखूँ। क्या पता लेकिन अन्दर से उसे एक भरोसा बैठ रहा था। फिर विचार आया था कि मना तो किया है इससे ज्यादा बुरा तो कुछ होनेवाला नहीं है। सम्भव है, कोई नया रास्ता निकले। ऑफिस में आकर उसने क्लार्क बहन से पूछा, “अभी जो बहन आईं वो कहाँ गई?”

“वह तो गृहमाता हैं। वो बैठी, अपनी ऑफिस में, किन्तु उनसे मिलने से कुछ नहीं होगा। बड़ी सिद्धान्तवादी हैं।” कंचन ने जी-जान से अन्तिम कोशिश करते हुए अन्दर की केबिन में प्रवेश किया। वह स्त्री उलटा घूमकर अलमारी में कुछ खोज रही थी। उसकी हरी पाड़वाली सफेद खादी की साड़ी, छड़ी जैसी पतली देह, ढलुवाँ कन्धे, कंचन को बड़े अपने-से लगते थे।

“जय हिन्द बहन।”

पुस्तक में देखते-देखते वह बोली, “जयहिन्द, बोलो।”

“बहन, क्या रांड, छोड़ी हुई या माँ-बाप मर जाएँ तभी लड़की अनाथ कहलाएगी? इस बँटवारे में तहस-नहस हुए घर-परिवार में कौन बचा और कौन नहीं, उसका सबूत कहाँ से ढूँढ़ें? अपने हाथ से जिसे अन्तिम विदाई नहीं दी हो उसे मृत कैसे मान लें?”

पढ़ने का चश्मा उतारते हुए वह सामने की ओर घूमी और “देखो बहन!”

कंचन और वह स्त्री एक-दूसरे को देखते ही स्तब्ध हो गए।

23

दोनों स्त्रियाँ एक-दूसरे को ताकती अवाक् खड़ी रहीं। बीच में मेज थी और दोनों आमने-सामने...। बस हाथ बढ़ाने की ही देरी थी। पुराने सितार के तार अभी-अभी किसी ने कसे हों और अंगुलियाँ छूते ही बज उठें ऐसे दोनों के हृदय की भावनाएँ बज रही थीं। कोई सुर या शब्द पकड़ में नहीं आता था। प्रातःकाल घने वृक्ष पर पक्षियों के कलरव में से अलग-अलग पक्षियों की आवाज को किस तरह पहचानें? किन्तु इतना तो जरूर लगा कि सुबह हो रही है। यहाँ भी कुछ ऐसा ही था। वर्षों पहले बिछड़ी हुई जया और कंचन आमने-सामने थीं। खून के रिश्ते की किरणें बीच के अँधियारे-अन्तराल को प्रकाशित कर रही थीं। घड़ी-दो-घड़ी के बाद कंचन के हाथ टेबल की ओर बढ़े किन्तु जया तो कुर्सी खिसकाती हुई आई और कंचन से लिपट गई।

'भाभी!' जैसे ही जया का शब्द कान में पड़ा और भूला-बिसरा हुआ सम्बोधन उसे भीतर तक झनझना गया। पिछले पन्द्रह वर्ष में पहली बार वह परिवार, समाज के साथ के रिश्ते का अनुभव करने लगी। आश्चर्य में डूबी कंचन का मन व्याकुल हो गया था। उसे लगता था कि वह स्वप्न देख रही है। उसका कन्धा जया के आँसुओं से भींग रहा था। कंचन की हथेली जया की पीठ सहलाती रही। शायद वह अपने-आपको विश्वास दिला रही थी कि हाँ, यह स्वप्न नहीं, कल्पना भी नहीं। जो है वह ठोस सत्य है। वृक्ष की डालियों जितना सत्य। कंचन वर्षों के बाद अपनी जड़ों और विस्तार का अनुभव करती रहीं। खुशी के मारे उसकी धड़कन अनेक गुना बढ़ गई। उसे लगा हमेशा मुरझाया रहता उसका मन काफी लम्बे अरसे के बाद मूल रंग को धारण कर रहा है। स्पर्श पर्याप्त न हों, यो उसने जया को अलग करके उसका चेहरा अपनी हथेली में लेकर आँखो के सामने रखा, किन्तु आँसुओं के आवरण में उस पार चेहरा धुँधला हो जाता था। आँसुओं को पोछती हुई कंचन उसे देख रही थी। जया के

गाल, सिर और कन्धे को उसका हाथ सहला रहा। जया उसके स्पर्श में मानो माँ, पिता, भाई, भाभी और परम सखी का बरसता प्यार पी रही थी!

ननद-भौजाई के सुखद पुनर्मिलन का दृश्य कौन जाने कितना लम्बा चलता, तभी स्कूल में छोटी रिसेस की घंटी बजी...और जया तथा कंचन एकदम वर्तमान में आ गए। जया ने मुँह पोछा, स्वस्थ होने का प्रयत्न किया और अपनी कुर्सी पर बैठकर बेल बजाई। कंचन शान्त होती जा रही थी। थोड़ी देर में क्लार्क बहन ने ऑफिस का दरवाजा खोलकर झाँका।

"रतन बहन, दो गिलास पानी लाओ और हाँ, आज की चिट्ठी-डाक में कुछ हो, तो वो भी..." जया ने इतना कहते ही जैसे स्वस्थता प्राप्त कर ली थी।

'लाती हूँ' कहकर रतन कंचन की रो-रोकर लाल हुई आँखों को देखती हुई गई। वह अधखुले दरवाजे से टकराते-टकराते बची। गई वैसे ही, रतन वापस लौटी। उसके हाथ से पानी का गिलास लेते हुए जया बोली :

"रतन बहन, ये हैं कंचन बहन। मेरी करीबी सम्बन्धी। तुम रसोई में कहलवा दो कि मेरे कमरे में दो थाली भेजें। कंचन बहन, यहाँ मेरे ही साथ भोजन करेंगी।' जया कह रही थी रतन को पर कंचन के चेहरे पर उभर आए असमंजस के भाव को बूझ रही थी।

रतन के जाने के बाद उसने कंचन से कहा, "आप बुरा मत मानना। बाद में सारी बात आराम से करेंगे। आप थोड़ी देर बैठो, इतने में मैं यह डाक देख लूँ, फिर रूम पर चलेंगे।"

कंचन को एकदम याद आया–"तीन घंटे जैसा होने आया और अभी तक तलकचन्द और झवेर भाभी तो आए नहीं। उन लोगों ने खाया भी नहीं होगा और मैं यहाँ...दो तो बजने आया। जसापर के लिए अन्तिम बस चार बजे है। मन करता है कि उन्हें भेज दूँ। इतने वर्षों के बाद जया मिली है तो उसके साथ दो घड़ी बैठना तो चाहिए ही। क्या करूँ? अरुणा और कार्तिक के पास रात को समता सो जाएगी। आज की रात रुक जाती हूँ, कल शाम को जाऊँगी किन्तु तलकचन्द क्या सोचेंगे? उसे नहीं होगा कि बहन की तो कोई पहचान नहीं थी, चौकीदार भी नहीं पहचानता था और अचानक ये सम्बन्धी कहाँ से पैदा हो गए? शायद तलकचन्द ऐसा न भी सोचे। यह सब तो मन की उथल-पुथल है। वे बिचारे तो मेरे लिए कितनी दौड़-धूप कर रहे हैं! एकदम कैसे कहूँ कि तुम चले जाओ और मैं कल आऊँगी!" उसने जया से बात की। जया कहने लगी, "उन्हें आने तो दो। सब ठीक हो जाएगा।"

लगभग ढ़ाई बजे तलकचन्द आए। कंचन ने जया की पहचान कराई। "ये गृहमाता बहन तो हमारी पुरानी सम्बन्धी निकलीं! कराँची की हैं...बँटवारे के पहले का हमारा नाता है।"

तलकचन्द को कुछ आश्चर्य तो हुआ ही। वह कुछ पूछने जाएँ, इसके पहले ही जया बोली, "आप कंचन बहन के सम्बन्धी हैं इसलिए मेरे भी सम्बन्धी हैं। कब से आपकी राह देख रहे हैं। भोजन तैयार है। अरे! आपकी पत्नी कहाँ गई?"

जया की संजीदगी और रूतबा देखकर तलकचन्द कुछ पूछ नहीं पाए। गद्‌गद् होकर बोले, "ये तो बहन, आप मिल गईं इसलिए जैसे भगवान मिल गए! बस, मेरी इस बहन का एक काम पूरा कर दो, तो तुम्हारा आभार! गंगा नहाने का पुण्य..." फिर तलकचन्द ने कहा, "हमारे घर से है थोड़ी घमंडी, पर क्या करें बहन के लिए तो दौड़ना ही पड़ेगा। आपकी भाभी को लॉज में भोजन खिलाया और मैंने भी थोड़ा-बहुत खा लिया है। उनको सुनार की दुकान पर बैठाकर मैं यहाँ आया हूँ। ट्रस्टी तो बाहर गाँव गए हैं। कल आएँगे। क्या करेंगे, कंचन बहन?"

"भैया, यदि आपको उचित लगे और अन्य कोई अड़चन न हो, तो मैं आज की रात इस बहन के पास रुक जाऊँ। कल साहब से मिलकर शाम की एस.टी. में आ जाऊँगी। आप घर पर बच्चों को इतना समाचार दे देना। समता है, वह मेरे घर सो जाएगी, इसलिए बच्चों की तो चिन्ता ही नहीं है।"

जीभ पर कुलबुलाते किन्तु ओठ तक नहीं पहुँचे ऐसे कितने ही प्रश्नों को लेकर तलकचन्द चले गए। उनका भी भार हलका हो गया था, ऐसा उनकी चाल से लगता था। जया और कंचन ने एक-दूसरे के सामने देखा और दोनों की आँखों में चमक आ गई। चकरी घूमने की तो यह उमर नहीं थी और अब यह शोभा भी नहीं देगा। किन्तु उनका बस चलता तो वह भी किया होता! मुश्किल से मिली मुक्ति को तो ऐसे ही मनाना होगा?"

जया का कमरा न तो ज्यादा छोटा था न ज्यादा बड़ा। मध्यम। तीन जन इकट्‌ठे हो जाएँ तो घुटन-सी होने लगे, अकेले को कोई असुविधा न हो। कमरे में पाट पर पतला गद्‌दा, नीचे बगल में एक आसन बिछा हुआ और उसके सामने ढलुवाँ मेज, मेज पर फाइलों की थप्पी थी। ऐसा लगा जया पर संस्था की काफी बड़ी जिम्मेदारी है। कमरे में एक कोने में छोटी मोरी। एक ओर पनियारा करके आड़ किया गया था। पनियारे पर पानी का मटका था। दूसरे कोने में आलमारी के निचले खाने में पीतल की टंकीवाला भड़भड़िया स्टोव। पीतल की तपेली,

चायपत्ती और चीनी के जंग लगे डिब्बे, छलनी और सड़सी पड़ी थी। ऊपर के खाने में पुस्तकें और चारेक जोड़ी कपड़ों की थप्पी। अकेले आदमी की गृहस्थी और कैसी होगी? अकेली स्त्री हो या अकेला पुरुष। घर-गृहस्थी की चीजों में भी अकेले आदमी का मन नहीं लग सकता। चीज़े भी किसी एक में ही सीमित होकर बेनूर हो जाती हैं!

यूँ तो जया सुबह-शाम रसोई में खाना खाने जाती, परन्तु कोई मेहमान हो तो वह रूम पर ही थाली मँगवा लेती। मेहमान भी गिने-चुने। या तो संस्था के संचालक हों या फिर हों विद्यालय निरीक्षक जैसे सरकारी अधिकारी!

रतन को आश्चर्य तो हुआ ही कि आज दिन तक गृहमाता का कोई नाते-रिश्तेदार देखा नहीं था। संस्था में तो सब इतना ही जानते थे कि उनके पति पाकिस्तान में हैं और यहाँ हिन्दुस्तान में कोई नहीं है। पति हैं, ऐसा सुना है सही किन्तु किसी ने प्रत्यक्ष या फोटो में कहीं भी देखा नहीं।

कंचन मोरी में हाथ-पाँव धो रही थी, तभी बाहर से आवाज सुनाई दी।

"ज़रीना बहन! दरवाजा खोलना जरा, मेरे दोनों हाथ में थाली है।" यह रतन थी।

आवाज सुनकर जया खड़ी हुई और अधखुला दरवाजा खोलते-खोलते ही बोल पड़ी–"रतन बहन! तुम भी खूब हो! यूँ दोनों हाथों में थाली लेकर आना चाहिए? बारी-बारी से लाई होती? यह तो ठीक है कि बच गया। अभी सब नीचे गिरता?"

जया और रतन का संवाद तो यहाँ पूरा हुआ। किन्तु कंचन के लिए आश्चर्य का पार न था। उसे लगा उसने किसका नाम सुना? उसने जया से ही पूछ लिया, "ये ज़रीना बहन कौन है?"

"मैं"

"तू?" कंचन की आवाज जैसे कोई कपड़ा खड़े-खड़े चिरा जाए इस प्रकार चिरा गई।

"हाँ भाभी! भगवान की तरह मनुष्य को भी कभी-कभी अवतार लेना पड़ता है। जया से मिटकर मैंने जरीना के नाम से अवतार लिया है। पहले आप भोजन कर लें। फिर आराम से आपसे बातें करती हूँ...अरे बहन! तुम मेरा छुआ खाओगी न?"

"ऐ, तू क्या बोली? तू जया हो चाहे ज़रीना। मुझे क्या फर्क पड़ता है? मुझे तो जैसे, एक युग के बाद मेरा रूप वापस मिला है। तुम्हारे भैया की राह में तो यूँ आधी ही रह गई थी। कभी-कभी बाप की जिम्मेदारी निभाते समय

दुगुना भी होना पड़ा है। तू मिली तो जैसे धीरे-धीरे मेरा बाकी का आधा अंग भी वापस मिलेगा, ऐसी श्रद्धा दृढ़ होती जा रही है।" उसकी आँखों में निरी आशा की बाढ़ उमड़ पड़ी। आगे कहने लगी "तेरा नाम जरीना सुनकर यदि मेरे प्यार का झरना सूख जाए तो समझना चाहिए कि उतना ही मेरा हृदय उथला!"

जया कंचन की बात सुनकर रो पड़ी। खाते-खाते कंचन ने जया के घर छोड़ने के बाद की छोटी-से-छोटी बात भी विस्तार से बताई। हालाँकि पिछले पन्द्रह वर्षों का हिसाब यों कोई तुरन्त थोड़े लग पाएगा? ज्यादा-से-ज्यादा तो ब्यौरा मिलेगा, परन्तु बीते हुए समय में किया हुआ रतजगा, लगातार महसूसी दहशत, बाहर बहे और अन्दर उतरे हुए आँसू...इन सबका हिसाब तो संसार की किसी भी भाषा में न तो कहा जाएगा और न तो लिखा जाएगा किसी भी लिपि में। देवशंकर की मृत्यु की बात सुनकर जया स्थिर रह नहीं पाई। वह सिसकियाँ भरते हुए बोल उठी :

"मुझ पापिन ने पिता के प्राण लिये। अब तुम ही कहो भाभी! मैं किस मुँह से अपनी सच्ची पहचान बताऊँ?"

भोजन के बाद कंचन थोड़ा आराम करने लगी और जया ऑफिस के काम निबटाने गई। शाम ढली तब जया कंचन को राणकदेवी के मन्दिर में ले गई। लौटते समय धरम तालाब के किनारे डूबते हुए सूर्य के प्रकाश में जया ने बात शुरू की...

देवविला में आने के तीसरे ही दिन ललिता ने जया को अपनी भूगर्भ प्रवृत्तियों की बात बताई थी किन्तु साथ-साथ उसने कसम भी दी थी, "यदि तू यह बात किसी से करेगी तो तुझे तेरे भाई की सौगन्ध है!" ललिता की रोमहर्षक नित् नवीन साहसपूर्ण बातों में जया खिंचती चली। ललिता कहती, "इस मनुष्य अवतार की सार्थकता क्या है? थोड़ा-बहुत पढ़ना, विवाह करना और गृहस्थी शुरू करना, इतना ही? हालाँकि वह भी सरल नहीं है यह भी मैं जानती हूँ।" किन्तु परम्परागत ढाँचे में ढले गृहिणी के जीवन के बजाय जया को ललिता का मार्ग आकर्षक लगता था। कुछ नया, सार्थक कार्य करने की प्यास जया के भीतर जाग चुकी थी। उसमें ललिता की भव्य प्रस्तुति ने जैसे सुषुप्त पड़े हुए अंगारे को हवा दी थी। प्रातःकाल और देर रात को कमरे में बैठकर ध्यान करती ललिता के साथ वह भी बैठती। ध्यान तो आधे घंटे का ही था। किन्तु, ललिता गुप्त रेडियो सेट के द्वारा अपने संगठन के नेता के पास से सूचना प्राप्त करती और आस-पास घटनेवाली घटनाओं के समाचार भी देती थी। धीरे-धीरे जया स्वयं

भी अपने आप को कोई वीरांगना के रूप में देखने लगी थी। ऐसी वीरांगना जो देश के लिए फना होने के लिए भी तैयार...

भागने की अगली शाम को ललिता को सन्देश मिला। "आज रात को हवा बन्दरगाह रोड पर स्थित डायमंड क्लब में शहर के गोरे पुलिस कमिश्नर के जन्मदिन की दावत है। हमें झाड़ू मारने के लिए ठीक दो बजकर पन्द्रह मिनट पर पहुँचना है। बहुरूपियों की देवी सबका कल्याण करे...।"

"किन्तु, रात के दो बजकर पन्द्रह मिनट का क्या मेल?" जया के प्रश्न के उत्तर में ललिता ने कहा...

"वह गोरा रात के उसी समय जन्मा होगा, इसलिए उसी समय ही जन्मदिन की केक काटेगा और उस समय सभी मेहमान उपस्थित होंगे ही।"

बस उसी रात लगभग एक बजे ललिता और जया ने घर छोड़ा था। सूचना के अनुसार जया ने चमकीली और गोटा लगाई हुई लाल रेशमी साड़ी और गहने पहने थे। नगद रकम तो क्या होगी? किन्तु अनसूया ने जया के लिए जतन से सेर भर सोने के गहने रखे होंगे। बाहर निकलती हुई जया के सिर पर सितारे-टिक्की से चमकता मुकुट था। दूर से कोई देखे तो समझे कि माताजी गरबा खेलने निकली हैं। ललिता ने महाकाली का वेश धारण किया था। खुले मुँह में से बाहर लटकती लाल जीभ, खुले बाल, काला कपड़ा, एक हाथ में त्रिशूल और दूसरे हाथ में मनुष्य के सिर का केशयुक्त मुखौटा। अन्धकार में अचानक यदि ललिता प्रकट हो तो अच्छे-अच्छे का छक्का छूट जाए! किन्तु रास्ते पर आवागमन जारी था। यूँ तो रात को कोई अकेली-दुकेली स्त्री निकले, तो हर किसी को शक होगा। ललिता और जया को देखकर किसी को शंका न हुई। वे दोनों डायमंड क्लब से पचासेक मीटर दूर थे कि तभी ललिता को कहीं बिजली चमकती हो ऐसा लगा। उसने तत्काल जया का हाथ खींचा और पास की गली में मुड़कर भागने लगी। किन्तु सामने से पुलिस घुड़सवार को देख वह जया को अलग दिशा में धकेल कर स्वयं भी दूसरी दिशा में भागने लगी। जया को कुछ विशेष समझ में नहीं आया। ललिता की बदहवास हालत देखकर लगा कि जरूर कुछ अनिष्ट होने वाला है। वह गली में नीम के बड़े तने की आड़ में खड़ी होकर देखने लगी। उसके पीछे कोई नहीं था, किन्तु थोड़ी देर में बन्दूक से गोलियों छूटने की आवाज सुनाई दी। जया स्तब्ध रह गई। क्या ललिता...? वह आगे सोच नहीं पाई।

घोड़ों की टापों की आवाज धीरे-धीरे दूर होती जा रही थी। थोड़ी देर बाद वह वृक्ष की आड़ से निकल ललिता के जाने की दिशा में दौड़ गई। अन्धकार

में उसे लगा कि उसका पैर कहीं कीचड़ में पड़ा हो। वह ठिठक गई। अन्धकार से नजर थोड़ी आदी हो जाने पर उसने नीचे देखा तो वह स्वयं खून भरे गड्ढे में खड़ी थी और उसके पास गोलियों से बिंधी छलनी जैसी ललिता की देह चित्त पड़ी थी। उसके हाथ में से नरमुंड छिटककर दूर जा पड़ा था। जया के लिए जीवन में किसी की मृत्यु देखने का यह पहला प्रसंग था। गंगा बा गईं किन्तु वे तो कुदरती रीति से मरी थीं। उमर और फिर लकवा। चलने-फिरने की बात तो अलग, पूरा बोल भी नहीं पाती थीं। वो तो जैसे मुक्त हो गईं बिचारी। किन्तु ललिता की ऐसी निर्मम हत्या? जया ने मुट्ठी भींच ली थी फिर भी उसके शरीर की कँपकँपी कम नहीं होती थी। पसीने से लथपथ जया के पेट में मानो एक हाथ गहरा गड्ढा पड़ गया। वह तो ललिता का हाथ पकड़कर निकल पड़ी थी। अब वह हाथ कहाँ था? वह विमूढ़ हो गई। अब क्या करूँ? उसकी आँखों में आँसू बाहर आने से पहले ही जम गए। आवाज तो कहाँ से निकलती? उराके सिर पर मानो जोर-जोर से हथौड़े की चोट पड़ रही थी। जया ने ललिता के शव को खींचकर एक कोने में ले जाने का प्रयत्न किया तभी घोड़े के टापों की आवाज सुनाई दी। घुड़सवार पुलिस ही होगी। सिर पर से मुकुट उतारकर साड़ी का घूँघट निकालकर जया दौड़ने लगी। एक गली में वह मुड़ गई? यह गली तो बन्द गली थी। वापस मुड़ने या बाहर निकलने की कोई सम्भावना ही न रही। घोड़े की टाप नजदीक आ रही थी। जया जान पर आकर छोर के बन्द घर का दरवाजा खटखटाने लगी। दरवाजा धीरे से खुला। सामने एक बुढ़िया खड़ी थी।

"मुझे बचाओ...मुझे बचाओ...माई!" कहते हुए जया दहलीज पर ही ढेर हो गई। दो घंटे के बाद होश में आई तब उससे बड़ी-बी ने बातचीत की। आज भी उस दृश्य की याद आने पर जया की आँख भींग जाती है और ओठ मुस्करा उठते हैं। बड़ी बी ने कहा था।

"अरे बेटी, तुम्हें क्या बताऊँ? तुम तो मेरी चौखट पर ऐसे बेहोश होकर गिरी कि मुझे लगा कि छोरी तो गई...बड़के की बहू और मैंने दोनों ने मिलकर तुम्हें उठाया और बिस्तर पर लिटाया। अनीस पानी का लोटा भरके लाया...अभी मैं तुम्हारे मुँह पर पानी के छींटे डालूँ उसके पहले तो दरवाजे पर दे दनादन...दे दनादन...थोड़ी देर तो मैं भी डर गई। ये साला सुवर कोई बदमाश होगा तो खून-खराबा करके भी छोरी को उठा ले जाएगा। कुछ कह नहीं सकते। और ये निगोड़ी गोरी पलटन, वह तो ताक में ही बैठी है कि कब देसी लोगों को फँसावे। मुए इन गोरों की देखादेखी हमारे कालिओं को भी खुदा का खौफ नहीं

रहा। अरे अपनों से गद्दारी करोगे तो कयामत के दिन अल्ला मियाँ को क्या मुँह दिखाओगे? हाँ, फिर मैंने अल्लाह का नाम लेके तुम्हें बुरखा पहना दिया। दरवाजा खोला तो सामने घुड़सवार पुलिस थी। अन्दर आई। पूरे घर की तलाशी ली। एक-एक को डाँटकर पूछने लगे। तुम्हें तो हमने बुरखा डाल के कुर्सी पर बैठा दिया था। तुम्हारे बारे में पूछा तो मैंने कह दिया कि मेरे छोटेवाले की बहू ज़रीना है। बेटी! खुदाताला शायद मुझे माफ नहीं करेगा। पर तुम्हारी जान बचाने के लिए मैंने झूठ बोल दिया। मुझे माफ करना...''

बड़ी'बी का परिवार पूरी रात जागता रहा। बड़ी'बी ने जया को अनेक तरह से बहला-फुसलाकर सही बात निकलवाने का प्रेमपूर्वक प्रयत्न किया। अच्छे घर की बेटी है, पता-ठिकाना बताए तो जतन से पहुँचा दें। किन्तु जया ने कुछ भी नहीं कहा। कहे भी क्या? जिस तरह से घर छोड़कर निकली थी उसमें वापिस आने का रास्ता ही नहीं था। मानो घर जाती तो क्रान्तिकारी के परिवार पर क्या न बीता होता? खुद ने तो जल्दबाजी की ही थी किन्तु उसे पिता और भाई के जीवन को होम कर देने का उसे कोई अधिकार नहीं था। उसने एक ही बात की रट लगा रखी थी, ''मुझे कलकत्ते जाना है...वहाँ मेरे पति मेरी राह देखते होंगे...कलकत्ता... कलकत्ता...'' इसके अलावा दूसरा कुछ नहीं बोली।

दूसरे दिन सुबह रेलवे स्टेशन जाना था उस समय जया ने बड़ी बी के पास से बुरखा माँग लिया और उसी क्षण पहन लिया था 'ज़रीना' नाम...

24

शाम ढलने आई इसलिए रतन को खुदबुदी लगी कि बहन अभी तक क्यों नहीं आई? उसने सोचा लाओ धरम तालाब तक चक्कर मार आऊँ, रोज की तरह वे वहीं बैठी होंगी। रतन बुलाने नहीं आई होती तो कंचन और जया की बातों का अन्त अभी तक न आया होता। वर्षों से संचित स्मृतियों का लोक इतना तो समृद्ध था, उसमें ऐसा तो आरोह-अवरोह था कि दोनों स्थल-काल का भेद भूल गईं थीं।

कंचन ने रतन से पूछा, "तुम्हें कैसे पता चला कि हम यहाँ बैठे हैं?"

"मुझे पता नहीं होगा, तो किसे होगा? मैं जानती हूँ न कि इस धरम तालाब और उस नवलखा महल का बहन को तो नशा है। रोज शाम को यहाँ आना, आधा-पौन घंटा बैठना...जिस दिन नहीं आ पातीं, उस रात बहन को नींद नहीं आती...क्यों बहन?" रतन ने जया का समर्थन पाने के लिए पूछा।

"रतन बहन की बात सही है।" कहते हुए वह उठी और बोली, "रतन बहन! तुम आगे-आगे पहुँचो, हम पीछे-पीछे आते हैं।"

लौटते हुए जया ने दूर से दिखाई देते नवलखा महल को दिखाते हुए कहा, "भाभी! है वह नवलखा महल! उसके भीतर खास कोई नहीं जाता। खंडहर की तरह खड़ा है। पास जाकर देखें तो पता चले। एक-एक खम्भे में बारीक नक्काशी का काम, फर्श और चौखट में तो एकदम संगमरमर ! किन्तु शापित जगह है। मूल तो वढ़वाण के ठाकुर साहब ने इस रमणीय स्थल पर महल बनवाने की सोची थी। पास में तालाब के कारण बाग-बगीचे भी लगाने की सोची। राजा-महाराजाओं के तरह-तरह के नखरे! बरसात के लिए एक महल तो फिर गर्मी में हवा खाने को दूसरा महल। ठंडी में फिर तीसरा! दुर्भाग्य ऐसा कि ठाकुर साहब इस महल को पूर्ण हुआ देखने के लिए नहीं रहे। भरी जवानी में उनका निधन हो गया। फिर उनकी मृत्यु को लेकर कथाएँ चलती

रहीं। कोई कहता, "राजकाज के छल-प्रपंच में किसी ने कुछ खिला दिया, तो कोई कहता कि जादू-टोने से मर गए।" उनके दुश्मनों का पार नहीं था। जो हो वो!

पिता की अधूरी इच्छा पूरी करने के लिए बेटे ने महल बनवाना शुरू किया किन्तु पूरा नहीं हुआ । कहा जाता है कि अतृप्त आत्मा उसे पूरा होने नहीं देती। हकीकत अलग भी हो सकती है। सम्भव है कि महल बनवाने जितना रुपया न भी हो। लोक कथा है कि "दिन में महल जितना चिना जाता रात को उतना ही धराशायी हो जाता!"

"हमारे जैसा। पूरा दिन टिकने के लिए जूझना और रात को अकेले हों, तब फिर वहीं-के-वहीं !"

जया कुछ नहीं बोली। उसका मौन कंचन की बात में सुर मिला रहा था।

जया ने रात को भी भोजन कमरे में ही मँगवा लिया। कंचन की इच्छा थी कि रसोई में सब लोग साथ ही भोजन करें। रिश्तेदारी प्रकट करने की तो कोई सम्भावना ही नहीं थी, किन्तु जया अभी कंचन से अपनी निकटता को भी जताना नहीं चाहती थी। ज़रीना नाम की खाई यों पाटना कहाँ आसान था?

कंचन ने सोचा : "तो क्या मेरे बच्चे खून के इस एकमात्र रिश्ते के सम्बन्ध का स्वाद अनुभव नहीं कर पाएँगे?" 'बुआ' शब्द बोलते हुए तो मुँह कैसे भर जाता है। इसका तो उन्हें पता भी नहीं चलेगा। किन्तु जया ने ज़रीना नाम क्यों रखा? बड़ी'बी तो उसे बचाने के लिए झूठ बोलीं थीं। तो फिर जया?

रात को समूह प्रार्थना पूरी करके जया आई। बिस्तर पर पड़ते ही कंचन ने तुरन्त पूछा, "जया, तूने यह ज़रीना नाम क्यों रखा? क्या तूने किसी मुसलमान के साथ हकीकत में ब्याह किया है?"

इसमें ऐसा है कि "यूँ देखो तो ब्याह किया है और वैसे देखो तो नहीं किया।" जया ने स्पष्टता के लिए बात आगे चलाई।

बड़ी'बी का बुरखा ओढ़कर जया ने अपना असली चेहरा तो छुपा लिया था किन्तु बड़ी'बी के छोटे बेटे अनीस ने उसे पहचान लिया था। घर से निकलने से पहले अनीस ने अपनी भाभी को जया के पास भेजा था। आज भी जया मसूदा का वह चेहरा भूली नहीं थी। वह सकुचाते-सकुचाते जया के पास आई। उसने दो जोड़ी सलवार-कमीज जया के पास रखा, तभी वहाँ अनीस ने आकर कहा, "भाभी का कपड़ा पहन लो। आपकी कीमती साड़ी और गहने देखकर शायद रास्ते में मुश्किल हो। और हाँ, गहने अलग-अलग स्थान पर रखवाना भाभी!" कहते हुए वह कमरे से बाहर निकल गया। जया में तो आँख ऊँची

करने की हिम्मत नहीं थी। मसूदा ने जैसा कहा वैसा ही वह चुपचाप करती रही। ढीली चुन्नटदार सलवार और फ्रॉक जैसी लम्बी कमीज। दुपट्टा बार-बार सरक जाता था। जया का गहना उतरवाती मसूदा उसे ध्यान से देखती रही। गले की मटरमाला और तीन लड़ी माला, कान में झुमका और बालों में डाली हुई सोने की लड़ी। सिर पर हीराजड़ित सीसफूल, हाथ में बाजूबन्द, कलाई पर पहलदार चूड़ियाँ और कंगन। कटक के कारीगरों का मोर दोनों हाथ के पहुँचों में...मसूदा ने सब अलग करके सलवार-कमीज की जेब में रखने के लिए दिया। अन्त में हाथ का पहुँचा देते हुए वह एक पल के लिए रुक गई।

मसूदा एक पल के लिए पहुँचा पहनकर देखने लगी किन्तु तुरन्त ही रुक गई। उस पल ही जया को लगा कि उसे कहूँ कि "भाभी पहन लो..." किन्तु उसमें उस घर का गौरव भंग होता! इस संकोच से वह कुछ नहीं बोली। फिर, नजर की पहचान के बिना भी बड़ी'बी के परिवार ने जया के लिए जो किया था उसका मूल्य चुकाने की तो जया की कोई औकात ही नहीं थी।

रक्त से सनी हुई साड़ी और कपड़े की दूसरी जोड़ी बँधी गठरी हाथ में लेकर जया बन्द फिटन में बैठी उस समय बड़ी'बी और मसूदा दोनों के मन और आँखों में चिन्ता और आशंका छाई हुई थी।

फिटन में सामने की सीट पर बैठते ही अनीस ने पूछा, "कंचन थियेटर में अब कौन-सा नाटक आनेवाला है?"

जया ने झट से अपने चेहरे का नकाब दूर किया। उसका घबराया हुआ चेहरा देखकर अनीस ने धीरे से कहा, "मैंने किसी से नहीं कहा है, कहनेवाला भी नहीं हूँ। आप चिन्ता न करें!"

"किन्तु आपने मुझे कैसे पहचाना?"

"इस शहर के मेयर के परिवार को कौन नहीं पहचानेगा? एक बार मैंने आपको कंचन थियेटर में देखा था। आपके भैया-भाभी भी थे। खैर...! बोलो क्या करना है? कहो तो रतन तालाब की ओर..."

जया ने एकदम अनीस के दोनों हाथ पकड़ लिए और लगभग गिड़गिड़ाते हुए स्वर से बोली, "देखो ऐसा जुलुम मत ढाना! घर पर यदि मुँह दिखाने जैसा होता तो कल रात ही आपसे नहीं कहती कि घर छोड़ आओ..."

अनीस के चेहरे को पढ़कर उसने स्पष्टता की। "नहीं...नहीं...ऐसा कुछ भी नहीं। मेरा पैर किसी चक्कर में नहीं पड़ा। बस यही, किन्तु बहुत बड़ी भूल हो गई है। बिना किसी तैयारी के ही मैं किसी के भरोसे कूद पड़ी।" जया ने संक्षेप में, एक ही साँस में रात्रि को घटित घटना अनीस को कह सुनाई।

“अब क्या करोगी?” अनीस ने पूछा।

“कलकत्ते जाऊँगी।”

“कलकत्ता ही क्यों? देखो मुझे पता है, वहाँ कोई आपकी राह नहीं देख रहा।”

“उस समय ऐसे ही कलकत्ता का नाम दे दिया था। अपनी पहचान छुपाने के लिए। किन्तु, अब तो आप मुझे पहचान ही गए हो इसलिए इतना ही कहती हूँ कि जो भी हो घर तो नहीं ही जाना है!”

‘आपको अड़चन न हो तो एक बात कहूँ? कहकर अनीस रुक गया। जया के सामने देखा। फिर धीरे से बोला, “कल रात को तो बड़ी’बी ने ज़रीना नाम और छोटी बहू का पद तो दे ही दिया है। भले ही वह अनजाने में बोल गईं। किन्तु आप को एतराज न हो तो उसी नाम और पद को स्वीकार करने के लिए राजी हों, तो...”

जया कुछ नहीं बोली। मन-ही-मन वह कुछ सोचने लगी, किन्तु अनीस से उसका मौन नहीं सहा गया। “ऐसा मत मानना कि आपको बड़े घर की बेटी जानकर यह प्रस्ताव किया है, और न ही आपकी लाचारी का फायदा उठाने का इरादा है।

सच कहूँ तो आपने जिस तरह चौंककर नकाब उठाया था, उस क्षण ही मेरे भीतर कुछ बिजली की तरह कौंध गई थी!”

“मैं क्या कहूँ? मैं जिस स्थिति में हूँ उसमें मेरी हाँ या ना का प्रश्न ही कहाँ है? ये तो आपने कल रात बचा लिया। वरना क्या-से-क्या हो जाता? मैं कल्पना भी नहीं कर सकती। अपनी बात कहूँ तो आपके लिए मेरे दिल में आदर भाव है। मुझे यह भी पता है कि आपसे जुड़ूँगी तो दुखी नहीं होऊँगी! किन्तु, मैं अपने-आपको क्या जवाब दूँगी? मैंने देश सेवा के लिए घर छोड़ा है। यह सच है कि बहुत सोच-विचार नहीं किया। हानि-लाभ का हिसाब नहीं लगाया, किन्तु मेरी देशभक्ति न तो खोखली है न पोली और यह तो अभी शुरुआत है। यों, इस प्रकार का अनुभव ही मुझे गढ़ेगा। इन सब चाही-अनचाही परिस्थितियों से ही मुझे रास्ता निकालना है।”

“अच्छा हुआ आपने स्पष्टतः कह दिया। वरना मुझे लगता कि मैंने आपका अपमान किया है।” स्वस्थ होकर अनीस ने कहा। “एक काम कीजिए! आपने जिस उद्देश्य के लिए घर छोड़ा है उसके लिए अहमदाबाद उचित शहर है। फिर गुजरात तो आपका वतन है। वहाँ ऐसी संस्थाएँ भी हैं जो निराधार स्त्रियों को आश्रय देती हैं। गांधीजी भले वहाँ नहीं रहते पर साबरमती

आश्रम तो है ही न? अहमदाबाद में देशसेवा और समाजसेवा दोनों के लिए अच्छा माहौल है।"

गाड़ी ने सीटी बजाई। अनीस डिब्बे के पास खड़ा था। जया ने अनीस के हाथ पर हाथ रखा और कहा, "आज से मैं आपकी ज़रीना बनकर जीऊँगी।" और उसकी आँखों की चमक में पिघलकर अनीस उसके हृदय में उतर गया।

जया अहमदाबाद आई। 'विकासगृह' में रहकर पढ़ाई की। जिस दिन उसे कांप के 'विकासगृह' में गृहमाता की जिम्मेदारी सौंपी गई उस दिन उसे 'अनीस' शब्द का सच्चा अर्थ पता चला! किसी अपूर्व घड़ी में वह जया के जीवन में आया और मित्र बनकर उसे जीने की दिशा का आधार दे गया।"

"तुझे याद आए रे...!" और "मुझे कैसे बिसरे रे...!"[13] की जुगलबन्दी में रात कहाँ बीत गई इसका पता भी न चला। शाम को कंचन जसापर की बस में बैठी तब भारमुक्त हो गई थी। जया ने उसे निश्चिन्त कर दिया था।

"अब से अरुणा की सारी जिम्मेदारी मेरी। पढ़ाऊँगी मैं और ब्याह भी मैं करूँगी। आज से मैं उसकी माँ और मैं ही बाप!"

कंचन की आँखें भींग गई थीं। उससे रहा नहीं गया। वह भरे गले से बोली, "बहन! हमें खून का रिश्ता एकदम मिटाकर ही मिलना पड़ेगा? मेरा मन नहीं मानता..."

"तो क्या करोगी? गाँव में सबको यह कहोगी कि ज़रीना मेरी ननद है और धर्मभ्रष्ट हो गई है ! लोग तुम्हें नोचकर खा नहीं जाएँगे? और अरुणा? यह बात जानने पर वह मेरे साथ रहेगी? चन्द्रकान्त और कार्तिक किस तरह यह सब स्वीकार करेंगे? मैंने तो केवल नाम ही बदला है, ऐसा कौन मानेगा?" कंचन ने सोचा कि जया की बात तो एकदम सही है। किन्तु इस तरह एकदम कोरे झूठ को जीने का? किसी अन्य की तो ठीक, किन्तु मेरी अपने सन्तानों की उपस्थिति में भी दिखावा करना होगा? अन्त में जया को 'नरो वा कुंजरो वा' का मार्ग सूझा। "भाभी? तुम्हें सबको यह कहना है कि कराँची में हम पास-पास रहते थे और अमृत भाई ने मुझे धर्म की बहन बनाया था। धर्म की बहन में बहन भी रहेगी और धर्म का पालन भी होगा! और इतना अर्धसत्य तो युधिष्ठिर ने भी कहाँ नहीं बोला था?"

बात कंचन को कुछ गले उतरी।

जसापर आई और दूसरे दिन रूखी भाभी ने पूछा :

"अरे ननदजी, आप तो सुबह जाकर शाम को लौटनेवाली थीं और कहाँ रुक गईं? वो तलकचन्द कहते थे कि वहाँ तुम्हारा कोई रिश्तेदार मिल गया...तो

कौन है वह रिश्तेदार?" कंचन तैयार ही थी। ऐसे एक नहीं अनेक प्रश्नों का उत्तर देने के लिए। उसने रूखी भाभी से विस्तारपूर्वक बात बताई।

"वो गृहमाता बहन तो मूल कराँची की हैं। ये अरुणा के पिता को हर रक्षाबन्धन पर राखी बाँधती थीं। उनके पिताजी हमारे थियेटर में नौकरी करते थे, किन्तु मालिक-नौकर की तरह नहीं। वर्षों से एकदम घर जैसा सम्बन्ध। इस ज़रीना को मेरी बुआ सास प्रेम से जया कहतीं। बड़ी सात्विक स्त्री, लहसुन-प्याज भी नहीं खाती! मैं कांप में नहीं गई होती तो अभी भी पुरानी पहचान नहीं निकली होती! मुझे तो कहती थीं की आप अरुणा और कार्तिक दोनों को भेज दो। मैं पढ़ा-लिखाकर तैयार कराऊँगी। भाभी, ऐसे व्यक्ति के लिए अपनी चमड़ी की जूती सिलाकर पहनाएँ, तो भी ऋण नहीं उतरेगा!"

इतना कहकर खास आगाह किया कि इस बात का ज्यादा ढिंढोरा मत पीटना। कंचन को विश्वास था कि ऐसा कहने पर पूरे गाँव को पता चल जाएगा और खुद को एक ही बात बार-बार नहीं कहनी पड़ेगी!

कांप में जाने की बात से अरुणा ज्यादा खुश नहीं थी। पहली बार माँ से अलग होना था। फिर, आगे पढ़ने की उसकी कोई विशेष महत्वाकांक्षा भी नहीं थी, किन्तु अरुणा की सीधी-साधी समझदारी इसी में थी कि माँ कह रही है तो मना नहीं करना चाहिए। पढ़ने जाने की बात पर अरुणा का थोड़ा भी उत्साह न देख कंचन ने उसे पास बैठाकर समझाया।

"देख तू जाएगी तो क्या मुझे अच्छा लगेगा? कार्तिक का ध्यान कौन रखेगा? तू तो पूरे घर का काम करती है तो मुझे कितना आराम है! अब तो सब मेरे ऊपर ही आएगा न? पर बेटी ! काम की चिन्ता में मैं तुझे आगे बढ़ने की सहूलियत न दूँ तो मेरे जैसी स्वार्थी माँ कोई नहीं होगी। तुझे ज्यादा क्या समझाऊँ? तू खुद सब जानती है। यदि तेरी माँ ठीक से पढ़ी-लिखी होती तो स्वाभिमान से, सिर ऊँचा करके कमा पाई होती कि नहीं? कहने की खातिर तो बहुत से कहते हैं कि नहीं पढ़ेंगे तो कुछ नहीं, ये दो हाथ तो हैं न? जिसे मेहनत-मजदूरी करने में शरम नहीं उसे क्या तकलीफ? बेटी कहना आसान है किन्तु मजदूरी करना कठिन है। उसमें जो ताने खाने पड़ते हैं, जो लाचारी भोगनी पड़ती है...बार-बार सम्मान खोना पड़ता है! दुनिया में कुछ भी आसान नहीं और अन्तिम बात :

हमारा समय अलग था तो निभ गया, किन्तु आगे का समय बहुत कठिन आएगा। शिक्षा के बिना किसी का भी उद्धार नहीं। पढ़ोगी-लिखोगी तो सम्मान से जी सकोगी, बाकी कायदे-कानून से किसी का भी समय नहीं बदलता! तालीम

और संस्कार से ही मनुष्य आगे बढ़ सकता है। ये सब तेरे भले के लिए ही कह रही हूँ! "और देख वहाँ की गृहमाता तो तेरे पिताजी की धरम की बहन हैं। हैं तो धरम की, किन्तु सगी से भी बढ़कर। उनका नाम ज़रीना बहन है...अत्यन्त सात्त्विक, विचारशील और सिद्धान्तवादी ! उनके साथ रहेगी तो तुझे धरती और आकाश दोनों को देखने की दृष्टि मिलेगी। बाकी, हमने बाप के कुएँ में डूब मरने के लिए थोड़े ही जनम लिया है? तू पढ़-लिखकर पैरों पर खड़ी हो जा, तभी तुझे ब्याहना है।"

कंचन मानो बेटी को ससुराल विदा कर रही हो, यों उत्साह से छोटी-बड़ी तैयारी कर रही थी। कार्तिक कुछ सुनमुन और उदास-उदास घूम रहा था। कंचन कोई काम बताती तो बड़ी मुश्किल से करता।

अरुणा जाने से पहले काम समेटने की हड़बड़ी में थी। वह सोचती थी कि जितना हो, उतना करती जाऊँ तो अम्मा को उतना आराम रहेगा। उसने कोयला तोड़कर पीपे में भर दिया। जाते-जाते कोयले के चूरे को मिट्टी में सानकर जलाने के लिए गोले बना दिए। अनाज साफ करती गई। कार्तिक की कथरी फट गई थी उसे भी सिल दिया। फिर कार्तिक का आग्रह यह था कि बहन की ओढ़नी का ही खोल चढ़ाना, ताकि उसे ओढ़ने पर बहन पास है ऐसा लगे! कंचन ने अरुणा से चन्द्रकान्त को चिट्ठी लिखवाई थी, किन्तु उसने वेकेशन में प्राइवेट पेढ़ी में आधे दिन की नौकरी ली थी और फिर दो ट्यूशन रखे थे इसलिए नहीं आया।

कंचन अरुणा को कांप में जया के पास छोड़ आई, तब कन्या विदाई जैसा मिश्र भाव अनुभव करती रही। एक ओर निश्चिन्त हो गई थी कि चलो अरुणा का भविष्य तो सुधरेगा और दूसरी ओर अरुणा के न होने का रंज। हर घड़ी उसकी कमी महसूस होती। घर जैसे खाली-खाली। कार्तिक था सही, किन्तु उसकी उपस्थिति कितनी दिखती? धीरे-धीरे कंचन को आदत पड़ती गई...दुख की दवा है समय! दिन, महीने और वर्ष बीतते चले गए।

एक दिन सुबह लगभग साढ़े दस बजे कंचन रसोईघर में थी तभी बाहर ड्योढ़ी पर जसु डाकिये ने आवाज दी :

"चलो पंडितानी माँ। मुँह मीठा करवाओ। अच्छा समाचार लेकर आया हूँ।" दहलीज के बाहर पैर रखते हुए कंचन ने सोचा, "क्या होगा?" वह तो अन्तिम बीस वर्ष से एक ही समाचार की राह देख रही है...

25

पोस्टकार्ड कंचन के हाथ में देते हुए जसु डाकिए ने कहा, "आपके चन्द्रकान्त को नौकरी मिल गई।"

कंचन ने सोचा, "चन्द्रकान्त भी अमृत का ही अंश है न।" उसकी खुशी दुगुनी हुई। उसने जसु को मिश्री खिलाई और बख्शीस का दो रुपया देने लगी, किन्तु जसु ने नहीं लिया। एक घर तो डाइन भी छोड़ती है!

गाँवों में जसु जैसे डाकिये के सिर पर चिट्ठी बाँटने के उपरान्त चिट्ठी लिखने और पढ़ने का काम भी रहता। चिट्ठी देने में एक-दो दिन का नागा करता तो चल जाता किन्तु चिट्ठी लिखवानेवालों से पीछा छुड़ाना बड़ा मुश्किल रहता। एक पोस्टकार्ड के आरम्भ में सम्बोधन के लिए ढेर सारे नाम और अन्त में लिखवानेवालों के ढेर नाम। उसमें भी यदि किसी का नाम छूट जाता तो उसे बुरा लगता। यद्यपि जसु ने उसमें भी कमाने का जरिया ढूँढ़ निकाला था। चिट्ठी लिखने का वह आना-दो आना जिसकी जितनी जल्दी, उसके अनुसार लेता। चिट्ठी पढ़ने का काम वह मित्र मंडल की मदद से करता। पोस्टकार्ड पढ़ने पर तो जैसे सबका अलिखित अधिकार। अन्तर्देशी को गोल पिपिहरी जैसा घुमाते जाना और लोगों के घर-परिवार की बातों का मजा लेना। लिफाफा खोलने में थोड़ी कला-कारीगरी करनी पड़ती। थोड़ा मोटा लिफाफा होता उस समय और उसमें भी यदि कोई प्रेमकथा मिल जाती तब तो मजे-ही-मजे ही। गाँव में बहुतों को इस बात की खबर थी। एक दो बार तो भलाभाई के नौकर जीवा ने जसु की धुलाई भी की थी, तब थोड़ा ढ़ीला पड़ा था, फिर भी वह मौका मिले तो छोड़ता नहीं था!

किन्तु आज तो सच्चे दिल से कंचन के लिए अच्छा समाचार लाया था। "पंडितानी के पास से अनाधिकार कुछ नहीं लेना चाहिए...!"

अन्तिम बीस वर्ष में कंचन को उँगली की पोर पर गिने जा सकें उतने अच्छे समाचार मुश्किल से मिले हैं। यद्यपि जिसकी वह वर्षों से राह देख रही है, वह समाचार तो कौन जाने कब मिलेगा? चन्द्रकान्त को अहमदाबाद की म्युनिसिपालिटी में क्लर्क की नौकरी मिली थी। अमृत द्वारा सौंपी हुई। जिम्मेदारियों में से एक तो पूरी हुई बस, अब वह ब्याह कर घर-गृहस्थी बसा ले, तो निश्चिन्त। हालाँकि पीछे-ही पीछे अरुणा तैयार है। बेटी की जाति, उसे बढ़ते कितनी देर! झवेर भाभी होती तो कहतीं : "बेटी और घूरा दोनों बराबर। पड़े-पड़े बढ़ते ही रहते हैं।" कंचन को होता कि यदि झवेर भाभी को जया जैसी ननद होती तो बेटी के बारे में उनका खयाल बदल जाता। अरुणा कॉलेज में आई और उसी वर्ष जया ने अहमदाबाद के 'विकासगृह' में तबादला करवा लिया। कंचन ने सोचा, "यह चन्द्रकान्त पाँचेक वर्ष नौकरी करे और उस दरम्यान अरुणा कॉलेज कर ले, तो दोनों भाई-बहन का विवाह एक साथ कर सके। एक खर्च में दोनों प्रसंग पूरे हो जाएँ। मन तो लाख प्रयत्न करे किन्तु अन्त में तो सब ऊपरवाले के हाथ में है।" देखो न कंचन ने कितनी मनौती मानी थी, किन्तु कार्तिक सातवीं में फेल हुआ और साल बिगड़ा। नहीं तो उसे भी अहमदाबाद चन्द्रकान्त के पास भेज देती। हाईस्कूल और कॉलेज सब ठीक-ठाक पूरा हो जाता। कार्तिक को किताब पढ़ने की अपेक्षा चित्र बनाने में ज्यादा मजा आता है। उसने विचार किया कि जया को पुछवाऊँगी, वहाँ आगे पढ़ने के लिए नई लाईन हो तो? बाकी यह लड़का दूसरों की तरह नहीं पढ़ेगा। यूँ भी स्वभाव में कुछ भिन्न है। पूरा दिन सीवान में घूमता रहता है। घर में टिकता नहीं। छोटा था, तब बताया हुआ काम करता, जब से चन्द्रकान्त को नौकरी मिली है, तब से ज्यादातर कही गई बात पर ध्यान नहीं देता। घर से स्कूल जाने के लिए निकलता किन्तु स्कूल न पहुँचता। एक बार शिक्षक ने कंचन से कहा भी सही। उस दिन कंचन उसे मारने लगी तो सामने हो गया। हारकर कंचन ने उसका नाम लेना छोड़ दिया। बस उसे बड़ौदा जाना है; चित्रकला की पढ़ाई के लिए, किन्तु सातवीं फेल को कौन दाखिला देगा? फिर चित्र की पढ़ाई में कागज, रंग और साधनों का खर्च ज्यादा। मानो कि चन्द्रकान्त कुछ मदद करे किन्तु कंचन के बस का नहीं? जया से बात करे तो कोई तकलीफ नहीं रहेगी, किन्तु उस पर अरुणा की जिम्मेदारी तो डाली है फिर यह दूसरी और कहाँ डालनी। ऐसे में एक दिन भलाभाई घर पर आ पहुँचे। यूँ तो वे शायद ही मिलते हैं। अधिकतर वे दोनों एक-दूसरे को हरिप्रिया

के द्वारा ही पहचानते। हुआ ऐसा कि उस दिन कंचन ने माटी भिगोई थी फर्श लीपने के लिए। दोपहर की घड़ी थी, कार्तिक स्कूल गया था। कंचन कोठरी लीप रही थी और ड्योढी की कुंडी खटकी। मिट्टी सने हाथों से ड्योढ़ी खोली वहाँ सामने भलाभाई!

लम्बी, दुबली गेहुँआ देह, चेहरे पर पतली मूँछ, नीबू की फाँक जैसी आँखें। कंचन एक पल स्तब्ध रह गई। उसे खयाल नहीं रहा कि उसके सिर पर से साड़ी का छोर सरक गया है, जूड़े की गाँठ ढ़ीली होकर गरदन पर झुकी है और काम करते समय साड़ी खोंसी है, इसलिए पैर की पिंडलियाँ खुली हैं। शायद पहली बार वह किसी अन्य पुरुष के सामने यों खड़ी थी। आधी घड़ी में तो उसने अपने-आपको सँभाल लिया। माटीवाले हाथ से ही सिर पर ओढ़ा। 'आइए, आइए' कहती हुई आगे चली और खोंसी हुई साड़ी खोलकर उसे ठीक कर लिया।

भलाभाई ने संकोच के साथ ड्योढ़ी में कदम रखा। और धीरे से सती माँ की थान की ओर मुड़े। जूते निकालकर दर्शन किया। कंचन दालान की दहलीज पर पानी का गिलास लेकर खड़ी थी। वे आए और कंचन के हाथ से पानी का गिलास लेकर कुर्सी पर बैठे। कंचन कमरे की चौखट का सहारा लेकर खड़ी रही। पानी का गिलास वापस देते हुए भलाभाई बोले, "काफी दिनों से आपसे मिलना था किन्तु मेल नहीं बैठ रहा था। बीच में एक विचार आया कि इनको–आपकी 'सखी' को भेजूँ किन्तु फिर सोचा कि कुछ बातें सीधे करना ही ठीक' रुककर उन्होंने कंचन के सामने देखा और आगे कहा, "कहावत है कि सिंहासन पर बैठनेवाला बाप मरे किन्तु दूसरों के घर अनाज पीसनेवाली माँ न मरे। बात भी कुछ सही है किन्तु कुछ हद तक अधूरी। हकीकत में तो बालक के जीवन में माँ या बाप एक के बिना भी नहीं चलता। मैं देख रहा हूँ आपकी तपस्या। कितना-कुछ सहन करके आपने बच्चों को बड़ा किया। पिता का फर्ज भी निभाया किन्तु जो कमी है वह तो है ही।" वे कंचन की प्रतिक्रिया देखने के लिए रुके। कंचन को थोड़ा समझ में आया और थोड़ा नहीं।

"भला भाई, आप साफ-साफ कहिए। मुझे बुरा नहीं लगेगा।"

"बात कुछ यूँ है कि आपका छोटा बेटा कार्तिक वीरभद्र के चक्कर में फँस गया है। पूरा समय झाँपल देवी के दुआरे लेटा पड़ा रहता है। भारत सिंह के सिर का बाल-बाल कर्ज में डूबा हुआ है। वह वहाँ जुआ खेलता रहता है और यह वीरभद्र गाँव के लफंगों को इकट्ठा करके कभी-कभार, मार-पीट करता है।

हमें ऐसा लगता है कि गाँव का नाम बदनाम होगा किन्तु कितनी बार उसे पुलिस से बचाएँ? कार्तिक का उनके साथ उठना-बैठना ठीक नहीं।''

कंचन कुछ बोल न सकी। उसका दिल भर आया। अन्तिम कितने ही महीनों से उसे जो डर था वह आज सच हुआ था। चन्द्रकान्त अनुपात में सीधा और व्यावहारिक भी है। वह बड़ा हुआ और कंचन को पता नहीं चला किन्तु इस कार्तिक का क्या करें? वह भरे गले से बोली :

''क्या करूँ? मुझे दिन-रात इसकी चिन्ता होती है। पिछले साल सातवीं कक्षा में फेल हुआ। कितना समझाया कि परीक्षा दे दे, किन्तु कौन जाने मैं तो उसकी दुश्मन हूँ, इस प्रकार वह व्यवहार करता है। बोलता ही नहीं। कुछ भी कहो, मारो-पीटो बस ओंठ सी कर बैठ जाता है।''

''आप ऐसे निराश मत होइए। उसे शान्ति से पास में बैठाकर पूछिए, पढ़ना न हो तो किसी काम पर लगाइए।''

''नहीं, उसे तो चित्रकला पढ़ना है। बड़ौदा जाना है, पर मेरी हैसियत कहाँ कि मैं उसे भेज सकूँ। अभी चन्द्रकान्त को नौकरी पर लगे पूरे दो साल भी नहीं हुए। उसकी नौकरी पक्की हो जाए तभी कुछ सोच सकते हैं और यह चित्रकला पढ़कर वह करेगा क्या? उसमें से रोजी-रोटी निकलेगी?''

''आप एक काम कीजिए, उसे मेरे पास भेज दीजिए। मैं उसे समझाकर रास्ता निकालूँगा और हाँ, यदि वह चित्रकला में नाम कमाएगा तो आपको उसकी क्या अपनी भी रोटी की चिन्ता नहीं करनी पड़ेगी। अच्छा, अब जाने के लिए इजाजत लूँ।'' कहते हुए भलाभाई दालान की सीढ़ियाँ उतरे। जूते पहनकर एक मिनट खड़े रहे और बोले,

''आप कार्तिक की जरा भी चिन्ता न करें। उसके बड़ौदा जाने की व्यवस्था मैं कर दूँगा। इसके अलावा आपको आधी रात को कोई काम हो, तो संकोच मत करना। आप गाँव की बेटी ही नहीं इनकी 'सखी' भी हो। आप तो मीठे जल की मछली यहाँ खारे सागर में भटक गई हो। अच्छा, जैसी ईश्वर की इच्छा किन्तु इतना समझना कि आप अकेली नहीं हो।''

भलाभाई गए। कंचन को लगा एकदम सूखी नदी में भी मीठे पानी के सोते जरूर होते हैं!

बड़ौदा जाने की बात ने कार्तिक को नखशिख बदल दिया। कंचन के मन में बेचैनी रहती थी कि इस पैर की तकलीफ के साथ वह किस तरह शहर में टिक पाएगा? किन्तु यदि ऐसा करते हुए भी उसे उसकी मनपसन्द प्रवृत्ति मिलेगी तो कम-से-कम गलत राह पर नहीं जाएगा। बड़ौदा जाने में सप्ताह की

देर थी और एक शाम हरजी पटेल का कालू कार्तिक को लगभग गोदी में उठाकर घर लाया। पीछे बड़ा झुंड। कंचन स्तब्ध होकर देखती रही।

कार्तिक के मुँह से खून निकल रहा था। पूरा शरीर धूल में सना हुआ। दोनों पैर छिले हुए। जैसे किसी ने कँटीली झाड़ी में घसीटा हो। एक हाथ झूल रहा था। कार्तिक क्रोध और पीड़ा से रो भी नहीं पाता था।

बात ही कुछ ऐसी थी।

जब से भलाभाई ने कार्तिक को बुलाकर समझाया और उसे बड़ौदा भेजने की बात की तब से कार्तिक ने वीरभद्र की टोली में जाना छोड़ दिया। गाँव में होती छोटी-बड़ी चोरियाँ, जैसे–किसी के साइकिल की घंटी गुम हो जाना, किसी की बुलेट के पेट्रोल की टंकी खाली हो जाना, किसी की गाय को दुहने के समय बछड़ा छोड़ देना, तालाब-कुएँ पर स्त्रियाँ कपड़ा धोती हों या नहाती हों तब पेड़ की ऊँची डाल पर चढ़-छिपकर देखने की वृत्ति, कौन-किसके साथ फँसा है इसका प्रमाण खोजना, देर रात को किसी अकेली-दुकेली स्त्री के छप्पर पर पत्थर फेंकना, किसी की खड़ी फसल में जानवर हाँक देना ठाकुर के मन्दिर में से मौका मिलने पर फुटकर पैसे बीन लेना...आदि ऐसे कई गोरखधन्धों में कार्तिक साथी भी रहा है।

उस दिन खलिहान में कार्तिक पतंग उड़ा रहा था और वीरभद्र अपने साथियों के साथ पहुँचा। कार्तिक कुछ समझे इसके पहले उसका पतंग फाड़ दिया। डोरी का गोला दूर तालाब में फेंक दिया और लात मारकर कार्तिक को नीचे गिराकर उसे बबूल के काँटों में घसीटा। ठेठ गाँव के फाटक पर छोड़कर कहा :

"जा, तेरी माँ से पूछकर आ कि उसके कितने खसम हैं? और उस हरामजादे से कहना कि जो हो कर ले। वह तुझे वड़ोदरा भेजनेवाला है, तो मैं देखता हूँ कि तू कैसे जाता है?"

कार्तिक सब मार सह गया किन्तु वीरभद्र ने कंचन और भलाभाई पर जो कीचड़ उछाला वह उसकी सहन शक्ति के बाहर की बात थी। उसने नीचे पड़े-पड़े ही एक ईंट उठाकर मारी वीरभद्र की कनपटी पर। खून की धार के साथ वीरभद्र बैठ गया। उस समय हरजी पटेल का कालू सिवान से वापस आ रहा था। उसने डाँटकर टोली बिखेरी। कार्तिक के दोनों पैर बहुत छिल गए थे। उसे उठाकर घर ले आया।

कार्तिक का बायाँ हाथ उतर गया था। भला भाई को समाचार मिला तो गाड़ी निकलवाकर तत्काल नजदीक के सैजकपुर गाँव में हाड़ वैद्य के पास

कार्तिक को ले गए। कंचन को साथ में आने के लिए कहा किन्तु उसने पहले तो मना किया। भलाभाई बोले, "इतनी-सी बात में यों घबराएँगी तो कैसे चलेगा? चलिए, बेटे ने आपके लिए इतना सहा है और आप पीछे हट रही हैं।" कंचन गई। वीरभद्र भी मोटर में था। उसे तहसील के डॉक्टर ने टाँका लगाया। लौटते हुए भलाभाई बोले, "ये लड़के तो बड़ों के मैले मन का प्रतिबिम्ब होते हैं। वास्तव में ये लोग ऐसे नहीं होते।"

कंचन लौटी, तो कितने दिनों तक हाल-चाल पूछनेवालों की लाईन लगी। हकीकत में तो पूरा गाँव भारत सिंह और उसकी प्रजा से तंग आ चुका था। सभी राह देख रहे थे कि बिल्ली के गले में कोई घंटी बाँधे! अन्त में एकदम निरीह लगते कार्तिक ने कर दिखाया। कंचन ने कहा भी, "तूने किसलिए झगड़ा मोल लिया? यहाँ तो अकेली स्त्री को ऐरे-गैरे भी गाली दे जाते हैं, जिसे नहीं लाज उसका पूरा राज। तू किस-किसका जबान पकड़ने जाएगा। इस बार तू बच गया, किन्तु फिर यदि बात बढ़ेगी तो तुझे ये लोग जिन्दा नहीं छोड़ेंगें।"

"भले। वे लोग मुझे मार डालने से ज्यादा क्या करेंगे? पर एक बात तू भी कान खोलकर सुन ले । मैं सब सहन कर लूँगा किन्तु यदि कोई तेरा नाम भी लेगा या मेरे बाप तक जाएगा तो मैं उसे जिन्दा नहीं छोडूँगा।"

कंचन को लगा कि अब कार्तिक बड़ा हो गया है। उसने अपने सिर पर शीतल छाया का अनुभव किया।

भलाभाई की पहचान से कार्तिक को बड़ौदा के फाइन आर्ट्स में दाखिला मिल गया। पहले वर्ष तो सारा खर्च भलाभाई ने उठाया, किन्तु दूसरे वर्ष से कार्तिक छोटे-बड़े ग्राफिक, डिजाइन का काम लेकर कमाने लगा। उसने ली थी पेटिंग की लाईन किन्तु धीरे-धीरे उसकी कॉमर्शियल आर्ट्स में दिलचस्पी बढ़ने लगी। तीसरे साल पढ़ाई छोड़कर उसने मुम्बई का रास्ता पकड़ा। वहाँ विज्ञापन की कम्पनी में उसने काम ढूँढ़ भी लिया।

चन्द्रकान्त पढ़ने गया तब कंचन को था कि अरुणा और कार्तिक हैं। अरुणा गई तो कार्तिक का सहारा था किन्तु कार्तिक के जाने पर वह एकदम अकेली हो गई। अब तक वह जो कुछ भी करती थी उसके पीछे एकमात्र उद्देश्य था बच्चे, उनका पालन-पोषण, पढ़ाई ठीक तरह से हो और व्यवस्थित लाईन पर चढ़ जाएँ। कंचन को लगा कि बच्चे शुरुआत के दस वर्ष जैसे बहुत धीरे-धीरे बड़े होते लगते हैं फिर बाद में तो अचानक एकदम बड़े, यानी एक-एक घड़ी बढ़ने लगते। अभी हाल में चन्द्रकान्त की आवाज बदली थी तभी कार्तिक के मुँह

पर दाढ़ी की हलकी-सी रेखा दिखने लगी। अरुणा और कंचन के चप्पल की माप चुटकी बजाते ही एक हो गई। पंख आने पर सभी उड़ गए अपनी-अपनी दिशा में।

अरुणा बी.ए. हो गई। कंचन को अब दोनों भाई-बहन का एक साथ ब्याह करने की उतावली लगी । उसने जया को लिखा कि योग्य कन्या और वर ध्यान में रखे, किन्तु अरुणा ने स्पष्ट कह दिया कि पहले नौकरी बाद में शादी की बात। वह सरकारी नौकरी के लिए परीक्षा देने की तैयारी कर रही थी। कंचन का माथा ठनका कि यदि अरुणा ब्याह के लिए साफ-साफ मना करेगी अथवा उसने मन-ही-मन कोई पात्र पसन्द कर लिया होगा तो? उसने अहमदाबाद जाने का निश्चय किया।

26

कंचन ने अहमदाबाद जाना निश्चित तो किया, किन्तु जाए कैसे? पिछले सत्रह वर्षों में मुश्किल से कांप तक जाना हुआ था और वह भी गिनती के दो-तीन बार। फिर किसी-न-किसी का साथ तो होता ही। यह तो अहमदाबाद जाना था। दूर का रास्ता, आने-जाने में आठ घंटा लग जाए। इतने दिन काम-धन्धा छोड़कर कौन साथ आता? कंचन ने अकेले ही जाने का विचार किया।

कांप से अहमदाबाद जाने की बस मिलती और गाड़ी भी। हालाँकि बरसात में बस बन्द रहती। गाड़ी और बस के किराये में भी फर्क और अहमदाबाद पहुँचने के समय में भी। गाड़ी का किराया कम किन्तु बीच में वीरमगाँव जंक्शन से अहमदाबाद जाने के लिए गाड़ी बदलनी पड़े। उसमें भी सुबह निकलो तो लगभग अँधेरा होने पर अहमदाबाद पहुँचो। बीच में फिर दूसरी गाड़ियों की क्रॉसिंग और कनेक्शन के कारण रुकावटें अलग से। शायद ही कोई गाड़ी अपने समय के मुताबिक मुकाम पर पहुँचाती, इसके बजाय बस ठीक रहेगी। किराया थोड़ा अधिक पर बीच में कहीं बदलने की झँझट नहीं। कांप से बैठे तो सीधे ठेठ अहमदाबाद उतरने का।

कंचन ने कांप से अहमदाबाद जाने के लिए बस पकड़ी। बस छोटे-बड़े गाँव से होती जाए। थोड़ी देर पक्के रास्ते पर चढ़ती तो थोड़ी देर में कच्चे रास्ते पर उतरकर अन्दर के छोटे गाँव से होती जाती। कंचन सुबह ग्यारह बजे की बस में बैठी थी तो शाम को ठेठ साढ़े चार-पाँच पर अहमदाबाद पहुँची। गीता मन्दिर स्टैंड पर उतरी तब एक पल तो उसकी आँखें चौंधिया गई। लम्बे समय तक बन्द कमरे में रहने के बाद अचानक खुली प्रकाशित जगह में आँखों को आदत पड़ने में समय लगेगा । कंचन का बचपन भले गाँव में बीता हो, किन्तु उसका एक व्यक्ति के रूप में विकास कराँची जैसे शहर में हुआ था। संवेदन और समझदारी दोनों शहर में ही विकसित और परिपक्व हुए। इसलिए वह कुछेक वर्षों से गाँव

में रहती है, किन्तु अपने को शहरी ही मानती है। उसके रहन-सहन में, विचार-व्यवहार में गाँव का खुरदुरापन कम और शहर की नफासत अधिक थी। कंचन की चौंधियाई हुई आँखों ने दो-चार बार पलक झपकाईं और मन में कराँची के चौड़े स्वच्छ रास्ते, ऊँची इमारतें, ट्राम-वे और फिटन के दृश्य उभरने लगे। काश, वे सब निर्जीव-स्थिर दृश्य होते! कंचन की आँखों में आँसू आ गए। अब तो केवल स्मरण में ही वह शहर और उसके बाशिन्दे...उसने एक लम्बी साँस ली और थैली में से चन्द्रकान्त के पतेवाला कागज निकाला। यूँ तो जया का पता भी था, किन्तु कंचन ने सोचा कि "लाओ यों अचानक चन्द्रकान्त के कमरे पर जाऊँ, तो कैसे रहता है, कैसे नहीं, इसका सही पता तो चले।"

उसने स्टैंड में घूमते एक कंडक्टर को पतावाला कागज दिखाया और जाने का रास्ता पूछा। कंडक्टर ने पता पढ़ा और एक नजर कंचन के सामान पर डाली फिर कहने लगा "यहाँ से दूर है। इतना सामान लेकर चल नहीं पाओगी। पैडल रिक्शा कर लो।" कंचन को सकुचाते हुए देखकर बोला, "लाओ, मैं तुम्हें रिक्शा खोज दूँ। आपको सही पते पर पहुँचाएगा और पैसा भी वाजिब लेगा।" कंडक्टर की भलमनसाहत देखकर कंचन को लगा, दुनिया में अच्छे आदमियों की कमी नहीं।

पैडल रिक्शा देखकर कंचन दो कदम पीछे हट गई। बैलगाड़ी, एक्का या ताँगे में बैठते हैं, तब भार खींचते पशुओं पर दया आती है। यहाँ तो आदमी, आदमी का भार खींचे! उसने मना किया। कंडक्टर ने समझाते हुए कहा "बहन, ताँगेवाला ज्यादा पैसा लेगा। फिर यह तो बेहतर है। साइकिल रिक्शा का पैडल मारना होता है इसलिए रिक्शावाले को कम मेहनत पड़ती है। कलकत्ता जैसे शहर में तो आदमी दोनों हाथों से गाड़ी के आगे के दोनों लम्बे हत्थे पकड़कर घोड़े की जगह दौड़ता है और बाबू लोग पीछे बैठते हैं।" उसमें फिर रिक्शेवाले ने जोड़ा "बहन, आपकी तरह यदि सभी हम पर दया खाने लगेंगे तो हम खाएँगे क्या?" अनजान शहर, बैठे बिना चारा न था। फिर सामान भी ज्यादा। बच्चों के लिए जी टँगा रहता है। यजमान के यहाँ से आए अनाज और मूँगफली की बोरियाँ, अरुणा के लिए ब्लाऊज पीस, जया के लिए पाँचेक जोड़ थाली-कटोरी, चन्द्रकान्त धोती पहनता नहीं इसलिए उसके लिए दो कमीज का सफेद कपड़ा, फिर बेसन के लड्डू और सुखड़ी का डिब्बा तो था ही। सामान बढ़ गया इसलिए अन्त में रजाई लाने का विचार छोड़ दिया। घर पर वस्तुएँ बढ़ती जाती थीं किन्तु खानेवाली या उपयोग करनेवाली वह अकेली। कभी-कभी तो यजमान को वस्तुएँ लाने से मना करना पड़ता तो कभी अड़ोस-पड़ोस में बाँट देती। झवेर भाभी

बिनमाँगी सलाह भी देतीं–"आपके भैया को वस्तुएँ दुकान में देकर नगद कर लेती हों, तो' किन्तु कंचन का मन नहीं मानता। तलकचन्द आधी कीमत देता और बाद में उसी वस्तु को डेढ़ गुनी कीमत पर यजमान को बेचता। ऐसे गोरखधन्धे में कौन पड़े!

कंचन पैडल रिक्शा में बैठी तो सही, किन्तु उसका कलेजा टुकड़े-टुकड़े हो रहा था। पसीने से भींगी हुई पीठ पर चिपकी हुई घिसी कमीज, घुटने तक की मैली धोती, पैर की पिंडलियों के उभरे हुए स्नायु और हाथ की खिंची हुई नसें, दम लगाने पर दुहरा होता जाता शरीर, एलिसब्रिज की चढ़ाई का ढाल आते ही कंचन से नहीं रहा गया। वह बोल उठी, "रुको भैया, यह ढलान मैं चढ़ लूँगी।" रिक्शा थोड़ा धीमा हुआ और वह उतर गई।

पुल के पास बाईं ओर बगीचे के बाहर के रास्ते पर और सामने की ओर रास्ते पर दुकान समेटते लोग और अन्त में कुछ ज्यादा फायदा खोज रहे थोड़े बहुत ग्राहक। शुक्रवारी का हाट उठ रहा था। पुल के सिरे पर जाकर रिक्शावाला पसीना पोंछता खड़ा था। कंचन को देखकर बोला, "बहन, आप यहाँ की नहीं लगती हैं। यहाँ तो पाई-पाई वसूल करनेवाले लोग पड़े हैं। कभी सामने से विनती करते हैं कि थोड़ी देर उतर जाओ तो ऊपर से झगड़ते हैं और पैसा काट लेने की बात करते हैं। आप जैसा दयालु जीव तो मुश्किल से मिलता है।" फिर तो रिक्शावाला गाइड का काम करने लगा।

"बहन, यह पुल तो है लोहे का किन्तु लोग उसे लकड़िया पुल कहते हैं। यह ऐसा पुल है कि इसे सौ वर्ष तक कुछ नहीं होगा।" पुल के दोनों ओर गोलाकार कमानों में से बहती साबरमती दिखाई देती थी। पुल पूरा होने पर रिक्शावाला कहने लगा, "ठीक से पकड़ना।" और ढलान उतरता हुआ उसका रिक्शा दौड़ने लगा। रिक्शेवाले के चेहरे पर राहत देखकर कंचन को लगा–"पूरा रास्ता ऐसा आसान-सरल होता तो! किन्तु जीवन में प्रत्येक को कहीं ढाल चढ़ना पड़ता है तो कहीं उतरना पड़ता है। शायद दोनों अनिवार्य हैं। नहीं, नहीं वास्तव में तो एक है इसलिए दूसरा है। सुख नहीं होता तो दुख को कौन पहचानता? और दुख नहीं होता तो सुख का मजा कैसे ले सकता?"

"बहन, यह अहमदाबाद का बहुत बड़ा अस्पताल, वाडीलाल।" रिक्शावाले की आवाज से कंचन का विचार तन्तु टूटा। विशाल इमारत के सामने की ओर एक खम्भे पर मादलपुर नाम की पट्टी लटक रही थी। कोई पुराना गाँव होगा। अब जो कि उसका नाम भी मिट गया होगा। शहर बढ़ने पर कितने छोटे-छोटे गाँव, मुहल्ले उसमें समा जाते हैं।

'सत्याग्रह आश्रम' का बोर्ड पढ़ते ही कंचन को लगा, चलो कोचरब आ गया। मेल बैठेगा तो जया के साथ साबरमती आश्रम भी देखने जाऊँगी। "यह तो चन्द्रकान्त के पड़ोस में ही है।" कंचन को बड़ा अच्छा लगा। मन्दिर की मूर्ति का दर्शन भले दूर हो किन्तु ध्वज के दर्शन से जो सन्तोष मिलता है कुछ ऐसा ही सन्तोष उसे मिला।

कोचरब गाँव में नए पटेल टोले में चन्द्रकान्त का कमरा खोजने में ज्यादा तकलीफ नहीं हुई। दिन डूबने लगा था। कंचन रिक्शा से उतरी। रिक्शावाले ने सामान नीचे उतरवाने में मदद की। निश्चित किराये की अपेक्षा कंचन ने रिक्शावाले को दो आना ज्यादा दिया और कहा, "आपने तो मुझे अहमदाबाद दिखाया भी।"

चन्द्रकान्त के कमरे के बाहर तख्ती लटक रही थी। "श्री चन्द्रकान्त अमृतलाल शुक्ल, बी.कॉम." कंचन की छाती गजभर फूल गई। कमरे का दरवाजा अधखुला था। पहले पायदान पर पैर रखते हुए कमरे के अन्दर से किसी स्त्री के हँसने की हलकी आवाज सुनाई दी। कंचन रुक गई। जवान लड़का। धीरे से अपने को सँभाला और दरवाजा खटखटाया।

'अभी आया', चन्द्रकान्त ने अन्दर से जवाब दिया। दरवाजा पूरा नहीं खोलते हुए उसने झाँका और 'माँ तू?' कहते हुए वह अचम्भे में पड़ गया। उसे कंचन के हाथ में से बैग लेना भी न सूझा।

"हाँ, मैं। नीचे पड़ा हुआ सामान ले आना।" कहकर कंचन चौखट पर खड़ी रही। खिसियाया-सा चन्द्रकान्त कुछ भी बोले बिना सामान ले आया और दरवाजा पैर से ठेलकर पूरा खोल दिया। कमरे में घुसते हुए कंचन ने देखा एक युवती सामने पड़ी हुई कुर्सी पर बैठी थी। कंचन को देखकर खड़ी हो गई। 'बैठ, बहन बैठ।' कहकर कंचन खटिया पर बैठी और साड़ी के छोर से पसीना पोछने लगी। वह युवती पानी लेने गई। कंचन ने एक भरपूर दृष्टि पूरे कमरे पर डाली। छोटी-बड़ी चीजें, वस्तुओं के रखने में किसी का उमंगभरा स्पर्श दिखाई दे रहा था। कंचन ने देखा, चन्द्रकान्त धीरे-धीरे घर बसाने लगा है। घर से दिए हुए बरतनों के बगल में नए घाट के बरतन रखे हुए देखकर उसे कुछ मिश्र अनुभूति हुई। उसे खराब तो नहीं लगा किन्तु वह प्रसन्न भी न हो सकी।

युवती के हाथ में से पानी का गिलास लेकर कंचन को थमाकर चन्द्रकान्त सहज होते हुए बोला :

"माँ, ये विशाखा बहन हैं। पिछले साल हमारे दफ्तर में यहाँ आईं हैं।"

विशाखा ने नमस्ते किया। उसका जवाब देते हुए कंचन ने बात को अलग ही मोड़ दिया, ''हाँ, कुछ थोड़ा-थोड़ा याद है। तूने एक बार चिट्ठी में लिखा था।'' फिर विशाखा के सामने नजर डालते हुए कहा, ''बहुत बखान करता है तुम्हारा। मुझे कहता कि मदद करें ऐसी हैं।''

बात की डोर को बीच से थामते हुए चन्द्रकान्त ने कहा, ''हाँ, देखो न, कल रात मुझे बुखार आया था तो आज दफ्तर नहीं गया तो यहाँ देखने चली आई। कहती है, लाओ खिचड़ी पका दूँ।''

विशाखा गई फिर चन्द्रकान्त ने बात की। विशाखा के पिता चालू नौकरी में अचानक गुजर गए, तो उसे उनकी जगह नौकरी मिली थी। भाई बहुत छोटा था और माँ खास पढ़ी-लिखी नहीं थी। विशाखा कॉलेज के दूसरे साल में थी तो उसे मैट्रिक के आधार पर क्लर्क की जगह पर ले लिया गया। हालाँकि उसकी माँ को तो डर है कि लड़की ब्याह कर जाएगी बाद में क्या होगा? कंचन को हुआ, ''बेटा बड़ा हो उसके इन्तजार में भूखे थोड़ी जी सकते हैं?''

अहमदाबाद में पहली रात कंचन ने बिना नींद के पूरी की। उसे चिन्ता थी कि अरुणा कोई पात्र पसन्द कर लेगी तो? यहाँ तो बात अलग थी। यद्यपि चन्द्रकान्त ने अभी स्पष्ट रूप से कुछ कहा नहीं था किन्तु कहने की जरूरत ही कहाँ थी? इस बात से कंचन को बड़ा आघात लगा ऐसा तो नहीं कह सकते। वह कई बार कहती–बेटी चाहे जहाँ से लाएँ किन्तु दें तो कुलवान को ही। यहाँ तो उस कहावत जैसा था, ''जो राजा के मन भाई, वो रानी, चाहे गोबर बीननेवाली लाए।'' किन्तु कंचन को बेटे की माँ बनकर ठाट-बाट मारने की इच्छा तो थी। दो-चार घर से रिश्ता आए और स्वयं उसमें से बेटे की बहू पसन्द करे! उसे जात-परजात की खास चिन्ता नहीं थी। ऐसा भी नहीं था कि बड़े घर की बेटी आए, तो गौने में ठीक-ठीक दहेज लाए। कंचन को मलाल था कि चन्द्रकान्त ने उसका अधिकार छीन लिया।

दूसरे दिन चन्द्रकान्त उसे जया के पास छोड़ गया। अरुणा सुबह-सुबह संस्था के कार्यालय में काम करने जाती। सेवा का सेवा और कुछ दफ्तरी काम भी सीखा जा सके! कंचन को देखते ही जया समझ गई कि ''भाभी किसी चिन्ता में हैं।'' चन्द्रकान्त के जाते ही उसने पूछ ही लिया। पूरी रात बेचैन कंचन ने जया से विशाखा और चन्द्रकान्त की बात की। जया बोली, ''ओ हो-हो, इससे अच्छा और क्या? लड़के ने आपका काम सरल कर दिया।'' फिर कंचन को समझाते हुए बोली–भाभी, सच बताना यहाँ अपना सगा कौन है? ये तुम बताती हो सो घूम-फिरकर रामपरावाला त्रिभुवन। इसमें हम तो पहले से ही बाहर हैं,

तो अब बिरादरी से बाहर कौन निकालेगा? ये बात सही है कि कराँची में हमारी बहुत साख थी, किन्तु यहाँ? मुझे लगता है कि तुम्हें इस बात का ज्यादा बुरा लगा कि चन्द्रकान्त ने खुद ही पात्र पसन्द कर लिया। भाभी, तुम सही अर्थ में लो। कल उठकर इस पसन्दगी की जिम्मेदारी आपके सिर पर तो नहीं डाल सकेगा न!"

कंचन ने कहा, "तो फिर हमें विशाखा की माँ से मिल लेना चाहिए। मुझे शंका है कि चन्द्रकान्त ने हमारी परिस्थिति के बारे में स्पष्ट बात शायद न भी की हो।" तभी अरुणा आई इसलिए ननद-भौजाई की बात अधूरी रही। खादी की साड़ी में अरुणा को देख कंचन को लगा जैसे वह अपने अधूरे स्वप्न को पूरा होते हुए देख रही है।

हफ्ता कहाँ बीत गया इसका पता भी न चला। इस दौरान कंचन और जया, विशाखा की माँ से मिल आईं। हालाँकि कंचन ने विशाखा का पता माँगा तब चन्द्रकान्त ने ज्यादा उत्साह नहीं दिखाया। जया ने सीधे ही पूछ लिया–"लड़की तुझे अच्छी नहीं लगती?"

"नहीं, एकदम ऐसा भी नहीं है। हम सोच रहे थे कि एक तरफ उसका भाई कहीं नौकरी पर चढ़ जाए और दूसरी ओर अरुणा का रिश्ता भी तय हो जाए। खर्च के हिसाब से भी थोड़ा राह देखें तो..."

जया कुछ बोले इसके पहले कंचन ने कहा, "देख भैया, तुझे लड़की पसन्द ही हो, तो हमें जवान बेटी की माँ को निश्चिन्त कर देना चाहिए। अरुणा का नसीब अरुणा के पास। अब खर्च की बहुत चिन्ता नहीं। कार्तिक भी मुम्बई में जमता जा रहा है। वैसे तो न नौ मन तेल होगा न राधा नाचेगी। आय शुरू हो जाए तो फिर सगे-सम्बन्धियों से सहायता ली जा सके। धीरे-धीरे पैसा चुकता हो जाएगा। संसार में सभी का व्यवहार ऐसे ही चलता है। और हाँ, हमें अपनी हैसियत और जिम्मेदारियों की बात भी उनसे कर देना चाहिए।"

कंचन और जया विशाखा की माँ से मिल आईं। अन्धे को क्या चाहिए? तो कहेगा 'दो आँखें'–जैसा घाट था। वे लोग नागर ब्राह्मण। उन्हें जात-परजात की अपेक्षा भविष्य की चिन्ता ज्यादा थी। कंचन ने विशाखा की माँ को चिन्ता मुक्त कर दिया। "चन्द्रकान्त जितना मेरा बेटा उतना आपका। जवान बच्चे हैं। हमें बात पक्की कर लेनी चाहिए। विवाह भले वर्ष-दिन बाद करें। और विवाह भी सादगी से करना। आप एक जोड़ कपड़े में ही बेटी विदा करोगी तो हमें दिक्कत नहीं। बाकी, एक बात की स्पष्टता मुझे कर देनी चाहिए। मेरा घर साधारण है। यजमान वृत्ति और लड़के की यह नौकरी। यहाँ इफरात का पैसा नहीं है। थोड़ा

जतन करके चलना होगा। बाकी मेरे घर आपकी बेटी दुखी नहीं होगी।" चन्द्रकान्त और विशाखा की सगाई का गुड़ खाया, उस दिन जया ने चन्द्रकान्त को सोने की अँगूठी दी और विशाखा को सिकड़ी। चन्द्रकान्त को थोड़ा आश्चर्य तो हुआ किन्तु वह कुछ न बोला।

जाने के अगले दिन अरुणा कंचन को साबरमती आश्रम दिखाने ले गई। गाँव के छोर पर। बीच-बीच में बँगलें आ जाते। बाकी मकान की अपेक्षा पेड़ ज्यादा। आश्रम में घूमते हुए कंचन की आँखों में गौतम के जन्मदिन के पहले की शाम तैरती रही। कराँची का बंबा ग्राउंड, मंच पर गांधीजी और पंडाल में खड़ी ललिता! कंचन का दिल भर आया। क्या गांधीजी ने ऐसी लहूलुहान आजादी का सपना देखा था?

घर पहुँचकर दरवाजा खोला, उस समय दो चिट्ठियाँ राह देखती हुई पड़ी थीं।

27

अहमदाबाद से जसापर पहुँचकर कंचन ने घर का दरवाजा खोला तब ओसारे में दो चिट्ठियाँ उसकी राह देखती हुई पड़ी थीं। कमरे में सामान रखकर कंचन ओसारे में आई और चिट्ठी लेकर झूले पर बैठी। एक पोस्टकार्ड था। अक्षर से लगा कि कार्तिक का है। दूसरा एक लम्बा लिफाफा। अक्षर अपरिचित साथ ही अंग्रेजी में। कंचन ने पहले कार्तिक का पोस्टकार्ड पढ़ा। चन्द्रकान्त और अरुणा से मिलकर आई और तभी कार्तिक की चिट्ठी आई। उसे बहुत भरा-भरा लगा। कार्तिक चिट्ठी लिखने में मनमौजी था। कंचन जब फरियाद करती तब कहता, कि अच्छा या बुरा कोई समाचार हो, तो लिखूँ और बाकी हम मजे में हैं और आप मजे में, आगे मौसम का समाचार और अन्त में तबीयत सँभालना और चिन्ता नहीं करना। तू कहे तो मेरे अक्षर में ऐसे पोस्टकार्ड रोज के हिसाब से छपवाकर रखूँ और बस चपरासी को कह दूँ कि रोज ऑफिस से घर जाए तब जिस तरह से अपनी सब्जी लेता जाता है, उसी तरह मेरी चिट्ठी डालता जाए। 'कार्तिक की बात सच हो, तो भी महीने में एकाध बार उसके अक्षर देखने के लिए माँ की आँखें तरसें तो क्या उसे गलत कहा जाए!

कार्तिक ने नौकरी बदली थी। नई नौकरी में तनख्वाह ज्यादा थी। उसने रहने का स्थान भी बदला था। ऑफिस के पास ही पेइंगगेस्ट के रूप में रहने की व्यवस्था थी। कंचन ने सोचा एक तो वेतन बढ़ा और दूसरा रेलगाड़ी का किराया भी बचा। उसने सबसे पहले कार्तिक के नए ऑफिस का पता लिख लिया।

लिफाफा हाथ में लेते हुए कंचन को लगा–किसका होगा? कोई सरकारी कागज होगा? कराँची से भागकर आए तो सबने कहा कि तुम जिला कार्यालय पर जाकर अपना नाम शरणार्थी में लिखवा दो। सरकार जमीन या मकान देनेवाली है। अहमदाबाद में तो पूरा ठक्करबापानगर और आस-पास के विस्तार

में ऐसे शरणार्थी ही रहते हैं। कांप में भी सिन्ध-गुजरात सोसायटी में बहुतों को जमीन मिली। कितने लोगों ने तो कितनी ही गलत-सही जायदाद लिखाकर जमीन ली। छोटे जख्म को बढ़ा-चढ़ा करके लोगों ने फायदा उठाया; परन्तु कंचन बोली, "हम कहाँ शरणार्थी हैं, कच्चा-तो-कच्चा सिर पर छप्पर तो है!"

कंचन ने विचार-ही-विचार में लिफाफा खोला। उसमें टाइप किया हुआ एक कागज था और दूसरा हाथ से लिखा हुआ। दोनों कागज अंग्रेजी में थे। कंचन को अंग्रेजी आती नहीं। उसे लगा सम्भव है, इसमें परदेश से अमृत का समाचार हो! तो फिर अमृत ने अंग्रेजी में क्यों लिखा? उसे तो पता है कि मुझे गुजराती भी मुश्किल से आती है। तो फिर यह किसका कागज होगा? गौतम का? एक असम्भव कल्पना करते हुए कंचन काँप गई। अमंगल की आशंका से उसका जी डूबने लगा। उसने हाथ में से लिफाफा नीचे रख दिया जैसे वह कोई रहस्यमय विस्फोटक पदार्थ हो। उसने चाहा कि चौराहे पर मंत्रित टोने-टोटके के वृत्त से जिस तरह वह बचकर चली जाती थी उसी प्रकार इस पत्र से बचकर निकल जाए। किन्तु इसमें क्या होगा? यह किसका पत्र होगा? बिना पढ़े रहा जाए, ऐसा न था। गाँव में किससे कागज पढ़वाऊँ? जसु से तो कहा नहीं जा सकता। वह तो जीता जागता अखबार है। फिर उसे अच्छी तरह से अंग्रेजी आती भी नहीं होगी। भलाभाई पढ़ देंगे और यदि कुछ ऐसा-वैसा हो, तो घर की निजी बात को भी जमीन में गाड़ दें। कंचन ने घड़ी में देखा। भलाभाई तो रात को भोजन के समय छावनी से आते हैं। कंचन बड़ी मुश्किल से रात के नौ बजा पाई।

कंचन ठाकुर साहब के दरवाजे पहुँची उस समय जीवा बैठकखंड के किवाड़ बन्द कर रहा था। बीच का चौक पार कर कंचन हरिप्रिया के कमरे की ओर मुड़ी। ओसारे में पेट्रोमेक्स जल रहा था। केसर सामने मिली। वह जूठी थाली लेकर चौकड़ी में रखने जा रही थी। कंचन पूछे इसके पहले बोली–"भाभी साहिबा और भैया अन्दर बैठे हैं, जाइए।" लालटेन के उजाले में हरिप्रिया पंखा झलती बैठी थी और आसन पर बैठे हुए भलाभाई हाथ में सरौता लेकर सुपारी काट रहे थे। सामने पीढ़ा पड़ा था। कंचन को देख हरिप्रिया ने खड़े होकर स्वागत किया और हाथ पकड़कर गलीचे पर बैठाते हुए बोली :

"सखी, तुम्हें तो अहमदाबाद बड़ा भा गया।"

"नहीं बहन, आपके बिना अच्छा नहीं लगा इसलिए लौट के बुद्धू घर को आए।"

"लौटें तुम्हारे दुश्मन। ऐसा क्या शुभ-अशुभ बोलती हो। अभी तो सिर पर मौर रखकर चन्द्रकान्त की बहू लानी है, जमाई का परछन करना है।"

आसन से उठते हुए भलाभाई बोले, “जै नारा’ण।”

कंचन ने सिर पर ओढ़ा हुआ पल्लू आगे ठीक किया और कहा : “जै नारा’ण” और हाथ का लिफाफा उनकी ओर बढ़ाया।

“क्या है?” हरिप्रिया ने पूछा।

“मैं अहमदाबाद थी तब डाक से आया था। अंग्रेजी में है।”

“जीवा, जरा पेट्रोमेक्स लाना तो।” कहकर भलाभाई कमरे में पड़े तख्त पर बैठे।

कवर पर युगांडा का टिकट और कम्पाला की मुहर थी। भलाभाई जानते थे कि कंचन के पति कम्पाला में व्यवसाय करने गए हैं। किन्तु वे अंग्रेजी में पत्र क्यों लिखेंगे? उन्होंने सोचा कोई दफ्तरी बाबत होनी चाहिए। मन में थोड़ी चिन्ता भी हुई। कोई आफत तो नहीं होगी न? वे पत्र पढ़ने लगे। कंचन और हरिप्रिया सामने बैठे हुए पत्र पढ़ते हुए भलाभाई को देख रहे थे। आरम्भ में भलाभाई का चेहरा कुछ सामान्य था। जैसे-जैसे पत्र पढ़ते गए उनके चेहरे का भाव बदलता गया। बन्द होते ओठ, ऊँची होती भौं, किनारे से थोड़ी सिकुड़ती आँख–कंचन और हरिप्रिया के चेहरे भलाभाई का दर्पण बने रहे। नहीं–दर्पण नहीं। उसमें स्त्री सहज विह्वलता जुड़ती जाती थी। पत्र का अन्तिम भाग पढ़कर भलाभाई मन-ही-मन थोड़ा रुके। उलझे, साँस लिया और पत्र को तहा दिया। भलाभाई ने पत्र पूरा किया तब कंचन को याद आया कि साँस भी लेनी होती है।

कमरे में थोड़ी देर स्तब्धता छा गई। तीनों में से एक भी उस स्तब्धता में कंकड़ फेंकने को भी तैयार न था। तीनों को पता था कि कुछ अनहोनी हो गई है। तीनों जानते थे कि जो कुछ भी घटा है, उसके विषय में जाने बिना मुक्ति भी नहीं थी। उस लपलपाती लपट में सबसे पहले हाथ डालने की कोशिश कौन करे, यह प्रश्न था। भलाभाई जानते थे, परन्तु कभी-कभी मनुष्य दूसरों से न कहकर सत्य को खुद से भी छिपा सकता है। किन्तु यदि एक बार वह प्रकट हो जाए, तो उसका सामना करना बड़ा कठिन हो जाता है।

भलाभाई दुविधा में थे। कंचन पत्र का विषय जानने ही आई थी। सामान्य रूप से वह रात के समय कभी किसी के घर नहीं जाती। उसके लिए यह पत्र जीवन-मरण का प्रश्न था, इसीलिए तो आई थी। उन्हें लगा, पत्र की बात तो आज ही करनी पड़ेगी। कल सुबह तक वह किस तरह से धीरज रख पाएँगी? फिर सोचा–“अभी कहूँगा तो यह रात किस तरह से वह पूरी कर पाएँगी?” उन्होंने बीच का रास्ता निकाला। कंचन से कहूँ कि वह बच्चों को बुलवा ले। भलाभाई ने गला खँखारते हुए कहा, “मुझे लगता है कि कल बच्चों को बुलवा लो।”

“अगर जरूरत पड़ेगी तो बच्चों को भी बुलवा लूँगी। मेरी चिन्ता मत कीजिए। मैं कोई भी आघात सह लूँगी। मुझे पता है, मेरे हिस्से में आया बोझ मुझे ही उठाना है। आपको अभी ही मुझे जो भी हो वह सच्ची हकीकत बतानी पड़ेगी।”

भलाभाई एक क्षण बोलती हुई कंचन को देखते रहे। फिर पलभर आँखें बन्द की। जैसे एक दीपशिखा को भीतर निहार लिया। आँख खोलकर हरिप्रिया के सामने देखा। उनकी नजरों में भी उसी दीपशिखा को देखकर पत्र का कुछ गुजराती करते हुए कहने लगे, “प्रिय कंचन,

हम एक-दूसरे को पहचानते नहीं, किन्तु अपना नाता काफी करीब का है। कहूँ कि एक ही मार्ग के मुसाफिर हैं।

मेरा नाम ईव है। मेरे पिता की कम्पाला में बड़ी एस्टेट है। मैं उनकी एकमात्र सन्तान। आज से पन्द्रह वर्ष पहले हमारी एस्टेट में श्री अमृत शुक्ल मैनेजर के रूप में जुड़े। बहुत कम समय में वे मेरे पिता का दाहिना हाथ बन गए।

व्यवसाय में कुछ विकट परिस्थितियाँ खड़ी होने पर मेरे पिता ने मेरा विवाह अमृत के साथ कर दिया। मुझे पुत्री के रूप में और अमृत को वफादार नौकर के रूप में यह विवाह स्वीकार करने के सिवा और कोई चारा नहीं था। यहाँ पत्र में उन संघर्षों का विस्तृत वर्णन करना उचित नहीं, किन्तु मुझे कहना चाहिए कि हमारा विवाह भले परिस्थितिवश हुआ हो किन्तु हम दोनों एक-दूसरे को पाने में भाग्यशाली रहे। विवाह के तीसरे साल हमें एक बेटा हुआ। उसका नाम है केवोन।”

जैसे किसी पर्वत के एक शिखर पर पहुँचे हो, यों भलाभाई अटके। उन्होंने देखा कंचन फटी आँखों से सुन रही थी। हरिप्रिया कंचन की दाहिनी हथेली अपने दोनों हाथों में पकड़कर बैठी थी।

भलाभाई ने आगे पढ़ा, “आपको लगेगा कि अब ऐसा तो क्या हुआ कि आज, इतने वर्षों के बाद मुझे यह पत्र आपको लिखना पड़ा। मुझे बताते हुए अत्यन्त दुख होता है कि दो महीने पहले एक कार दुर्घटना में अमृत का दुखद निधन हुआ है।”

अब आगे कोई सीढ़ी चढ़नी नहीं थी। जहाँ पहुँचे थे वहाँ से नीचे नजर डाले बिना मुक्ति ही नहीं थी और वहाँ थी गहरी खाई। कंचन पर्वत के सबसे ऊँचे शिखर पर खड़ी होकर नीचे अपनी नियति देख रही थी।

“अमृत की मृत्यु के बाद मैंने जब उनका निजी लॉकर खोला तब उसमें से एक डायरी मिली। आपको आश्चर्य होगा कि मेरे पिता यह बात जानते थे कि

अमृत का पहले विवाह हो चुका है। मैं एक अनजाने पुरुष यानी कि मेरे पति द्वारा ही नहीं, मैं अपने सगे पिता द्वारा भी छली गई थी। शायद आप मेरी पीड़ा समझ सकोगी। डायरी पढ़कर मैं ऐसी टूट गई कि आपको तुरन्त पत्र लिख नहीं पाई। झूठ नहीं बोलूँगी, मुझे आपसे ईर्ष्या भी हुई। मैं मानती थी कि मेरा पति एकमात्र मुझे ही चाहता है, किन्तु मैंने देखा कि उनकी डायरी में उनका विशिष्ट और निजी विश्व था। जहाँ मेरा प्रवेश निषिद्ध था। खैर!''

''अमृत ने आपको पत्र लिखा था किन्तु उसे आपका कोई उत्तर नहीं मिला था। उसने आपको मृत मानकर डायरी में विलाप भी किया है, परन्तु पता नहीं क्यों मुझे पिछले महीनों से ऐसा लगता रहा था कि आप हैं, आपके बच्चे हैं। अमृत का प्रेम आपको यों मरने न देगा। वह बिचारा तो डायरी में भी खुद का सामना नहीं कर सका है। शायद मैं अमृत का अधूरा कार्य पूरा करने के लिए प्रेरित हुई हूँ, इसलिए ही यह पत्र लिख रही हूँ। एक कोशिश कर रही हूँ। मुझे पता है कि आप आज भी अमृत की राह देखती होंगी।''

एक हिचकी सुनाई दी और भलाभाई रुक गए। कंचन हरिप्रिया से लिपटकर रो रही थी। उसका पूरा शरीर सारी वेदना दबाने के प्रयास में काँप रहा था।

समूचा कमरा कंचन की व्यथा में डूब रहा था। हरिप्रिया क्या कहे? वह भी जार-जार रो रही थी। भीगी आँखों से केसर पानी ले आई। भलाभाई ने आगे पढ़ा :

''इस पत्र का खास आशय कुछ और भी है। अमृत ने कुछ रकम फिक्स में रखी थी जिसमें वारिस के रूप में आपका नाम है। इस पत्र के साथ अमृत की मृत्यु का डॉक्टरी प्रमाण-पत्र भी है, जिससे आपको मेरी बात और मेरे इरादे के बारे में शंका न रहे।

पत्र का जवाब अवश्य दीजिएगा। आपका पत्र मिलेगा तभी मैं आपके हिस्से की जायदाद आपको मिल सके इसके बारे में कानूनी कार्यवाही कर पाऊँगी।

आपके बच्चों को प्यार,

–आपके दुख में सहभागी,

'ईव'

पत्र पूरा हुआ। अमृत के जीवन का ग्रन्थ पूरा हुआ और कंचन के जीवन का एक नया अध्याय शुरू हुआ।

28

'ईव' का पत्र समाप्त हुआ। अमृत के जीवन का ग्रन्थ समाप्त हुआ। उस ग्रन्थ में कितने ही प्रश्नों के उत्तर पाने शेष रह गए थे। अब तो वह ग्रन्थ पूरा हो गया, यही एकमात्र वास्तविकता थी।

भलाभाई ने पत्र को मोड़कर लिफाफे में रखा। हरिप्रिया की गोदी में सिर रखकर रोती कंचन, उसकी पीठ पर हाथ फेरती और बार-बार आँचल से अपनी आँसू भींगी आँखों को पोंछती हरिप्रिया, कमरे की चौखट पर बैठकर थोड़ी-थोड़ी देर पर नाक पोंछती केसर और तख्त पर चुपचाप सिर झुकाकर बैठे भलाभाई, सभी ईव के पत्र द्वारा उठी भँवर में फँसे हुए थे। सभी की मनःस्थिति एक समान थी। कौन-किसको आश्वासन दे? कंचन तो लगभग स्थलकाल का बोध भूल गई थी। हरिप्रिया और हरिप्रिया द्वारा भलाभाई कंचन की व्यथा-गाथा के साक्षी थे। किसी की व्यथा का साक्षी होना और स्वयं उस व्यथा से गुजरना–ये अलग विषय हैं, फिर भी कभी-कभी ऐसी व्यथाएँ अलग नहीं रह पातीं। कई बार तो साक्षी की पीड़ा बढ़ जाए, ऐसा भी होता है। दूर खड़ा साक्षी बेचारा चाहते हुए भी मदद नहीं कर पाता, तब वह जिस असहायता का अनुभव करता है वह विशेष पीड़ादायक होती है। मात्र साक्षी बने रहना आसान नहीं होता। जिस क्षण व्यक्ति साक्षी बनता है, उसी क्षण वह घटना या स्थिति का अंश बन जाता है। वह स्वतन्त्र हो नहीं सकता, मुक्त रह नहीं सकता। इस समय हरिप्रिया और भलाभाई के लिए यह क्षण बहुत कठिन था। वे बाहर भी थे और भीतर भी। वे कोरे नहीं रह सके थे और प्रवाह के साथ बह भी नहीं सकते थे। हरिप्रिया तो आज दिन तक सखी होने के कारण कंचन के साथ सुख-दुख बाँटती रही थीं किन्तु भलाभाई! वे तो शायद ही यों प्रत्यक्ष रूप से कभी जुड़े थे।

छोटी थी तब कंचन ने भलाभाई को थोड़ा-बहुत देखा था। राजकोट पढ़ते थे, इसलिए घर छुट्टियों में आते। जब वह पढ़ चुके तब तक कंचन का परिवार

कराँची चला गया, इसलिए दोनों के बीच तो असली सेतु हरिप्रिया ही बनी...! कराँची से भागकर आने के बाद हरिप्रिया ने कंचन को सखी पद पर स्थापित किया और उसमें समय के साथ-साथ भलाभाई का सौहार्द जुड़ता गया। गाँव की तासीर देखकर भलाभाई क्वचित ही व्यक्त होते। कारण, यहाँ तो स्त्री-पुरुष के सम्बन्ध का निश्चित नाम था और निश्चित व्यवहार। या तो वे धर्म के भाई-बहन होते अथवा देवर-भाभी। भलाभाई के लिए कंचन का स्नेहादर या कंचन के लिए भलाभाई का सद्भाव–इस चौकठे में कहाँ से अटता? हरिप्रिया के कारण ये दोनों भी एक-दूसरे का सख्य भाव अनुभव करते थे। आज हरिप्रिया की गोदी में रोती कंचन को देखकर भला भाई व्याकुल हो उठे। तख्त से उठकर वे हरिप्रिया के पास आए और नीचे कालीन पर बैठे। आँख के आँसू रोकते हुए उन्होंने कंचन के सिर पर हाथ फेरा और कहा, "उठो सखी, आप ही यूँ टूट जाओगी तो..." बाकी के शब्द उनके गले में ही अटक गए। कंचन उठी। भला भाई को यूँ कमजोर पड़ते देख उसने अपने-आपको सँभाल लिया। पानी पिया और मुँह धोकर हरिप्रिया से बोली–"अब मैं घर चलूँगी!" हरिप्रिया ने आज की रात ठहरने के लिए कहा। उनका मन कंचन को घर भेजना नहीं चाहता था। यद्यपि वे जानती थीं कि कितना ही आग्रह करें, किन्तु वे रुकेंगी नहीं, अन्त में भलाभाई ने केसर को साथ भेजा और रात को कंचन के यहाँ ही उसे रुक जाने को कहा, तब कंचन कुछ नहीं बोली। हरिप्रिया और भलाभाई को भीतर से दहशत थी कि आज कंचन अकेली रहेगी तो शायद आवेश में आकर कुछ कर बैठे तो? दोनों की चिन्ता समझकर कंचन ने कहा, "सखी, मैं आत्महत्या नहीं करूँगी। मेरे मरने के बाद लोग तरह-तरह की बातें करेंगे, और मेरी राख भी बदनाम होगी। मैं ऐसा कुछ भी नहीं करूँगी। आप मुझे जाने दीजिए।"

कंचन आज बिलकुल अकेली रहना चाहती थी। उसे जी भर रोना था। जी भरकर अमृत को याद करना था। और अमृत के साथ झगड़ना था। आज तक अमृत की राह देखते हुए सारी जिम्मेदारियाँ उठायी, जो-जो जिम्मेदारियाँ आईं, जैसा सूझा वैसा रास्ता निकालती गई। इस जंजाल से हृदय में गोपित अमृत को खास अलग से याद ही नहीं किया था। वह तो जो कुछ कर रही थी वह सब उसके मन से अमृतार्पण था। किन्तु अब? अमृत की प्रतीक्षा नहीं करनी थी। अमृत के बच्चे पैरों पर खड़े हो गए हैं। आज वह कुछ विचित्र फुरसत का अनुभव कर रही थी। आज तक आँखें बिछाकर अमृत की एकटक राह देखी है। दिन, माह, वर्ष के पल-पल का हिसाब अमृत को देना हो, ऐसे जी रही है। दिन उगता, तो लगता कि आज अमृत का समाचार मिलेगा। उसके इन्तजार में दिन डूब

जाता। फिर दूसरे दिन की आशा। वह सतत् तत्पर रहती, सन्नद्ध रहती। कौन जाने किस दिशा में से उसका हालचाल आए और खुद गाफिल रही तो! वह संसार-व्यवहार का सभी काम करती, किन्तु मन तो बस चौखट पर खड़ा राह देखता रहता। बस, अब सब खत्म हो गया। कुछ करना न था। सामने परती जमीन जैसा जीवन था। एकदम खाली, सूखा।

कंचन गई। हरिप्रिया और भलाभाई ड्योढ़ी पर खड़े-खड़े अन्धकार में धीरे-धीरे घुलती कंचन को देखते रहे। कंचन का दिखना बन्द हो गया, तब ड्योढ़ी बन्द किया किन्तु तुरन्त कमरे में जाने की इच्छा न हुई। दोनों ओसारे के किनारे पर खम्भे से सटकर आमने-सामने बैठे। दोनों के मन में घमासान चल रहा था। भलाभाई का चेहरा किसी गमख्वार दुर्घटना देखने की वेदना से भरा था। हरिप्रिया, उन्हें देखकर काँप उठी। "खुद तो रोकर हलकी हो जाएगी किन्तु पति?" उनके कान में पति की आवाज गूँज उठीं, "उठो, सखी, आप ही गों टूट जाओगी तो..." उन्होंने पति से कहा, "मुझे आपसे कुछ कहना है।"

भलाभाई बोले, "शायद आपको भी वही कहना है जो मुझे कहना है। आपको आज मेरी मुखरता देखकर आश्चर्य हुआ होगा! शायद, भीतर से आपको अच्छा भी नहीं लगा हो, किन्तु सच कहूँ तो मैं कब आप दोनों के सख्य का सहभागी बन गया, इसका मुझे भी पता नहीं चला। आप अनेक बार कंचन की बातें करतीं। मैं सुनता। आपके साथ चर्चा करता। आपको चिन्ता करते देख मैं भी चिन्तित होता। धीरे-धीरे आपके सख्य का एक अंकुर जैसे मुझमें भी पनपने लगा। शायद आपको यह सब अनुचित लगा।..."

पति को बीच में रोककर हरिप्रिया बोली : "ये आपने क्या कहा? ऐसे परेवे जैसा कलेजा लेकर समग्र समाज को एक तरफ हटाकर आपके साथ नहीं चली आई। प्रारम्भ में रोकनेवालों ने कहने में कोई कसर नहीं छोड़ी। उस समय भी मेरा रोंवा तक नहीं फड़का, तो अब क्या? उलटे आज आप व्यक्त नहीं हुए होते, तो मुझे आपके 'मनुष्य' होने में भी शंका होती अथवा प्रश्न होता कि इतनी हद तक तटस्थता का अभिनय करना पड़े, ऐसा कौन-सा यह लगाव है?"

भलाभाई हरिप्रिया का हाथ पकड़कर कमरे की ओर गए।

घर की ड्योढी खोल कंचन थोड़ी देर चौखट के बीचोबीच खड़ी रही, फिर जल्दी से आँगन में सती माई के थान के पास गई। सती माई के सामने सम्मोहन करती हो, ऐसे ताकती हुई बैठी रही। उसकी आँखों से आँसू के साथ-साथ तीर की तरह प्रश्न छूट रहे थे, "कहो माँ, मैंने किसकी हाय ली? कहो, मैंने किसका हक छीना? कहो, मैंने किसका दिल दुखाया? कहो, मैंने कहाँ कामचोरी की?

कहो, मेरे किस व्रत-उपवास में कमी रही? कहो, मेरी कौन-सी पूजा कम पड़ी। कहो, मैंने कब खंडित अक्षत से पूजा की, जो तूने मेरी चूड़ी-बिंदिया तोड़ दी? और वह भी इस तरह से? मेरे सौभाग्य में तो सौत ने हिस्सा बँटाया किन्तु मेरे वैधव्य को भी छोड़ा नहीं? क्या जरूरत थी, मुझे यह सब पत्र में लिखने की? मैं उनकी राह में शेष जीवन भी पूरा कर लेती! अब मैं क्या करूँगी? जीने का आधार ही खिसक गया और वह भी जाते-जाते मेरे बीते हुए वर्षों के रतजगें को अकारथ करता गया। अब जायदाद लेकर क्या करूँगी? आग लगे उन रुपयों में। अरे-रे मैं भी कैसी अभागिन हूँ कि अन्त में उनका मुँह भी नहीं देख पाई। ऐसा तो कौन-से भव का पाप आड़े आया, जो उन्होंने पत्र लिखा था किन्तु उसके अक्षर भी नहीं देख पाई। पत्र की बात पर कंचन को याद आया, "किसने वह पत्र गुम किया होगा? यदि 'ईव' का पत्र पहुँचा तो अमृत का क्यों नहीं। 'ईव' ने जो स्पष्टता की वह अमृत के अक्षरों में पढ़ने को मिला होता तो?" मन एक पल रुक गया और पूछ बैठा, "तो तू अमृत को माफ कर पाती? आज तो वह है नहीं! मानो कि वह होता, तो तू उसके दूसरे ब्याह को स्वीकार कर पाती? शायद नहीं।"

केसर चुपचाप बैठी-बैठी कंचन को देखती रही। रात काफी बीत चुकी थी। उसने कहा :

"चलो पंडिताइन घर में।" कंचन उठी। बिना किसी भी भाव के घिसटती देह से घर में गई और उसी तरह से उसने केसर के लिए खटिया बिछाई। कुछ भी बोले बिना सिर पर साड़ी का आँचल ओढ़कर करवट लेकर कंचन सो गई। केसर लगभग आधी रात तक जगती रही। रह-रहकर कंचन की दबी हुई सिसकियाँ सुनाई देतीं, कभी-कभी कोई बच्ची नींद में रोती हो, ऐसी हिचकी भी। केसर कंचन की नीम बेहोशी की दशा देखकर सुबह होने की बाट देखती रही।

समाचार मिलते ही अहमदाबाद से चन्द्रकान्त, अरुणा और जया आ पहुँचे। जया की तो रुकने की इच्छा थी, किन्तु जिस तरह से लोग उसे देख रहे थे और मुसलमान होने पर भी बिन्दी लगाने का रहस्य पूछते थे, यह देखकर उसे लगा कि यहाँ न रुकना ही ठीक होगा। बाद में कंचन की परेशानी बढ़ेगी न, ऐसा सोचकर उसी दिन कांप चली गई। जया का भी कैसा दुर्भाग्य कि सगे भाई को धर्म का भाई कहना पड़े और उसके गुजर जाने की बात पर खुलकर रोया भी न जा सके। अरुणा को पिता की स्मृति बहुत कम थी। यूँ भी उसके जन्म के बाद अमृत और कंचन के बीच ललिता ने अवरोध खड़ा किया। अरुणा ने या तो कंचन की बातों में या तो चन्द्रकान्त की बातों में ही पिता को अनुभव किया

था। चन्द्रकान्त के मन में शुरुआत के उन वर्षों की ढेर सारी स्मृतियाँ सुरक्षित थीं। पिता उसके आदर्श थे। कंचन ने अमृत की मृत्यु के बाद की विधि या श्राद्ध की कोई बात नहीं की, तब उसने माँ से पूछा भी। उत्तर में कंचन ने कहा, "दो महीना पहले गुजरनेवाले की विधि क्या करना? फिर सम्भव है कि उन्होंने अन्त में ईसाई धर्म स्वीकार कर लिया हो।" कंचन की बात ज्यादा समझ में नहीं आई, किन्तु उसकी कोई चर्चा न की। कंचन के नाते-रिश्तेदारो में जो गिनो वो बच्चे और जया। इसके अलावा अन्य किसी को विशेष बताना नहीं था। रामपरावाले त्रिभुवन को उड़ता समाचार मिला था तो मातमपुरसी के लिए आए थे। वे शोक मनाने आए थे या अमृत का इतिहास जानने, यह कंचन की समझ में नहीं आया!

कंचन की स्थिति विचित्र थी। गाँव के लोग आते बैठते, बातें करते, किन्तु जैसे वह लगभग गैरहाजिर रहती। उसके आँसुओं का प्रवाह किसी दूसरी ओर मुड़ गया था। शून्य आँखें और भावहीन चेहरे से वह बैठी रहती। आनेवालों के साथ चन्द्रकान्त और अरुणा बातें करते। एक बार अरुणा ने सुना–रूखी मामी किसी से कह रही थीं, "क्या करे बहन, अन्तिम अट्ठारह वर्ष से एकटक राह देखकर उसकी आँखों के आँसू भी सूख गए हैं। भगवान भी कैसा है, मरने पर और मारता है। ऐसे कठिन समय में धरती जैसी धरती का झरना भी सूख जाए, जबकि यह तो बिचारी एक निरीह औरत!"

कंचन के पास अरुणा सप्ताह भर रुकी। चन्द्रकान्त को मुश्किल से दो दिन की छुट्टी मिली थी। कार्तिक की राह में एक दिन अधिक रुका। किन्तु वह नहीं आया। चन्द्रकान्त के जाने से पहले की रात्रि को हरिप्रिया 'ईव' का पत्र देने कंचन के पास आईं। उस रात को कंचन को कहाँ सुध-बुध थी कि पत्र सँभालकर वापस ले। पत्र देखकर कंचन बोली, "क्यों चिट्ठी वापस लाईं। फाड़ डालना था न। घर में मौत की चिट्ठी रखी जाती होगी?" हरिप्रिया, चन्द्रकान्त और अरुणा की ओर संकेत करते हुए बोली, "पत्र आपके नाम है। आगे इसका क्या करना है इस पर आपका अधिकार, किन्तु बच्चों को उनके पिता के विषय में जानने का अधिकार है। भले फिर आप फाड़कर फेंक दें।" अरुणा ने पत्र पढ़ा और जोर से रो पड़ी। हरिप्रिया ने शान्त किया। चन्द्रकान्त ने पत्र पूरा करके पूछा, "माँ, इसके पहले मेरे पिताजी की जो चिट्ठी आई थी वह कहाँ गई?" कंचन ने आवाज जरा बदलकर पूछा, 'मतलब'? पूछ तो लिया पर चन्द्रकान्त को अपनी भूल समझ में आ गई थी पर, अब एक बार मुँह से निकला हुआ शब्द वापिस थोड़ी निगल सकते हैं। वह तो तीर जैसा। छूटने के बाद या तो किसी को बिंधे या तो वापिस लौटकर घाव करे। उसने धूल पर लीपते हुए कहा,

"नहीं-नहीं, ये तो शायद है न आप हमें कहना भूल गईं हो अथवा कहीं इधर-उधर उलटे हाथ से रखा दिया हो।"

"देख बेटा, तुम्हारी माँ ने जिसके लिए पूरी जिन्दगी खुद को खर्च डाला, उसका समाचार आए और तुम्हें न कहें, ऐसा कैसे हो सकता है? सम्भव है, उन्हें तुम्हारे पिताजी की दूसरी शादी की बात स्वीकार न हो, किन्तु वे तुम्हें उनका कुशल समाचार भी न दें, ऐसी गहरी और मैले मन की तो नहीं हैं, तुम्हारी अम्मा।" हरिप्रिया ने परिस्थिति सँभालते हुए कहा।

"तो फिर किसी ने अवश्य बीच से ही चिट्ठी दबा ली होगी। कौन होगा वह?" चन्द्रकान्त का प्रश्न कंचन, हरिप्रिया और अरुणा के मन में गूँजा। कौन होगा वह?

29

"कौन होगा वह?" उनींदे मन ने प्रश्न दुहराया और कंचन बा चौंककर उठ बैठीं। आँखों को अन्धकार का आदी होने पर खयाल आया कि स्वयं तो शक्ति माँ के आसरे आई हैं। जागने पर भी मन किसी रुके हुए रेकार्ड की तरह बोल रहा था, "कौन होगा वह? कौन होगा वह?" आँगन के नीम पर पपीहा लगातार बोल रहा था। वर्षा ऋतु के आकाश में पहली बदली के साथ ही पपीहे की रटन शुरू हो जाती है। 'पी...पीहू...पी...पीहू।' जब-जब चित्त के पट पर स्मरण उमड़ आते तब-तब कलेजे में ऐसी तो टीस उठती कि दबाए दबती नहीं। पपीहा बोलता था और कंचन बा के अविरत विलाप की गूँज उठती थी।

कंचन बा ने खड़े होकर बत्ती जलाईं, घड़ी में देखा। पाँच बजने आए थे। उन्हें याद आया, "आज कौन-सी तिथि हुई?" वे अहमदाबाद से निकली थीं तब सावन बद पाँचम थी। यद्यपि यह तो मलमास का सावन। अभी वास्तव में असली सावन तो बाकी है। वे उँगली की पोर से तिथि गिनने लगीं। पाँचम्, छट्ठ और सातम्। ओसारे की जाली खोलकर बाहर आईं, उन्होंने आकाश की ओर नजर डाली। पश्चिम दिशा में जरा लाल पड़ गए चन्द्र को देखकर कंचन बा को पाकिस्तान के साथ की लड़ाई याद आई। उन्नीस सौ इकहत्तर का समय था। उस वर्ष देश में अनाज की बड़ी तंगी थी। लोग घंटों राशन की दुकान पर लाईन में खड़े रहते। उस समय विदेश से आए लाल गेहूँ और लाल ज्वार देते थे। इस समय चन्द्र लाल ज्वार की रोटी के आधे टुकड़े-सा दिखाई दे रहा था।

नित्यक्रम समाप्त होने पर तालाब से लौटते हुए कंचन बा ने देखा केसर का घर खुला है। कंचन बा को लगा केसर रामपरा से आ गई है। "उसे शायद मेरे अनुष्ठान का समाचार समता या रंजन से मिल गया होगा, इसलिए वह मिलने नहीं आई हो।" केसर यानी कंचन बा की अदीक्षित चेली। हरिप्रिया के कारण कंचन बा के सम्पर्क में आई। जब से कंचन बा विधवा हुई, तब से उसका

अलिखित नियम। रोज रात को ठाकुर साहब का काम निपटाकर अपनी कोठरी में जाने से पहले कंचन के पास आती। कहती, "चलो पंडिताइन दो-चार घड़ी सत्संग करें।" कंचन ने सोचा, "मेरे वैधव्य की शुरुआत के दिनों में केसर ने बिना बोले मुझे कितना सँभाला था!" कंचन कभी श्रीमद्‌भागवद् पढ़ती तो कभी महाभारत की कथा पढ़ती। कभी तुलसीदास कृत 'रामचरित मानस' पढ़ती। कंचन की आवाज अच्छी थी, इसलिए उत्साह से चौपाई गाती। केसर की याददाश्त अच्छी थी। प्रसंग, पात्रों के साथ-साथ उसे चौपाई की तर्ज भी याद रह जाती। हरिप्रिया कहती, "दिनभर कामकाज करते हुए गाया करती है। चैतन्य प्रभु की परकीया राधा की तरह संसार का सभी काम करने के बावजूद भी उसके मन का तार तो ईश्वर के साथ जुड़ा ही रहता।"

केसर अच्छी श्रोता थी। सुनते-सुनते उसे प्रश्न भी होता। राम और कृष्ण की तुलना करते हुए पूछती, "राम तो भगवान हैं। यह तो समझी। उन्होंने सारी जिन्दगी एक पत्नीव्रत रखा। फिर राक्षसों को मारकर लोगों का कल्याण भी किया; किन्तु ये कृष्ण भगवान? तरह-तरह की लीला करते, सोलह हजार रानियाँ रखते थे और फिर भी भगवान कहलाते हैं?" कंचन उसके मन का समाधान करने के लिए कभी शास्त्र का आधार देती तो कभी लोकमानस का। "तुम्हीं कहो, मथुरा के राजा कंस की कैद में से जिन स्त्रियों को कृष्ण भगवान ने छुड़ाया उन्हें रखने को कौन तैयार होता ? इस बँटवारे के समय कितनी ही भ्रष्ट हुई लड़कियों को उनके ही माँ-बाप तक वापस ले जाने को तैयार नहीं थे। इस प्रकार, भगवान ने तो त्यक्ता, दुखी, शोषित स्त्रियों को आशरा दिया और अपनी पत्नी के रूप में समाज में स्थान भी दिया। कृष्ण की लीला समझना थोड़ा कठिन है।" इनकार करती हुई केसर कहती "ई सब तो आपके, ऊँचे लोगों के चोंचले। हमारे में तो *आंगलियात*[14] के लिए भी पूरा जीवन बितानेवाले लोग पड़े हैं। ये अपने वालजी भगत का ही उदाहरण लो न।" कंचन को लगा कि छपी हुई किताब की अपेक्षा ये जीते-जागते चरित्र कम नहीं शिक्षा देते!

महाभारत पढ़ते समय तो केसर को कदम-कदम पर प्रश्न उठता। "हे पंडिताइन धर्म यानी क्या?" धर्म की व्याख्या करते समय अनेक बार महर्षि व्यास ने मौन रखा है। वहाँ कंचन की क्या औकात। एक बार द्रौपदी चीर हरण प्रसंग सुनते समय केसर की आँखों से सावन और भादों बरसने लगा। कंचन सोच में पड़ गई, "ऐसी तो कौन-सी पीड़ा है कि जिसने केसर और द्रौपदी को एक कर दिया। उसने दूसरे दिन हरिप्रिया से पूछा। हरिप्रिया ने उसे विस्तार से बताया।

केसर का जन्म नीची जाति में हुआ था किन्तु उसके संस्कार बहुत ऊँचे थे। जीजा बा कहती थीं, "यह पूर्व जन्म की कोई ऊँची आत्मा है।" पूर्व जन्म या पुनर्जन्म तो समझे किन्तु केसर की प्रामाणिकता और मानवीयता उसकी आत्मा की सात्विकता की गवाही देते थे। घर में चीज-वस्तु, रुपया-पैसा या सोना-चाँदी, जहाँ केसर हो वहाँ ताला नहीं होता। हाथ की इतनी साफ कि घर में खेत से आई हुई मूँगफली या चने के ढेर लगे हों, किन्तु हराम है जो केसर उसमें से एक दाना चखे। जो मिले उसमें खुश। कबूतर को दाना डालने या चींटी को आटा डालने के लिए गाँठ का पैसा खर्च करती। जीजा बा कहती–"ये बाजरा सड़ रहा है, ले जाती हो तो?" किन्तु नहीं, तो नहीं। फिर कहती, "अपने अच्छे या बुरे कर्म में दूसरा हिस्सेदार नहीं होता। उसे तो खुद ही कमाना पड़े और खुद ही भोगना पड़े। बा आप ही कहती हो न वालिया उर्फ वाल्मीकि डाकू की कथा।" कंचन को लगता कि, ये वैसा ही हुआ कि, गुरु गुड़ रह गया और चेला चीनी बन गया।

गौना आए पाँच साल हो गया, किन्तु केसर पेट से न रही। वैद्य से लेकर डोरे-धागे तक दौड़ी किन्तु कुछ हुआ नहीं, अन्त में हरिप्रिया ने जीवा और केसर को कांप ले जाकर डॉक्टरी जाँच भी करवाई। एकाध बार उन्होंने दाना डालकर भी देखा। उन्होंने केसर से कहा, "तुम्हें दूसरा घर करने में कहाँ कोई ताना मारेगा। ये तो कोली भाई का परिवार, एक को छोड़े तो दूसरा तैयार।" तब केसर ने इतना ही कहा, "भाभी साहब, काम की बराबरी होती है, करम की नहीं। भगवान बहुत समझदार है। वह पहले से ही सब सोचकर चलता है। वह हमें उतना ही देता है, जितना हम झेल सकें। उसके साथ झगड़ने में कोई मजा नहीं। करने जाएँ कुछ और हो जाए कुछ और। ऊल में से चूल में पड़ें। आपने *रांदल देवी*[15] का वह गीत नहीं सुना? रांदल की पूजा करने जाती बहू को ससुर ताना मारता है, तब बहू कहती है :

"ससुरा, बाँझ बाँझ काहे कहे रे,
हमरे जेठ का तो, मेरे पेट का रे,
हमरे देवर का वो मेरे वीर का रे,
हमरी ननद का, वो मेरे धरम का रे
हमरी सौत का वो मेरे आधे अंग का रे"

केसर ने तो मन को समझा लिया था किन्तु इस ऊपरवाले को भी कभी-कभी बड़ी अजीब परीक्षा लेने की सूझती है। सच्चे मनुष्य को तो वह ज्यादा-से-ज्यादा तपाता है।

हुआ यह कि एक बार केसर जन्माष्टमी का त्योहार मनाने मायके गई। वादा तो नौम के दिन वापस आने का था किन्तु बरसात के कारण दो दिन ज्यादा रुकना पड़ा। एकादशी थी, माँ बोली, 'फलाहार करके जाना।' इससे निकलने में देरी हो गई। बरसात के दिन। रामपरा से जसापर पैदल चलकर आना पड़ता। केसर ने बड़ी जल्दी की किन्तु दिन ढलने को आया था। ऊपर से अचानक घिर आए बादलों के कारण अँधेरा जल्दी हो गया। जसापर एक कोस दूर था और मूसलाधार बरसात टूट पड़ी। केसर ने इधर-उधर देखा तो पास के खेत में एक बरगद का पेड़ दिखाई दिया। पेड़ बहुत बड़ा और पुराना था। उसकी बरोह ठेठ जमीन तक छू गई थी। दूर से छोटी-मोटी कुटिया जैसा लगता। केसर ने बरसात से बचने के लिए बरगद का आसरा लिया। बिचारी को क्या पता कि यह बरगद तो दुर्भाग्य द्वारा फैलाया गया जाल है। उस जाल में फँसी और गिरी। फिर तो उसे पता भी नहीं चला कि कितने नराधमों ने उसे नोचा। वह बेहोश पड़ी थी और पूरा सीवान किसी राक्षस की तरह खाने को दौड़ रहा था।

यह तो ईश्वरी संकेत कि बड़े सवेरे सवजी पटेल बैलगाड़ी लेकर निकले। चलते-चलते बैल एकदम खड़े रह गए। सवजी पटेल को लगा, "झूम-झूम दौड़नेवाले बैल कील की तरह गड़ गए हैं, जरूर कुछ होगा।" उन्होंने बैलगाड़ी से नीचे उतरकर देखा। रास्ते के बीचोबीच खून और कीचड़ से सना केसर का अधखुला शरीर। पलभर तो वे स्तब्ध रह गए। दो कदम पीछे हट गए, फिर सोचा, "शायद जीवित हो।" पास जाकर डरते-डरते केसर के सिर पर हाथ रखा। शरीर गरम था चुनरी के चिथड़े से जैसे-तैसे केसर को ढँका और बैलगाड़ी में लिटाया। गाँव की ओर वापिस मुड़े। बैल भी जैसे सवजी पटेल की शीघ्रता समझ गए हों, दौड़ने लगे।

सीवान में लोग विचार करने लगे कि आज सवजी पटेल की बैलगाड़ी क्यों चरमराते हुए दौड़ रही है? ठाकुर साहब की ड्योढी पर बैलगाड़ी पहुँची, तब कहीं केसर थोड़ी हिली। बैलगाड़ी से उठाकर नीचे उतारते हुए जीवा को देखकर वह चीख उठी और फिर बेहोश हो गई। ड्योढी पर एकत्रित हुए लोगों को विचारते छोड़ भलाभाई ने तत्काल मोटर निकाली। जीवा आगे बैठा और हरिप्रिया केसर का सिर गोदी में लेकर पीछे। कांप पहुँचने तक तो केसर कभी थोड़ा होश में आती और पीड़ा से तड़पती तो फिर बेहोशी में डूब जाती। कांप के डाक्टर ने कहा, "समय से आए नहीं होते तो एक से अधिक बार बलात्कार का भोग बनी केसर का बचना मुश्किल था।"

शरीर से ठीक होने के बाद भी केसर को मन से स्वस्थ होने में काफी समय लगा। हरिप्रिया के कारण कुछ हद तक उसमें मदद मिलती रही, किन्तु धीरे-धीरे घाव भरते जा रहे थे, तभी दो महीने बाद केसर को समझ में आया कि हरिप्रिया उसे दूसरा घर करने की सलाह क्यों देती थीं। उसने हरिप्रिया से बात की, हरिप्रिया ने जीवा से। जीवा की बात एकदम साफ थी। "यदि केसर ने दूसरा ब्याह किया होता और वह पहले पति का लड़का लेकर आई होती तो!" फिर हरिप्रिया को भी लगा कि ऐसा करने पर भी यदि केसर का बाँझ का कलंक धुलता हो तो? हरिप्रिया ने केसर को समझाया। किन्तु वह नहीं चाहती थीं कि अधर्म का बीज अंकुरित हो। फिर अपने सामने भी पति की कमी प्रकट हो जाए यह उसे सह्य नहीं था। केसर ने छुटकारा पा लिया, किन्तु इस घटना के बाद कभी भी केसर जीवा के पास नहीं फटकी।

शक्ति माई के मन्दिर का फाटक खोलते समय कंचन बा की नजर फिर एक बार आकाश की ओर गई। सूर्य के आगमन के साथ ही चन्द्र का तेज नष्ट हो गया था। अब वह पूरा दिन यहाँ से वहाँ डोलता रहेगा, घूमता रहेगा। कृष्ण पक्ष के चन्द्र की तो नियति ही यही है–देर से उगना और फिर डूबने का अवसर ही नहीं मिलता। सफेद रूई जैसा फीका चेहरा लेकर उसे रात की राह देखते रहना है। आज कंचन बा मन्दिर पहुँचीं, तो देखा कि ओसारे के कोने में कोई चाय का लोटा ढँक गया था। 'समता होगी।' चाय पीकर कंचन बा अनुष्ठान में बैठ गईं।

रोज की अपेक्षा आज जगदीश देर से आया। उसके साथ वीरभद्र था। वीरभद्र बार-बार पार्टी बदलकर राजनीति के नहीं सत्ता पाने के पैंतरे खेलता था। परसों उसने जगदीश को सरपंच के घर की ओर जाते देखा था। उसे लगा– यह मौका है। लोहा तपने की तैयारी में है। हथौड़े का हत्था मजबूत करके रखना चाहिए। पता नहीं किस घड़ी उसकी जरूरत पड़े। गर्म लोहे पर यदि ठीक समय पर हथौड़ा गिरे, तो अच्छा-खासा आकार बदल जाए। यदि गाँव और आस-पास के सवर्णों को अपनी ओर कर ले तो आनेवाले चुनाव में शनाभाई का पत्ता साफ हो जाए। इस दृष्टि से जगदीश काम का आदमी है। रामपरा और जसापर दोनों गाँव में उसकी बैठकी। कल शाम को जगदीश को बाजार के बीच में उसने पकड़ा, "क्यों जगा, ड्योढी पर हाथ दे आया न?" जगदीश समझ नहीं पाया।

"मतलब?"

"ये कल तू सरपंच के घर गया था तो क्या उखाड़ आया?"

"सविता बहन तो गांधीनगर हैं। रवजी मास्टर तो मन ठंडा करके बैठा है।"

मौका देखकर वार करते हुए वीरभद्र ने कहा :

"वो क्या करेगा? इस बुआ के कुएँ का पानी उसके खून में घुल गया होगा। तुम चैन की बंसी बजाओ, निश्चिन्त रहो, हम बैठे हैं न! हम कल सुबह ही फैसला कर देंगे। ये बुढ़िया दो दिन में भाग नहीं गई, तो मूँछ मुड़वा दूँ!"

"किन्तु कंचन बा कहाँ कुछ कहती हैं? वे तो मौन व्रत लेकर अनुष्ठान में बैठी हैं।"

वीरभद्र ने जगदीश के पास जाकर उसके कान में रहस्यमय आवाज में कहा, "इसीलिए तो चेतकर रहना चाहिए। वह बोलती नहीं, इसका मतलब कि बहुत बड़ा कारस्तान करनेवाली है।" फिर थोड़ा बड़प्पन दिखाते हुए बोला– "देख भाई, वह तो तू बाभन का बेटा इसलिए तेरे लिए मेरा जी दुखता है। बाकी इसमें मेरा क्या स्वारथ! कहीं ऐसा न हो कि तू उसके बोलने की राह देखता रहे और वह बुढ़िया तेरी ही बोलती बन्द कर दे।" डरपोक जगदीश ने अन्त में वीरभद्र की शरण स्वीकारते हुए कहा, "तो फिर बड़े भैया, हम क्या करें?"

"देख, कल सुबह मैं तेरे साथ आऊँगा। हम पिछवाड़े में कमरा बनाने का प्लान करेंगे। वह बुढ़िया तो हमारी आधी बात सुनकर ही काँप उठेगी।"

शक्ति माँ के आँगन में पैर रखते हुए वीरभद्र ने हाथ की मेजर टेप नचाते-नचाते ऊँची आवाज में कहा, "जगा, तुम जरा भी चिन्ता नहीं करना। कांप में हमारे दोस्त की दुकान है। तू कहेगा उतना सीमेन्ट, पतरा, लोहा सब तुझे उधार देगा। बस, एक बार तू नक्शा पास कर, उतनी ही देर है।"

कंचन बा माताजी की मूर्ति के सामने बैठी थीं। नजर के सामने थी अष्टभुजा माताजी की मूर्ति और हाथ में फिरती माला के एक-एक मनके के साथ गायत्री मंत्र मनोमन गूँज रहा था। वीरभद्र ने देखा उसके या जगदीश के आने पर भी कंचन बा के मंत्र जाप की लय न तो भंग हुई और न रुकी। वह चलता रहा। उसने ओसारी में लटकते हुए घंट को जोर से बजाकर 'जय माताजी' का घोष किया किन्तु व्यर्थ। जगदीश ने खिसियाकर वीरभद्र को चुप रहने का इशारा किया।

"ठीक है जगा, तू पूजा निपटा। मैं जरा पीछे जाकर प्लाट नाप लूँ।" कहकर वीरभद्र गया।

आज जगदीश आदतवश माताजी की पूजा-आरती करता रहा, किन्तु उसके मन में सतत प्रश्नों के बुलबुले बनते और फूटते रहे। "इस बड़े भैया को क्यों अचानक मुझ पर इतनी दया आ गई ? भैया, कहीं बकरी निकालने में ऊँट तो नहीं घुस जाएगा न?"

आरती लेने के लिए वह कंचन बा के पास आरती लेकर गया तो एक क्षण काँप उठा। दिन के उजाले में दीये के प्रकाश में कंचन बा का चेहरा देखकर उसकी आँखें चौंधिया गईं। कंचन बा ने चुपचाप आरती लेकर माताजी को हाथ जोड़े। एक पल तो जगदीश को लगा कि सीधा निकल जाए। भले फिर पीछे वाड़े में वीरभद्र राह देखता रहे।

ओसारे की सीढ़ियाँ उतरते हुए वह थोड़ी देर खड़ा रहा फिर सोचा : "हमें आम खाने से मतलब, पेड़ गिनने से क्या? जो करे वह। सविता कर दे या वीरभद्र।" एक झटके से वह सीढ़ियाँ उतरकर पीछे वाड़े में गया।

जगदीश जब वाड़े में पहुँचा तब वीरभद्र हैंड पम्प के थाले पर बैठा-बैठा बीड़ी पी रहा था। उसकी आँखें कहीं एकाग्र हुए चित्त की साक्षी देती थी। जगदीश को देखकर उसकी आँखों में किसी शिकार के फँसने की चमक आ गई।

30

शाम की आरती जल्दी से खत्म करके जगदीश निकल गया। हरजी पटेल की रंजन ने कंचन बा से कहा भी सही–"आज तो जगाभाई ने गड़बड़ घोटाला करके फटाफट सब निपटा लिया।"

"छोड़ो, उसे आज कोई काम होगा। अब तू भी घर जा।" कंचन बा ने कहा।

"किन्तु दादी, आप मेरे पिताजी से कहने कब आओगी?"

"क्या कहने?"

"लो, इतनी जल्दी भूल गई? वो चित्रकला की पढ़ाई की बात करने के लिए तुमने कहा था न?" रंजन की आवाज में रोष था।

कंचन बा ने उसे बहलाते हुए कहा, "अरे हाँ, मैं तो भूल गई। कल, कल जरूर तेरे पिताजी से मिलने आऊँगी।"

"मिलने नहीं, कहने।"

"हाँ, भाई हाँ, कहने; बस, तू अब जा। देख, वह देख, आज तो बहुत तेज बिजली चमक रही है। अभी बरसात टूट पड़ेगी।"

रंजन के जाने की ताक में थी, तभी तलकचन्द की भावना ने झाँका। माताजी के दर्शन करके वह कंचन बा के पास आकर बोली, "जै नारा'ण बुआ।"

एक पल तो कंचन बा उसे पहचान नहीं पाई। अभी तो तीसी पार नहीं की और अभी से चेहरे पर झुर्रियाँ और झाँईं और लाई के बोरे जैसा थुलथुल शरीर। कंचन बा उसके बाएँ गाल के तिल से उसे पहचान सकीं। कार्तिक छोटा था तब कई बार अरुणा से कहता था, 'हें दीदी, तुझे क्यों भावली जैसा तिल नहीं है?"

"अरे बहन, तू तो पहचान में ही नहीं आती?" कंचन बा बोल तो गईं किन्तु फिर मन-ही-मन सकुचाईं। पति, बच्चे, घर, व्यवसाय सब कुछ हो किन्तु

जिस स्त्री के सिर पर सतत एक तलवार लटकती हो, वह स्त्री समय के साथ किस प्रकार कदम-ताल मिला सकेगी? या तो लगातार जलन से जमीन में उतरती जाएगी और या बार-बार फैलती-बिखती गठरी की जैसी होती जाएगी। किसी के सामने आवाज न उठा सकनेवाली स्त्री–यों खुद से बदला लेने के सिवाय और क्या करेगी? कहते हैं कि हरीश का कांप में किसी के साथ सम्बन्ध है। उसे छुड़ाने के लिए ही तलकचन्द जवाँई को गाँव में ले आए और धन्धा सौंप दिया। जमाई भी सयानी माँ का बेटा। छुटपन में माता-पिता गुजर गए थे। निःसन्तान मामी ने पाला था। हजार रुपए की भी नौकरी सो नौकरी। उसे छोड़ तैयार थाली भोगने का मौका हरीश ने भी ले लिया। वर्षों की जमी-जमाई दुकान और सप्ताह में माल लेने के लिए कांप का फेरा। कंचन बा को भावना की पीड़ा का कुछ अन्दाज था, इसीलिए उन्होंने बात को दूसरी ओर मोड़ते हुए कहा :

"ये तो तुझे बहुत समय के बाद देखा न, इसीलिए पहचान न सकी और अभी एक ही आँख का गोतियाबिंद उतरवाया है। दूसरी आँख का बाकी है। डॉक्टर कहता है, पक जाए तब देखूँगा। छोड़ इन बातों को। क्यों आज उपाश्रय में *प्रतिक्रमण*[16] करने नहीं गई?"

"नहीं, आज नहीं गई। आपसे जरा बात करनी थी इसलिए। यूँ तो मुझे जल्दी आना था किन्तु आपका मौन व्रत होता है, इसलिए अभी आई।"

"ऐसा तो क्या काम पड़ा कि तुझे नियम तोड़ना..." कंचन बा को बीच में रोककर आवाज धीमे करके भावना बोली, "दोपहर में रूपा के पप्पा खाना खाने आए तब जगदीश और वीरभद्र उन्हें मिलने आए थे। कल शाम को पंचायत ऑफिस में मीटिंग करनेवाले हैं..." आगे बोलती हुई भावना रुक गई।

कंचन बा प्रश्नार्थ भरी आँखों से भावना को देखती रहीं। भावना को लगा कि स्पष्ट बात किए बिना नहीं चलेगा। उसने गहरी साँस ली और कहने लगी।

"...आप यहाँ रहती हैं, इसलिए जगदीश को डर है कि आप धीरे-धीरे उसका हक ले लेंगी। वे कुछ ऐसा कहते थे कि जरूरत पड़ने पर पूरे गाँव को इकट्ठा करके पंचायत भी करेंगे।"

बोलने के बाद भावना ने सिर पर से जैसे कोई भारी बोझ उतारकर नीचे रखा हो, यों साँस लिया।

"ओ हो हो–छोटी-सी गौरय्या और झपट्टा इतना बड़ा। तू भी तो क्या ऐसी छोटी-छोटी बात की चिन्ता करती है?" कंचन बा हँस पड़ीं। उनके हास्य में थोड़ी कड़वाहट मिली थी। उन्होंने भावना को सांत्वना देते हुए कहा, "देख

भावना, एक बात तू भी समझ ले। शक्ति माँ के आसरे आई हूँ। किसी ऐरे-गैरे के नहीं। मुझे गले तक विश्वास है कि शक्ति माँ पर रखा हुआ भरोसा कभी भी नहीं टूटेगा। चिन्ता तो उसे करनी चाहिए जिसे कुछ जाने का या छिन जाने का भय हो। आगे-आगे तू देख तो सही। आने दे सब धूम-धड़ाके से सामने।''

''किन्तु...'' भावना अभी आशंका से घिरी हुई थी।

''देख, तुझे चिन्ता हो यह स्वाभाविक है। तेरे पिता ने हमेशा मुझे बहन मानकर, हो सके उतनी मदद की है। इस चौकड़ी में तेरा पति शामिल हो, यह भी तो तुझे अच्छा नहीं लगेगा; किन्तु देख बहन मुश्किल से तेरा संसार पटरी पर चढ़ा है। तू हरीश कुमार से एक अक्षर भी नहीं कहना। तेरे या मेरे चिन्ता किए कुछ नहीं होगा। हमें एक ही मंत्र याद रखना चाहिए, जो होगा वह अच्छे के लिए। छोड़ अब इस बात को। तेरी बात कर। सब ठीक चलता है न?''

''हाँ, यहाँ आने के बाद तो बहुत कुछ ठीक होता जा रहा है। किन्तु अभी हर आठ-दस दिन में माल लेने कांप जाते हैं। उनकी गैरहाजिरी में मुझे दुकान सँभालनी पड़ती है। घर में काम हो तब रूपा या दर्शन को बैठाती हूँ, किन्तु रूपा बड़ी हो रही है और दर्शन छोटा पड़ता है। मैं तो बहुत कहती हूँ कि अब तो गाँव में से रोज कांप में टेम्पो जाता है। कांप के व्यापारी भी पहचान के हैं। टेम्पोवाले को लिखवा दिया हो, तो सारा माल घर बैठे आ जाए। कांप जाने का भाड़ा अलग और ऊपर से नफे में पूरा दिन बिगड़े सो अलग। कभी-कभी तो दो दिन भी। सब हिसाब करो तो टेम्पो सस्ता पड़ेगा। किन्तु वह मानें तो न! खैर, यह कहिए कार्तिक का क्या समाचार है? उसने विवाह किया?''

''ना रे, वह कहाँ मानता है। मैंने तो उसे पहले से ही पूरी छूट दी है। उस बम्बई जैसे शहर में दिहाड़ी मजदूर जैसी जिन्दगी किस काम की?''

''बुआ, मन मारकर किसी का बन्धुआ मजदूर बनकर पूरी जिन्दगी जीने से अकेला जीवन ही अच्छा। अच्छा, मैं जाऊँ,'' भावना ओसारे की सीढ़ियाँ उतर गईं।

कंचन बा को लगा कि 'यह भावना अचानक यों क्यों चली गई?' विचार करते-करते वे लेट गईं। पूरा दिन एक जगह बैठे रहने के कारण शरीर जकड़ गया था। कमर जैसे खींची हुए कमान की तरह जमीन से ऊँची रहती थी। थोड़ी देर के बाद वह ढीली हुई। उन्हें याद आया। जब कार्तिक छोटा था, तो कभी काम नहीं करता तब अरुणा चिढ़कर कहती, ''यह कामचोर लड़का बड़ा होकर

किसी सेठिया का घरजमाई बनकर रहेगा। तलकचन्द मामा जैसों की दुकान पर बैठे रहना और रोटी खाकर तोंद बढ़ाना।" उत्तर में कार्तिक कहता : "हे दीदी, भावली के साथ ब्याह कर सकता हूँ?" कंचन बा बीच में बोलतीं–"खड़ा रह नासपीटा, वह तो बहन कहलाएगी।" "तो क्या कार्तिक और भावना के बीच? किन्तु खुद को क्यों कोई आन्देशा नहीं आया। हाँ, छोटे थे तब कार्तिक और भावना पूरा दिन घर-घर खेलते रहते। इसीलिए ही भावना यों अचानक खड़ी होकर...कार्तिक भी बड़ा गहरा है। कभी अपने मन की थाह लेने ही न दिया। देखो न उसके पिताजी गुजर गए तब भी...।"

कार्तिक की राह देखकर चन्द्रकान्त अहमदाबाद लौट गया। आठ दिन बाद अरुणा भी गई। एक-दो दिन में उसका मौखिक इन्टरव्यू आनेवाला था। सरकारी नौकरी की लिखित परीक्षा में वह पास हो गई थी। शुरुआत के दिनों में गाँव के लोग आश्चर्य करते थे, कानाफूसी करते रहे कि बाप मर गया, फिर भी कार्तिक माँ से मिलने नहीं आया! कंचन के लिए यह बात और अधिक चिन्ता का विषय बनती गई। कार्तिक क्यों नहीं आया? उसका पता तो सही था! या फिर?

यूँ तो समाज के रीति-रिवाज के अनुसार विधवा हुई स्त्री को एक वर्ष तक शोक पालना पड़ता है। वार्षिक श्राद्ध यानी बरसी करने के बाद वह मायके में शोक उतारने जाती है। हालाँकि भारतीय समाज में स्त्री के विधवा होने के बाद कभी भी शोक नहीं उतरता। शायद बढ़ता ही जाता है।

कंचन भी इसमें अपवाद नहीं थी। अमृत के आकस्मिक निधन को लेकर मँडराती अटकलें, अमृत की मृत्यु के बाद के विधि-विधान, चूड़ीकर्म, मुंडन, श्राद्ध या बारहवीं-तेरहवीं का भोजन जैसे मुद्दे पर बिचके हुए मुँह या कार्तिक के न आने के बारे में होती इशारेबाजियाँ। कंचन अन्दर से ही नहीं, बाहर से भी घिरती जा रही थी। उसने कोई खुलासा न करने का निर्णय करके किलेबन्दी कर ली थी। लोगों का तो क्या? किसी को भी अपराधी के पिंजरे में खड़ा कर दें। जिरह करने में यदि सफाई देने जाएँ, तो जैसे पूरे समाज को बचाने का ठेका लिया हो यों वह आप पर चढ़ बैठेंगे। परन्तु यदि आप मौन साधकर अपराधी के पिंजरे में खड़े रहने से इनकार कर देंगे तो अन्त में थककर वह आपको छोड़ देंगे। हालाँकि इस लड़ाई में बड़े धीरज की जरूरत पड़ेगी। शस्त्र के सामने शस्त्र चलाकर लड़ना कुछ सरल है, परन्तु शस्त्र की उपेक्षा करके उसे व्यर्थ सिद्ध करने के लिए भीतर की ताकत चाहिए। कंचन ने कठिन रास्ता चुना था। सम्भव था, इसमें सन्तान भी साथ न दें। कंचन जानती थी कि चन्द्रकान्त भारी मन से

अहमदाबाद गया है। वह पिता की मृत्यु के बाद कुछ विधि-विधान करना चाहता था। कंचन ने स्पष्ट मना किया तब उसने कहा भी सही कि, "लोग क्या कहेंगे?"

तब न चाहने पर कंचन ने मुँह खोला–"देख, तू वास्तव में यदि कर्मकांड में विश्वास करता हो, तो ठीक। फिर तुझे जनेउ भी तो नहीं दिया। तुझे विधि में कौन बैठने देगा? इसलिए पहले तो तुझे हमारे कुल-गोत्र का कोई दूर का सगा ढूँढ़ना पड़ेगा और यह सब इसलिए कि लोग क्या कहेंगे? और तुझे दूसरी जाति की लड़की लाने में लोग अड़चन रूप नहीं लगे, तो फिर इस विषय में भी लोगों का भय किसलिए? एक बात समझ ले चन्द्रकान्त, इतने वर्ष हमने तेरे पिताजी की अकेले ही राह देखी है, उनका वियोग सहा है और अब जो हुआ है वह भी अपने ही घर की बात है। इसमें लोगों के डर से कुछ भी करना, ठीक नहीं और यह सब कर्मकांड नहीं करने से किसी का नुकसान तो होनेवाला नहीं है, तो फिर इतना क्यों सोचना! हमें जो उचित लगे वही हमें करना चाहिए।"

किसी भी पड़ोसी को बिना बुलाए कंचन ने खुद ही चूड़ीकर्म किया। लौंग निकाली और बिन्दी मिटा दी। वैसे भी वह भड़कीले रंग कहाँ पहनती थी? सफेद साड़ी पहनी। बाल नहीं काटे उसने । उसे याद था कि पहली बार अमृत ने उसके इन्हीं बालों की चोटी को गले में लपेटकर उसके बिना मर जाने की बात कही थी। वह अमृत की स्मृति से बिछुड़ना नहीं चाहती थी।

लगभग डेढ़ महीने बाद कार्तिक आया। ड्योढ़ी पर खड़े-खड़े उसने देखा कि कंचन ओसारे के किनारे बैठी हुई सब्जी काट रही है। एक क्षण तो वह दूर से कंचन को पहचान न सका। सफेद साड़ी में माँ को पहचानने पर वह जरा आहत हो गया। खाली माथा और नंगे हाथ देखकर कार्तिक ने अनुभव किया कि पिता की मृत्यु का क्या मतलब होता है?

मुम्बई में कार्तिक को पत्र मिला तब कुछ पल एकदम उसपर उसे बेअसर गुजर गए। बाद में कुछ याद आने पर उसने पत्र फाड़ डाला। स्टाफ या मित्रों में किसी को उसने बताया भी नहीं। शायद वह अपने को भी नहीं बताना चाहता था। पर जिसे वह एक छोटी-सी फुंसी समझकर जी रहा था, वह फुंसी इस समाचार से मानो पक चुकी थी। ऊपर-ऊपर से छोटी-सी दिखती फुंसी असल में तो बिना मुँह का फोड़ा होगा, इसका उसे आज ही पता चला। वह तो मानता था कि वीरभद्र का सिर फोड़ने के साथ ही वह फुंसी भी उसने फोड़ दी है, किन्तु ऐसा न था। बिना मुँह के फोड़े ने अपना रंग दिखाया था। लाख कोशिश करने

पर भी पीड़ा की टीस उसे चैन नहीं लेने दे रही थी। उसके भीतर उथल-पुथल मचा हुआ था।

"वीरभद्र ने कहा और तूने मान लिया। उसने पत्र तेरे हाथ में दिया न था। क्या पता उसने उस पत्र में नई-नई बातें न जोड़ी हों?"

"तो फिर माँ ऐसा क्यों करती थी? मुझे सदैव लगता कि मैं उसकी अनचाही सन्तान हूँ। दूसरे माँ-बाप अपने विकलांग बच्चे को अधिक मानते हैं, लाड़-प्यार करते हैं, किन्तु माँ तो मानो कोई दुश्मनी निकाल रही है, ऐसा लगता था।"

"भूल गया तुझे मारने के बाद भी छिपकर कोने में रोती थी वह? आँख से देखा हुआ भी सच नहीं होता, पर तूने तो सुनी हुई बात का विश्वास कर लिया?" कार्तिक के पास कोई जवाब न था।

उसके सूने मन में वीरभद्र की बातें घुमड़ रही थीं, प्रतिध्वनित हो रही थीं। "देख तेरा तो नाम भी नहीं है चिट्ठी में...तेरे बाप ने भी वहाँ गोरी मैडम रख ली है...यहाँ तेरी माँ...क्या पता तेरा बाप कौन होगा?"

कार्तिक को लगा, इन सभी प्रश्नों के उत्तर माँ के पास से ही मिलेंगे। कंचन को देखकर उसके सारे प्रश्न तिनकों की भाँति न जाने कहाँ उड़ गए। आँधी के बाद की वर्षा में माँ-बेटे दोनों भींगते हुए बैठे रहे।

31

कार्तिक देर से आया किन्तु कंचन ने जीवन में पहली बार कार्तिक के होने का अनुभव किया। कार्तिक भी पता नहीं आगे फिर कभी माँ के साथ यों तसल्ली से रहने को मिलेगा या नहीं, इस ललक के साथ रहा। छुट्टी चार दिन की थी किन्तु दस दिन तक रुका। कंचन को आश्चर्य होता कि छोटा था तब शायद ही घर में रहता था। घर में हो, तो बड़ी मुश्किल से ही कंचन और चन्द्रकान्त के सामने आता। अधिकतर अरुणा के आस-पास घूमता रहता। अरुणा रोटी बनाती तो आटे से तरह-तरह के पक्षी-प्राणी बनाता। फिर जिद करता कि सेंक भी दे। अरुणा बेलन लेकर मारने दौड़ती। अरुणा आलमारी के बड़े शीशे में देखकर तैयार होती, तो टुकुर-टुकुर ताकता रहता। कभी अरुणा कहती– "लड़की है, जा न बाहर खेलने।" शरमाकर बाहर दौड़ जाता, किन्तु घंटे भर में वापिस हाजिर। क्रोध से अकारण चिल्लाती कंचन के ताप से कार्तिक को अरुणा ही बचाती। इसीलिए भी वह माँ से ज्यादा बहन के पास रहता। लगभग दस-बारह वर्ष का होने के बाद वह अपने को धीरे-धीरे घर से अलग करने लगा था। उसी समय में वीरभद्र की सोहबत हुई। वीरभद्र की टोली के साथ मिलकर उलटे-सीधे काम करता। शायद वह कुछ तहस-नहस करके किसी से लड़ने का सुख प्राप्त करता, कभी उसे प्रतीति होती कि वह सुख तो मृगजल जैसा है। वह आधी रात को जाग जाता और ओसारे के ओटले पर बैठकर राह देखती माँ को देखता अथवा काम करती माँ, हाथ में लिया काम भूलकर शून्य में ताकती रहती, तब उसे लगता कि पता नहीं माँ कितनों के साथ लड़ती है। वह जानता था कि माँ का संघर्ष ज्यादा ठोस है। खुद तो आशंका के कारण अपने-आप से लड़ता था। उसमें भी जब वह छठी कक्षा में आया, उस वर्ष वीरभद्र ने उसके मन में शंका का ऐसा बीज बो दिया था कि वह हमेशा दुखी रहता, जलता रहता। पिता की मृत्यु के समाचार ने उस पर जैसे चारों तरफ से आक्रमण किया। वह

इसीलिए माँ से मिलने दौड़ा चला आया । माँ का उदास चेहरा देखते ही उसके मन की बेचैनी शान्त हो गई।

कंचन के चेहरे पर अब किसी की प्रतीक्षा में अंकित उत्सुकता नहीं थी। अब उसे किसी की राह नहीं देखनी थी। वह अमृत की प्रतीक्षा के आरोह-अवरोह चढ़ती-उतरती किसी एक सम पर आ गई थी, परन्तु कोई एक राग गाने के सन्तोष से भी वह अलिप्त हो गई थी। कार्तिक उसे सामने से बुलाता तब वह बातें करती। कार्तिक घर में, ओसारे में या आँगन में घूमता। कंचन की नजर उसके पीछे-पीछे घूमती। वह पूजा करती हो तब कार्तिक चुपचाप आकर बगल में बैठ जाता। बिना बोले माँ-बेटे अनुभव करते-रहते कि दोनों के बीच की खाईं पटती जा रही थी और एक पुल आकार ले रहा था।

एक दिन कंचन को लगा कि कार्तिक से ईव के पत्र की बात करनी चाहिए। उसने चिट्ठी खोजी। सामान्य रूप से चिट्ठी आलमारी में कपड़ों की थप्पी के नीचे रखती थी, किन्तु ईव की चिट्ठी नहीं मिली। क्या करे? कार्तिक को कहे भी तो कैसे? कंचन को पता था कि अपनी जीभ से यह बात कहना सरल नहीं था। असमंजस में आठ दिन बीत गए। जाने की अगली रात को उसने कार्तिक को पास बैठाकर कहा, "देख बेटा, मुझे तुझसे एक-दो बातें करनी है। तेरे पिताजी ने कम्पाला में दूसरा...।"

"मुझे पता है। उन्होंने अपने मालिक की बेटी के साथ दूसरा विवाह किया था। उन्हें एक बेटा भी है।" कार्तिक शान्त आवाज से कह रहा था।

कंचन चौंक गई, किन्तु तुरन्त उसे समझ में आ गया। तो फिर कार्तिक ने अमृत का पत्र?

"नहीं माँ, मेरे पास वह चिट्ठी नहीं है। वो तो वीरभद्र ने जसु डाकिया को मारकर चिट्ठी छीन ली थी।" कार्तिक बोलते हुए रुक गया।

उसके मन पर वीरभद्र की मार की चोट फिर उभर आई। उसने सुना। कंचन बोल रही थी।

"कार्तिक, तेरे पिताजी ने दूसरा विवाह क्यों किया उसका तुझे कुछ पता है?"

'तेरे पिताजी' शब्द सुन कार्तिक काँप गया। "क्या माँ को भी पता नहीं होगा? या फिर जानबूझकर ?"

'"वीरभद्र ने मेरे हाथ में चिट्ठी दी होती तो शायद पता चलता। उसने कहा था कि कागज में तेरा नाम ही नहीं है। हें अम्मा, ऐसा क्यों?" हकीकत में तो कार्तिक को पूछना था कि "मेरा बाप कौन है?" किन्तु वह बोल नहीं पाया। किन्तु बिना पूछे कंचन समझ गई कि कार्तिक वास्तव में क्या पूछना चाहता था।

किसी भी पुत्र को अपनी माँ से पूछते हुए क्षोभ हो, ऐसे प्रश्न पूछने की विकट स्थिति से कंचन ने कार्तिक को उबार लिया और कहा :

"देख, भैया, आज तक तू मन में पता नहीं क्या समझकर जीता रहा है। मैं अभागिन, माँ होकर तेरे मन तक पहुँच न सकी। शायद तुझ तक पहुँचने की मेरी तैयारी न थी। शायद मैंने मान लिया था कि तुझे कोई प्रश्न क्यों हो? शायद मैं अपने-आपको भी कई बातों से दूर रखना चाहती थी। मैंने आज तक दूसरे सब मोरचों से लड़ने के लिए इस प्रश्न को भूलने का प्रयत्न किया था, किन्तु यह मेरी भूल थी। न तो यह प्रश्न मेरे मन से गया और न तेरे मन से। किन्तु आज इतने वर्षों के बाद फिर से मैं वही समय जी रही हूँ। मुझे लगता है कि तू मेरे जीवन की अन्तिम सुखमय घड़ी की सन्तान है और साथ-ही-साथ मेरे जीवन की सबसे भयंकर घटना की भी।"

"तू तो छोटा था, नासमझ था। तेरे पिता कौन हैं और कौन नहीं? इसकी दुविधा में मैंने कितनी ही रातें तड़प-तड़प कर बिताई हैं। अन्त में मेरी अन्तरात्मा से एक ही आवाज मिली है और वह जवाब है कि तू मेरी सन्तान है और मैं तेरी जनेता हूँ।" कंचन बीच में रुकी। कार्तिक दीवार के सहारे बैठकर उसे ध्यान से सुनता रहा। कंचन ने आगे कहा :

"तुझे शायद पता होगा। अपने पुराने शास्त्र ग्रन्थों में सत्यकाम-जाबाल की कथा है। सत्यकाम गणिका जाबाल का पुत्र था। गुरु के पास ज्ञान लेने गए सत्यकाम को गुरु ने पिता का नाम और कुल-गोत्र पूछा। सत्यकाम को पता नहीं था। वह माँ के पास आया। माँ ने कहा कि, "अनेक की सेवा करते हुए मैंने तुझे पाया है। मैं भी नहीं जानती कि तेरा पिता कौन है।" सत्यकाम ने गुरु के पास आकर जवाब बताया। सत्यकाम की स्पष्ट बात सुनकर वहाँ बैठे हुए शिष्य हँस पड़े। परन्तु गुरु सत्यकाम की सच्ची बात कहने के साहस से प्रसन्न हुए और कहा कि "सत्यवादी माता का सत्यवादी पुत्र सत्यकाम ज्ञान का सच्चा अधिकारी है।" गुरु ने सत्यकाम को सही पहचान दी और नाम दिया 'सत्यकाम जाबाल'। बेटा, संसार का धर्म निभाते हुए, गृहस्थ का धर्म निभाते हुए मुझे तू मिला है। अब तू ही अपने प्रश्न का उत्तर ढूँढ़ ले।"

कार्तिक के मुम्बई जाने के लगभग दो महीने बाद कार्तिक की राजी-खुशी का पत्र आया। साथ में अखबार में छपे हुए विज्ञापन की छोटी कतरन थी। उसने अपना नाम कार्तिक अमृतलाल शुक्ल बदलकर कार्तिक कंचन बा कर लिया था।

हालाँकि चन्द्रकान्त को कार्तिक का नाम बदलना अच्छा नहीं लगा था। उसने कार्तिक से कहा भी सही। चन्द्रकान्त के लिए यह नाम बदलने की घटना आजकल

के युवकों का पागलपन था। उसने ताना मारा–"ऐसा वैसा नाम बदलकर लोगों का ध्यान आकर्षित करते हो, तो फिर उलटे सिर चलते क्यों नहीं?" कार्तिक ने स्वयं को रोक लिया। उसने कोई जवाब नहीं दिया। उसमें भी चन्द्रकान्त के विवाह के समय निमन्त्रण पत्र की डिजाइन कार्तिक को तैयार करनी थी। उसने चन्द्रकान्त को स्पष्ट कह दिया कि "यदि आप निमन्त्रण में मेरा नाम छपवानेवाले हो तो मेरा नाम कार्तिक कंचन बा ही रहेगा और आपको अच्छा न लगे तो पूरा नाम निकाल देने की छूट है।" चन्द्रकान्त कार्तिक की दूसरी बात से सहमत था। कंचन को लगा–"संसार में गिनकर दो भाई हैं। यदि अभी से रिश्तेदारी टूट जाएगी तो?" उन्होंने रास्ता निकाला। निमन्त्रण में केवल अपना ही नाम रखा।

कंचन को कई बार लगता कि "इस चन्द्रकान्त में क्यों इतनी रूढ़ि जड़ता और भीरुता है? यों तो वह अपने निजी विषय में अड़चन रूप बनें, ऐसी रूढ़ियों को मानता ही नहीं। क्या समझदारी आने के साथ ही जीने, टिकने के संघर्ष सिर पर आने के कारण वह छोटे-छोटे लाभ देखता होगा?" कभी-कभी चन्द्रकान्त के स्वभाव गें अन्ततः गंगा बा की धुट्टी का प्रताप लगता। "उनकी भी क्या गलती? हमेशा दूसरों के आसरे रहना हो ऐसी बाल विधवा स्त्री में ऐसे अन्तर्विरोध शायद स्वार्थवृत्ति के कारण अधिक विकसित होते होंगे।"

अमृत की मृत्यु के समय जया कंचन के पास रुक नहीं पाई थी। छोटा-सा गाँव और कर्मकांडी पंडिताइन के घर एक मुसलमान स्त्री का रुकना, अनेक प्रश्न खड़े करता! जया के लिए तो सगे भाई की मृत्यु और उसके दूसरे विवाह के समाचार का आघात तो सहना ही कठिन था। वह अपनी पीड़ा से कंचन की पीड़ा का अनुमान कर सकती थी। कंचन को सान्त्वना देने के प्रयास में दूसरे प्रश्न खड़े न हों, इसके लिए अपनी छाती पर पत्थर रखकर वह निकल गई थी। कंचन का मन था कि जया रुके किन्तु उसकी मनःस्थिति ऐसी न थी कि जया और जरीना के दुहरे स्वरूप को सम्भाल सके, किन्तु चन्द्रकान्त के ब्याह के समय कंचन ने जया को आठ दिन पहले बुलवा लिया था।

जया आई और दूसरे ही दिन से कंचन को लगा कि आज वास्तव में घर में प्रसंग आया है। लोग पूछते-कानाफूसी करते किन्तु कंचन को कहाँ परवाह थी? एकाध बार जया ने कहा भी सही तो उसके पास उत्तर तैयार था, "क्या करेंगे लोग? मेरे बदले दूसरा पंडित खोजेंगे। तो खोजने दो और ये बेटे और बहू नहीं रखेंगे, तो तू नहीं रखेगी मुझे?"

जया कंचन को गले लगाते हुए बोली, "ऐसा क्यों बोलती हो भाभी? भगवान न करे कि आपको अपनी सन्तान से बिछुड़ने का प्रसंग आए? फिर भी

यदि आएगा तो मैं बैठी हूँ न। मेरे साथ संस्था में न भाए तो अलग मकान है, मेरा इस आंबावाडी में। एक रुम-रसोई है। जीयो तब तक आपका। स्वतन्त्र रहना और प्रभु भजन करना।''

जया रही और इतना ही नहीं उसकी कार्य कुशलता देखकर अड़ोस-पड़ोस ने दाँतों तले उँगली दबा ली। सोहारी बनाने से लेकर अन्त में कचरा उठाने तक की विधि में जया सबसे आगे। ऐसा नहीं कि उसे एक भी गाना न आता हो। घरातियों ने ''बुआ की नाद जैसी तोंद का मजाक बनाते हुए चेतावनी भी दी।'' ''परायी बारात में ज़रीना बहन इतना क्या लटका-झटका, ब्याह बीतेगा, निकाल देंगे फिर चढ़ेगा चटका...'' जया दुगुने उत्साह से उत्तर देती थी। वह मनोमन निश्चित करके आई थी कि कंचन के जीवन में इतने वर्षों के संघर्ष के बाद आए हुए अवसर को जरा भी फीका नहीं पड़ने देगी। प्रारम्भ में गणेश-कलश लाने में हिचकिचाती कंचन को उसने खींचकर आगे किया। कंचन मन में कहीं संकोच करती थी। जया ने स्पष्ट कह दिया कि, ''भाभी, आप सिन्दूरवाली उँगली नहीं करोगी तो मैं चन्द्रकान्त को कोर्ट में ले जाकर ब्याह दूँगी। भले आपके मन भर आटे की सोहारी बेकार जाए। माँ से ज्यादा सन्तान का भला कौन चाहेगा?''

चन्द्रकान्त और विशाखा ब्याह कर आए तब सिर पर मौर रखकर जया ने उन्हें परछा। दूल्हा-दुल्हन का दरवाजा रोककर खड़ी अरुणा का मजाक उड़ाते हुए झवेर ने कहा भी सही–''ज़रीना बहन, ये अरुणा का भी ठिकाना खोज लेना था न, साथ-साथ। ये खाली-खाली भैया-भाभी के बीच मूसलचन्द बनेगी।'' चिढ़कर अरुणा ने उत्तर दिया, ''मुझे तो ब्याह ही नहीं करना और हाँ मामी, आप निश्चिन्त रहें। भैया-भाभी के बीच में नहीं आऊँगी। उलटे सहारा बनकर रहूँगी।''

ब्याह के बाद विदाई लेती जया को कंचन ने पाँच सौ एक रुपए विदाई दी। जया गई। कंचन को लगा जैसे फिर से उसने घर छोड़ा। कंचन और जया को अलग होते समय जोर-जोर से रोते देख विशाखा को भी आश्चर्य हुआ। आश्चर्य तो चन्द्रकान्त को भी हुआ था। उसने कंचन से कहा भी था ''ज़रीना बुआ को पाँच सौ एक रुपए विदाई कुछ ज्यादा हो जाएँगे। वे कहाँ अपनी सगी हैं। हमारा और उनका धरम भी अलग है।'' कंचन को बहुत कुछ कहना था, 'बेटा, वह तो तेरे बाप की माँ जाई बहन है। तुझे क्या पता कि संसार में एक कोख की सगाई क्या कहलाएगी?' कंचन के कलेजे में हूक उठती। विशाखा को अपनी थाली में खिलाकर जया ने सोने का कंगन दिया तब क्यों चन्द्रकान्त को ऐसा न लगा कि 'इतना ज्यादा नहीं होना चाहिए?' कंचन कुछ बोली नहीं किन्तु एक दिन तो उसे बोलना ही पड़ा।

32

बड़ा बेटा ब्याहने के बाद कंचन ने यजमानी का काम छोड़ दिया। कंचन को रूखी भाभी समाचार देती रहतीं। कभी वह कहती, "लोग तो चन्द्रकान्त के विवाह की रौनक का बखान करते हुए थकते नहीं हैं। ओ-हो-हो, पंडिताइन ने पूरे गाँव को धूमधाम से खिलाया। एक भी घर ऐसा नहीं कि जहाँ न्यौता न गया हो या मिठाई न पहुँची हो। बाकी कर दिखाया उन्होंने तो, पूरी जिन्दगी भले आटा माँगा किन्तु मौके पर खर्च भी कर दिखाया।" तो धीमी आवाज से गाँव में होती कानाफूसी भी कहती जातीं। "पंडिताइन को ये कैसी कुबुद्धि सूझी कि एक मुसलमान औरत को घर में रखा। ऊपर से फिर अपने साथ एक पाँत में खाना खिलाती। सच बोलना भाई, अब वह भ्रष्ट नहीं कहलाएगी। उनके द्वारा करवाया हुआ धरम का काम भगवान को पहुँचेगा सही?"

लोग कुछ भी साफ-साफ मुँह पर कहें इसके पहले कंचन ने घोषित कर दिया, "अब मुझे आत्मा के कल्याण के लिए अपना पाथेय बाँधना है। बहुत साल किया। बच्चे बड़े हो गए। तीनों कमाते हैं। अब किसके लिए इकट्ठा करूँ? मुझे अब अपने एक का देखना है। दो जोड़ी कपड़ा और मुट्ठी भर धान की जरूरत...! बच्चों का नसीब बच्चों के पास। कल का किसे पता? सन्त इसीलिए कहते हैं–पूत-सपूत तो क्यों धन संचै? पूत-कपूत तो क्यों धन संचै; यदि सन्तान सपूत हो तो फिर उसके लिए धन सम्पत्ति जमा करने की क्या जरूरत? समर्थ सन्तान होगी तो पत्थर फोड़कर पानी निकालेगी। फिर कुपात्र सन्तान के लिए सम्पत्ति इकट्ठा करने का क्या अर्थ? खून-पसीने की कमाई को कुकर्मी सन्तान बरबाद कर डालेगी।' धन-सम्पत्ति की व्यर्थता कंचन से ज्यादा कौन समझेगा? कराँची में थी तब क्या नहीं था? उसके जैसी आसमानी-सुलतानी देखने के बाद भविष्य का भरोसा कोई नासमझ ही करे!

बच्चे भी कंचन को यजमानी करने से मना करते। चन्द्रकान्त ने नौकरी पर चढ़ते समय ही कह दिया था कि "माँ, अब से मैं आपको पैसा भेजूँगा।" चन्द्रकान्त कभी सौ तो कभी डेढ़ सौ रुपए भेजता। कंचन की गाड़ी तो छोटे-बड़े कर्मकांड से चल जाती। अब दो-तीन घर ही आटा माँगने जाती। उसे नगद पैसों की जरूरत कम पड़ती। साग-सब्जी तो अनाज के बदले में मिल जाती। आधा सेर दूध सुबह-शाम ठाकुर साहब की कोठी से आता। कंचन चन्द्रकान्त का भेजा हुआ पैसा जमा करती। उसने सोचा कि कल दोनों भाई-बहन का प्रसंग सिर आकर खड़ा रहेगा। विवाह के समय चन्द्रकान्त ने जी.पी.एफ. से लोन लेने की बात की, किन्तु कंचन ने मना किया। थोड़ा-बहुत रुपया कंचन के पास था। चन्द्रकान्त ने भी बचत किया था। अरुणा और कार्तिक ने भी काफी रकम निकाली। अरुणा जया के साथ रहती थी इसलिए उसका कोई खास खर्च नहीं था। फिर जया का आग्रह भी था कि हाथ खर्च के लिए पैसा चाहिए, तो माँग लेना पर वेतन तो पूरा-पूरा जमा करवाना।

स्वाभाविक है कि विवाह के बाद चन्द्रकान्त को नया घर व्यवस्थित करना था। फिर ससुर के घर की जिम्मेदारी भी थी। कार्तिक ने बड़े भाई को मुक्त कर दिया। वह कंचन को नियमित पैसा भेजता। कंचन कहती, "इतने सारे पैसे का मैं क्या करूँ?"

"क्यों अरुणा का ब्याह नहीं करना पड़ेगा?"

"हाँ, पर तू वहाँ मुम्बई की बैंक में जमा कर। उसका ब्याज भी मिलेगा।"

"नहीं, वहाँ मुझसे खर्च हो जाएगा। तू यहाँ पोस्ट आफिस में खाता खुलवा ले।"

कंचन समझाती, "तू थोड़ा व्यवस्थित हो। तुझे भी विवाह करना होगा, घर चलाना पड़ेगा।"

"माँ, मुझ डेढ़ पैरवाले को लड़की कौन देगा? और मुझे तो सादी लड़की चलेगी नहीं। उसके ढाई पैर हों, तो मेल पड़ेगा।" कार्तिक बात को हँसकर टाल देता।

"बैठ चुपचाप। तेरे लिए भी भगवान ने कन्या तो बनाई ही होगी न! तेरे जैसा नाक नक्शवाला खाता-कमाता लड़का हो, तो उसे ब्याहते कितनी देर! जैसे ही अरुणा विदा हो, तुरन्त तेरी बारी। मुझे तो बड़े के साथ-साथ अरुणा को ब्याहना था। किन्तु देखो न, अभी वह कोई साफ बात नहीं करती।"

शुरू में तो अरुणा ने पढ़ाई की आड़ ली फिर नौकरी की। कंचन को था कि चलो नौकरी के बाद शादी करेगी, किन्तु उसके बाद तो स्पष्ट मना ही करने

लगी। चन्द्रकान्त दो-तीन बार बड़े ओहदेवाले नौकरी करते हुए अच्छे लड़कों की बात लाया, किन्तु देखने की बात तो दूर, अरुणा ने उनके विषय में सुनने से भी मना कर दिया। कंचन और जया ने समझाया पर उसका एक ही जवाब था ।

"माँ, इस विकासगृह में सुबह से शाम तक कितनी ही स्त्रियों को देखती हूँ। ब्याह कर सुखी हो गई हों, ऐसा एक भी उदाहरण नहीं मिलता। हमेशा दुख झेलना, शोषित होना, रौंदा जाना। किसी-न-किसी का अन्याय झेलना। मुझे तो विवाह शब्द से नफरत होती जा रही है। अब तू ही कह, माँ तुझे विवाह करके क्या मिला? पूरी जिन्दगी तू गृहस्थी का भार उठाती रही। और मेरे पिताजी? दूसरा विवाह करते समय उन्हें एक बार भी विचार आया होगा कि उनकी पत्नी-बच्चों का क्या? अकेले थे इसलिए उन्हें तो दौड़ना था और ढलान मिल गई।"

कंचन अमृत के बचाव में क्या कहती? यदि अमृत का पत्र मिला होता तो?

"बहन, हमें क्या पता कि तेरे पिताजी ने दूसरा विवाह करने से पहले क्या सोचा होगा? उन्होंने किसी मजबूरी में ही विवाह किया होगा। सोचे-समझे बिना किसी को दोष दें, तो अपनी मनुष्यता लज्जित होगी। मनुष्य खुद खराब नहीं होता, समय खराब होता है। इसीलिए वह भूलकर बैठता है। हमें अपरिचित व्यक्ति के लिए, जल्दबाजी में कोई अभिप्राय नहीं देना चाहिए। जबकि यह तो अपना आत्मीय है। और तू मेरी बात करती है? मैं स्त्री हूँ। एक अकेले तिनके को घोंसला समझकर जी लेने की मुझमें शक्ति है, इसीलिए तो कुदरत ने मुझे माँ बनने का वरदान दिया है। हमारी रची हुई सृष्टि ही हमारे जीने की ताकत बनती है। बेटी, और तो क्या कहूँ, माँ के रूप में मेरी एक मर्यादा है किन्तु तुम सबको बड़ा कर पाई, इतना टिक पाई, यह उनकी चाहत और प्रेम के कारण ही । बेटा, दीया और बाती तो हो किन्तु बगैर तेल के सब बेकार।"

"तो फिर ये बुआ? इतने सारे वर्ष बीत गए किन्तु फूफा झाँकने तक नहीं आए कि न तो एक चिट्ठी लिखी। कहलाती हैं ब्याहता। बाकी कुँवारी जैसा ही जीवन है न उनका।"

जया की बात आती तब कंचन को होंठ सी लेने पड़ते। अरुणा की एक ही बात थी, विवाह करो या न करो, अन्त में स्त्री को अकेले खुद ही पार उतरना है तो फिर शादी करके नाव में बेकार में बोझ क्यों बढ़ाना!

कंचन ने देखा कि अरुणा जीने के आधार को बोझ कहती थी। उसे लगा कि इन सब बातों का कोई अर्थ नहीं है। वाद-विवाद में तो भँवर ज्यादा उठेगी। जीवन में कई सत्य अनुभव से ही समझ में आते हैं। स्वयं अपने अनुभव में मनुष्य को ज्यादा विश्वास बैठता है। कंचन को चिन्ता होती। आज शरीर में ताकत है,

हृदय में उमंग है, इसलिए नाव हलकी लगती है, किन्तु उम्र के किसी एक पड़ाव पर इस खाली नाव के भार का अर्थ समझ में आएगा तब? निन्तात सन्नाटे का बोझ ऐसा तो दुहरा कर देता है कि कभी-कभी मनुष्य, हाथ की पतवार छोड़कर नाव को हवा के हवाले कर देता है। किन्तु तब किनारा या भँवर, कुछ भी उसके बस में नहीं रहती।

कंचन को रात-दिन अरुणा की चिन्ता खाए जा रही थी। "अरुणा शादी नहीं करेगी तो वह पहाड़ जैसी जिन्दगी कैसे काटेगी? भाई अच्छे हैं, किन्तु अपने संसार में रच-बस जाएँगे, फिर बहन की कितनी देखभाल कर पाएँगे? अरुणा रोटी की मुँहताज नहीं, किन्तु मनुष्य को रोटी के उपरान्त भी कुछ चाहिए।" कार्तिक, अरुणा शादी करे इसके बाद ही ब्याह करने की बात करता है। चन्द्रकान्त के विवाह को भी आजकल करते-करते पाँच वर्ष होने को आया। गाँव के लोग तो विवाह के दूसरे ही वर्ष कंचन से पेड़े की माँग करने लगे थे। "हे पंडिताइन अब पेड़ा कब खिलाओगी?" कोई कहता। "भाई पेड़ा क्यों, लड्डू खिलाएँगी। मूल से ज्यादा ब्याज प्रिय होता है।" कंचन भी राह देख रही थी कि विशाखा की गोद कब भरे? किन्तु वह कहती, "अभी तो बहू बच्ची है। थोड़ा स्वतन्त्र रहकर घूमे-फिरे और उनका मन स्थिर हो, फिर जिम्मेदारी बढ़े तो कोई दिक्कत नहीं।"

लोग अब पेड़ा नहीं माँगते। वैद्य, डॉक्टर, औलिया या पीर का नाम-पता देने लगे हैं। कंचन सोचती कि क्या देवशंकर शुक्ल का वंश आगे नहीं बढ़ेगा? प्रश्न के साथ-साथ उसके मन में ईव का पत्र झाँक जाता। उसका बेटा तो अमृत का नाम रखेगा न? पता नहीं, परदेश में तो स्त्री के दूसरे विवाह की बात कहाँ नई है? फिर यह तो रुपए-पैसे से सुखी स्त्री। लड़के समेत उसका हाथ पकड़नेवाला कोई मिल जाएगा, क्या ईव का दूसरा पति अमृत के बेटे को अपना मूल नाम रखने देगा? कंचन ऐसी बेसिर-पैर की बातों की भाग-दौड़ से व्याकुल हो उठती। वह सब कुछ झटक देने का प्रयत्न करती पर...

एक शाम भलाभाई ने केसर के साथ अखबार भिजवाया। कंचन को आश्चर्य हुआ कि ऐसा तो क्या है अखबार में? उसने अन्तिम पृष्ठ पर देखा तो पाँचेक स्त्रियों का गुजरात के मुख्यमन्त्री के साथ फोटो था। उसमें जया भी थी। गुजरात सरकार द्वारा चयनित महिलाओं का एक प्रतिनिधिमंडल इस्लामिक देशों की मुलाकात पर जा रहा है। महीने भर के प्रवास के दरम्यान यह प्रतिनिधिमंडल मुसलमान स्त्रियों की परिस्थितियों के बारे में जानकारी प्राप्त करेगा। अलग-अलग देशों में ये प्रतिनिधि भारत की स्त्रियों के विषय में वक्तव्य भी देंगे। श्रीमती

ज़रीना अनीस सैयद के नेतृत्व में यह प्रतिनिधिमंडल आगामी आठ तारीख को रवाना होगा। कंचन दूसरे दिन सुबह ही अहमदाबाद रवाना हो गई।

जया को छोड़ने कंचन मुम्बई गई। कार्तिक को समाचार भेजा था इसलिए वह भी स्टेशन पर आया था। कार्तिक को देखकर कंचन को लगा कि–अभी शरीर कुछ ठीक लगता है। जया ने कहा भी सही–"कार्तिक तुझे इतने वर्षों के बाद लॉज की रोटी सधी सही। थोड़ा रंग भी निखरा है और कुछ मोटा भी हुआ है।" उत्तर में कार्तिक थोड़ा हँसा। जया का जहाज उसी दिन देर रात्रि को था। स्टेशन से सीधे एयरपोर्ट पहुँचना था।

अखबार में जया के विदेश जाने के बारे में पढ़ा, आठ दिन पहले अहमदाबाद पहुँचकर जाने की तैयारी करवाई, मुम्बई तक छोड़ने आई, तब तक कंचन उत्साह में थी। समग्र गुजरात की महिला कार्यकर्ताओं में से जया का चयन हुआ था, यह कोई सामान्य बात न थी, किन्तु जैसे ही टैक्सी एयरपोर्ट पहुँची और कंचन नीचे उतरी कि उसकी हिम्मत जवाब देने लगी। कार्तिक और जया जाने से पहले की विधि करने गए। कंचन एयरपोर्ट के विशाल लाउंज में पड़ी हुई कुर्सी पर बैठकर सामान सँभालती रही। सामने शीशे के दरवाजे के उस पार आए हुए, उड़ते या उड़ने की तैयारी करते जहाज दिखाई दे रहे थे। हर दस मिनट में सिर पर जहाज की घरघराहट मँडराने लगती। कंचन गोद में थैला लेकर ऐसे बैठी थी मानो सब कुछ छाती से बाँधकर रखना हो। एयरपोर्ट देखते ही उसे पहली बार लगा कि "जया देश छोड़कर जा रही है।" उसके आहत कलेजे पर पुराने घाव उभर आए। "पराया देश, कौन जाने कौन-सी धरती पुकारती होगी? कहाँ का अन्न-जल खत्म हुआ होगा और कहाँ का ऋण निकलता होगा?"

काउंटर का काम खत्म करके जया आई किन्तु कंचन बदहवासी में कुछ बोली नहीं। कार्तिक और जया बातें करते रहे। जाने से पहले जया ने कंचन को गले लगाया। कंचन के मुँह से मुश्किल से दो शब्द निकला–"ठीक से जाना और सँभालना।" जया सिक्योरिटी चेकअप की लाईन में से होकर आगे केबिन में गई और ओझल हो गई। कंचन उस दिशा में देखती रही। रुदन को रोका तो उसकी आँखों में रुँधे हुए आँसू सुर्खी बनकर तैर उठे। कार्तिक कंचन के उदास मुँह को देखकर सोच में पड़ गया। उसे अनेक बार कंचन और जरीना की आत्मीयता देखकर प्रश्न उठता, आश्चर्य होता। कभी-कभी लगता कि ज़रीना बुआ पिताजी की सगी बहन नहीं, इसीलिए माँ की उनके साथ इतनी पटती है। बाकी लोग तो कहते हैं कि ननद-भौजाई में तो छत्तीस का रिश्ता होता है। कार्तिक ने कंचन

का कन्धा पकड़कर उसे झकरोरा। ‘ ‘माँ, ओ माँ’ अब उसका जहाज देर से उठेगा। वह हमें नहीं दिखाई देगी।’ ’

“क्या वह कभी नहीं दिखेगी?”

“तू भी है न। बुआ तो महीने भर के लिए गई हैं। इसमें इतनी दुखी हो गई?”

“कार्तिक, मुझे तेरे पिताजी ने कुछ समय के लिए ही विदाई दी थी, किन्तु कहाँ इस जन्म में दूसरी बार उनका मुँह देख सकी! पता नहीं, जया वापिस आएगी या फिर अपने भाई की तरह वह भी बिछुड़ जाएगी।”

“जया?”

“हाँ, बेटा तेरी ज़रीना बुआ का असली नाम तो जया है। वह मेरे ससुर की एकलौती दुलारी बेटी हैं। यह तो नसीब के मारे हम अपने सगे रिश्ते को भी जी नहीं सकते।”

लौटते समय रास्ते भर कंचन जया के साथ बिताए हुए समय को याद करती रही। कार्तिक ननद-भौजाई के इस अनोखे सख्य भाव का आनन्द लेता रहा। थोड़ी देर में उसका ध्यान गया कि घर नजदीक आता जा रहा है। पहले उसने सोचा था कि आज की रात किसी होटल में कमरा लेकर माँ-बेटे रहेंगे, किन्तु कंचन की मनःस्थिति देखकर वह कुछ बोला नहीं। घर आया। कार्तिक ने टैक्सी खड़ी रखी और कंचन से ‘मैं अभी आता हूँ’ कहकर वह सीढियाँ चढ़ गया। कंचन को कुछ समझ में नहीं आया किन्तु वह चुपचाप उसकी राह देखती रही। करीब दस मिनट के बाद कार्तिक आया। टैक्सीवाले को पैसा चुकाकर वह बोला–‘चलो माँ।’

दो सीढ़ियाँ चढ़कर कंचन कार्तिक के साथ ऊपर पहुँची। कमरे का दरवाजा खुला था और ओसारे की डिमलाइट जल रही थी। कंचन ने कमरे की चौखट पर कदम रखा और उसे लगा कि अन्दर कोई है। उसने पीछे घूमकर देखा, कार्तिक सामान उठाए खड़ा था।

33

कंचन ने घर में प्रवेश किया। डिमलाइट के हलके उजाले में उसने देखा घर में कोई नहीं था। कार्तिक ने सामान एक तरफ रखकर ट्यूबलाइट जलाई। कमरे के बीचोबीच खड़ी कंचन ने उजाले में देखा। घर के दरवाजे की बाईं दीवार से सटा लोहे का बड़ा पलँग था। एक-दूसरे पर रखे दो तकिये और पैताने तहा करके रखी चादर। पलँग की हलके बेलबूटेवाली सफेद चादर पर एक भी सिलवट नहीं थी। कंचन की कुछ ढूँढ़ती नजर का अनुभव करने पर कार्तिक ने कहा :

"माँ, पलँग पर बैठो न।"

एक संकोच के साथ कंचन बैठी। उसे कुछ क्षोभ भी हुआ। खुद जैसे जासूसी करने आई हो, ऐसा बर्ताव क्यों कर बैठी। किन्तु नजर जो देख रही थी और उसका जो अर्थ समझ में आता था वह कंचन को सहज रहने दे, ऐसा नहीं था। पलँग के सामने की दीवार से सटी लोहे की दो कुर्सियाँ और तिपाई पड़ी थी। कोने में तिजोरी थी और दूसरे कोने में दरवाजा। कंचन का अनुमान सच होने जा रहा था। एल्युमिनियम का डिब्बा और शीशे के मर्तबान व्यवस्थित रखे हुए लकड़ी की सेल्फ, ऊँची परछत्ती पर अतिरिक्त सामान को ढँकता हुआ परदा। कंचन बैठ न सकी। वह खड़ी हो गई। सामने का बन्द दरवाजा खोला। वह रसोईघर और बाथरूम दोनों का था। सामने दीवार में बनी आलमारी के नीचे के खाने में पानी का मटका था और ऊपर के खाने में रोजमर्रा के बरतन। बाईं दीवार की ओर लकड़ी के टेबल पर गैस का चूल्हा था। नीचे दो बाल्टी पानी से भरी पड़ी थीं। कंचन ने रसोईघर की ताक पर से गिलास लेकर पानी पिया और साड़ी के आँचल से मुँह पोछा। बाहर आकर उसने कार्तिक से पूछा :

"ये कहाँ गई है?"

कार्तिक चौंक उठा। उसने कहा, "कौन?"

“कौन क्या, इस घर की मालकिन।”

“माँ, तू किसकी बात कर रही है?” कार्तिक ने हवा में हाथ-पैर मारते हुए कहा।

पलँग पर बैठकर कंचन ने शान्ति से कहा, ‘देख बेटा, माँ से पेट नहीं छुपाना चाहिए। मैंने धूप में बाल सफेद नहीं किए हैं। घर और घर के असबाब को देखकर पता चल जाता है कि इस पर किसका स्पर्श है? तुझे स्टेशन पर देखा तभी थोड़ा शंका हुई थी। घर आने पर तूने मुझे टैक्सी में बैठाए रखा। तेरी चाल पर से मुझे पता चल गया था कि कुछ है सही। अब खुलकर बात कर और बता कि मेरी छोटी बहू कहाँ है?”

कार्तिक ने सोचा था कि एक रात की बात है। कोई तकलीफ नहीं पड़ेगी, किन्तु अब बचने का कोई रास्ता नहीं था। उसने कहा :

“वह पड़ोस में छत्तीस नम्बरवाले के यहाँ है।”

“वह यानी कौन?” कंचन ने कार्तिक के क्षोभ का मजा लेते हुए पूछा।

“शान्ता।” कार्तिक ने संकोच के साथ कहा।

“इस समय रात्रि के ग्यारह बजे किसी के घर उसे क्या काम है?”

“नहीं, किसी काम से नहीं गई, वह तो...”

“मैं आई इसलिए तूने उसे दूसरी जगह भेज दिया। क्यों सही है न!”

कार्तिक कुछ नहीं बोला।

“तूने मुझसे कहे बिना ब्याह कर लिया है। जानती हूँ, जमाना बदला है। किन्तु तुझे तो पता है कि मैंने चन्द्रकान्त को भी छूट दी थी और तुझे या अरुणा को भी कहाँ बाँधा है! मैं अकेली स्त्री। मेरा कहाँ बड़ा परिवार है कि नातेदार रिश्तेदार हों, जो मेरे बच्चों के लिए वर या कन्या की सिफारिश करें। फिर तुझे जो सुखी करे वह पात्र किसी भी जाति का हो मेरे लिए तो वही ब्राह्मण। मुझे थोड़ा विचित्र लगा कि तूने मुझसे बात छिपाई क्यों?” कंचन की आवाज थोड़ी भारी हो गई।

थोड़ी देर तक कोई कुछ नहीं बोला। कार्तिक ने उठकर पानी पिया और कहने लगा :

“माँ, तू समझ रही है बात कुछ उससे अलग है। अब बात शुरू हुई है तो सुन। सम्भव है कि पूरी बात जानने के बाद तू एक पल भी इस घर में खड़ी न रहे।”

“शान्ता, मेरे साथ ऑफिस में टाइपिस्ट के रूप में नौकरी करती है। मैं उसे बहुत सालों से जानता हूँ किन्तु हम नजदीक तो तीन-वर्ष से ही आए हैं। अन्तिम

दो वर्ष से हम साथ में रहते हैं।" कार्तिक एक क्षण रुका। उसने कंचन की ओर देखने का प्रयत्न किया किन्तु नजर उठा नहीं सका। कंचन हत्प्रभ होकर सुनती रही।

"शान्ता का विवाह आज से पाँच वर्ष पहले उसकी जाति के युवक के साथ हुआ था। केरल में दहेज का रिवाज बहुत कठोर है। शान्ता के माता-पिता सामान्य स्थिति के हैं। उन्होंने शान्ता के बदले में इंजीनियर बेटे का ब्याह किया। शान्ता का पति रेलवे में बड़े अधिकारी के ओहदे पर था। उसे शान्ता से ब्याह नहीं करना था, किन्तु माता-पिता के सामने उसकी कुछ न चली। जबर्दस्ती से किए हुए ब्याह में बार-बार खलल पड़ता रहा और अन्ततः शान्ता को पति का घर छोड़ना पड़ा। एकाध वर्ष वह माँ-बाप के साथ रही, किन्तु वहाँ भाई का संसार डाँवाडोल होने लगा। उस दौरान हम नजदीक आए। मैंने शान्ता से विवाह का प्रस्ताव रखा। उसने अपने पति से तलाक की माँग की, किन्तु वह उसे मुक्त करने को तैयार नहीं। अब, जब तक शान्ता को तलाक नहीं मिलता तब तक यह विवाह सम्भव नहीं।"

कार्तिक ने बात पूरी की। थोड़ी देर कंचन तो समझ ही नहीं पाई कि क्या करे? विवाह के बिना यों स्त्री-पुरुष का साथ में रहना! जल्दी से गले उतरे ऐसी बात न थी। फिर तलाकशुदा स्त्री। कार्तिक के पैर में खोट है इसलिए उसे कुँवारी लड़की नहीं मिलेगी? विवाह के बाद पति एक जनम का नहीं सात-सात जनम का साथी कहलाता है। शान्ता को एक जनम में दो-दो जनम करते हुए विचार नहीं आया होगा? कंचन को एक साथ अमृत और जया दोनों याद आए। अमृत के दूसरे ब्याह की बात जानकर उसकी निजी भावना को ठेस पहुँची थी, किन्तु उसे कुछ विचित्र नहीं लगा था। क्या खुद भी मानती थी कि पुरुष दूसरा ब्याह करे यह तो सामान्य बात है! एक पल कंचन को विचार आया कि यदि उसके बच्चे नहीं होते, तो वह क्या करती? यों अमृत के बिना वह जी पाई होती? दूसरी ओर जया केवल एक नाम के खातिर कुँवारी होने पर भी ब्याहता स्त्री की तरह जी रही है। कंचन को लगा कि कहीं कोई चाहत की डोर हो अथवा सन्तान हो, तो स्त्री अकेली टिक जाती होगी। क्या पता शान्ता के सिर पर भी क्या नहीं बीती होगी। संसार में किसी का भी आधार नहीं मिला होगा, तभी तो वह कार्तिक के पास आई होगी।

कार्तिक भी उससे प्रेम करता होगा या फिर दया के कारण उसने आसरा दिया होगा? कहीं ऐसा तो नहीं है कि स्वयं पैर से विकलांग होने के कारण उसने शान्ता को स्वीकार किया हो!

कंचन प्रश्नों के जंगल में उलझती जा रही थी। अचानक उसे लगा कि इस उधेड़-बुन का क्या अर्थ? कार्तिक और शान्ता साथ में रहते हैं और अड़ोसी-पड़ोसी भी उसे पति-पत्नी के रूप में देखते होंगे। स्वस्थ होकर उसने पूछा :

"इस समय शान्ता का पति कहाँ है?"

"डेप्युटेशन पर असम गया है।"

"तू उससे मिला है?"

"नहीं, मैंने शान्ता से कहा कि चलो एक बार उससे मिलकर देखें, किन्तु उसने मना कर दिया । वह बड़ा घाघ आदमी है। उसे यदि थोड़ी भी गन्ध आ जाएगी तो तलाक तो नहीं देगा, ऊपर से पैसे माँगेगा। अब छोड़ तू यह सब बात। सो जा।"

कार्तिक ने नीचे गद्दा बिछाया। कंचन ने उसे आग्रह करके पलँग पर सुलाया और खुद नीचे सोई। भीतर कहीं माँ की मर्यादा बेटे-बहू की पलँग पर सोने से रोकती थी। कंचन सोई किन्तु उसकी आँखें कील की तरह धँसकर छत को देखती रहीं। थोड़ी देर में कार्तिक की नाक के बजने की आवाज सुनाई देने लगी। कंचन बैठ गई उसने ध्यान से देखा। घड़ी में रात के दो बज रहे थे। वह सोचने लगी कि "कार्तिक ने शान्ता को आधी रात के समय पड़ोस में भेजकर अन्याय किया है। खुद भी उस अन्याय में शामिल है। भले ब्याह नहीं हुआ है किन्तु इस घर की एक-एक, छोटी-बड़ी चीजें कहती हैं कि यह घर शान्ता का है। यों अचानक अपने घर में से बाहर जाने को कहा जाए और वह भी जिसे प्रियजन मानकर सब कुछ छोड़ दिया है उसके द्वारा कहा जाए, तो क्या होगा? इस अपमान का घूँट कैसे गले से नीचे उतरेगा?"

कंचन बिछौने से उठ खड़ी हुई। उसने देखा कार्तिक सो रहा था। दरवाजा खोलकर वह चाली में आई। उसने याद किया, "कार्तिक कोई छत्तीस नम्बर बता रहा था।" दो घर छोड़ उसने पढ़ा छत्तीस नम्बर, दरवाजे पर दस्तक देने उठा हाथ एक पल रुका। "शान्ता कार्तिक को कितना प्रेम करती है कि उसके लिए आधी रात को घर छोड़ने के लिए तैयार हो गई!" कंचन ने एकदम धीरे से दो बार दस्तक दी। दरवाजा तुरन्त खुल गया। जैसे कोई राह देख रहा हो। कंचन ने देखा सामने खड़ी स्त्री का चेहरा थोड़ा फीका पड़ गया। यह शान्ता होनी चाहिए। शायद वह कार्तिक की राह देख रही होगी। रंग श्याम, मँझोला कद। शान्ता की बड़ी आँखें शर्म से झुकने लगीं तभी कंचन ने कहा :

"तू शान्ता है न! चल घर।" कह कर उसका हाथ पकड़कर चलने लगी।

घर की चौखट पर आकर शान्ता को बाहर खड़ा रखा। सोते हुए कार्तिक को जगाया। पहले तो वह कुछ समझ नहीं पाया। कंचन ने हाथ खींचकर खड़ा किया और उसे शान्ता के पास खड़ा किया। रसोईघर में जाकर स्टील का लोटा लेकर कंचन आई और साड़ी का आँचल ढँककर उसने कार्तिक और शान्ता के सिर पर से पाँच बार कलश उतारकर चौखट पर थोड़ा पानी गिराया, फिर दोनों की बलैयाँ लेकर घर में लिवा आई।

आशीर्वाद लेने झुकी हुई शान्ता को खड़ा किया तो वह कंचन से लिपटकर रो पड़ी। शान्ता की सिसकी को अपने आर-पार निकलता अनुभव करके कंचन काँप उठी। वह जानती थी कि बेटे का व्यवस्थित संसार शुरू होने और पौत्र को खिलाने की लिए पता नहीं कितनी राह देखनी पड़ेगी। इस समय तो उसे एक स्त्री की लाचारी ही दिखाई दे रही थी। बँटवारे के बाद शरणार्थी कैम्प में ऐसी कितनी ही लड़कियों, स्त्रियों को देखा था। माँ-बाप भी स्वीकार करने से इनकार करें तो कहाँ जाएँ? ऊपर आकाश और नीचे धरती। उसने शान्ता की पीठ पर हाथ फेरा और उसे ढाढ़स बँधाया।

"सब कुछ ठीक हो जाएगा। राह देखने के सिवा चारा नहीं। जो भी होता है वह अच्छे के लिए होता है। अभी तो लम्बा सफर बाकी है। यह समय मिला है इसमें एक-दूसरे को समझ लो। यह समझदारी ही सम्बन्ध को टिकाए रखेगी। बाकी रूपया-पैसा दोनों में से एक भी टिकता नहीं। जो खुद ही टिकाऊ नहीं है, वह दूसरे को क्या टिकाएगा!"

दूसरे दिन सुबह अहमदाबाद जाने की बात सुनकर शान्ता ने कंचन से रुक जाने का खूब आग्रह किया।

"आऊँगी और तू थक जाएगी इतना रुकूँगी। बाकी जब तक ये हाथ-पैर चलते हैं, तब तक अपने ढंग से जसापर के घर में रहना है। बड़े की बहू भी कहती है। जब खटिया पर गिरूँगी तब तुम्हारे सिवाय मेरा दूसरा है कौन? इस समय तुम भी मुक्त रहो और मुझे भी मुक्त रखो। जब जरूरत पड़े तब कहना आधी रात को आ जाऊँगी।"

जसापर में चन्द्रकान्त के विवाह के बाद समता कभी-कभी कहती- "पंडिताइन, यहाँ अकेली रहती हो, तो जाओ न बेटे-बहू के पास। मजे से गरम-गरम भोजन और सेवा-चाकरी करवाने, इतने वर्षों तक तो हाड़तोड़ मेहनत की, अब तो आराम करो।"

कंचन कहती, "तू ही बता समता, यह मेहनत की तो किसके लिए, अपने बच्चों के लिए ही न। भैंस का सींग भैंस को बोझ लगेगी? बच्चों को बड़ा किया,

यह तो मेरा फर्ज था। यह कहाँ उधार दिया है, जो वसूल करना पड़े? जाऊँगी बेटे-बहू के पास भी जाऊँगी। अभी एकदम भली चंगी हूँ। अपना काम कर सकती हूँ। इन बहुओं को सास इसलिए कड़वी लगती हैं। पूरा दिन सुनाती रहती हैं--"हमने बहुत किया, अब तुम करो। हम तो थक गए।" अरे बहिन, हाथ-पैर ठीक-ठाक है और दोनों जून मजे से रोटी पचती है फिर कैसे थक गए? यह तो मन का कारण है। मनुष्य सन्तान क्यों चाहता है? बुढ़ापे की लाठी बने इसलिए।"

"पर बहन मेरी, पहले दोनों पैर टूटने तो दे। अभी से पराधीन होकर बच्चों के सिर पर गिर पड़ना और जब वास्तव में समय आए तब बच्चे तुमसे ऊब गए हों। सच कहूँ तो जितना कम उतना अच्छा।"

मुम्बई से अहमदाबाद के पूरे रास्ते भर कंचन अपने जीवन के बदलते हुए रंगों को देखती रही। कभी गुलाबी आभा दिखाई दी, तो कभी आसमानी झाईं। कभी काजल का काला रंग, तो कभी लाल चटक सुर्खी। कहीं किसी घनी छाया में श्वास लेने रुकी, तो पता नहीं कहाँ से कोई तेज धूप आ पहुँची। सतत एक मटमैली उदासी ने उसे घेर कर रखा है।

अरुणा स्टेशन पर लेने आई, तब उसको शुभ समाचार सुनाने को आतुर चेहरे की चमक कंचन के मन में फिर एक नई आशा जगा गई।

34

रेलवे स्टेशन से बाहर निकली और रिक्शा में बैठने तक अरुणा मुश्किल से सब्र रख पाई। अन्तिम छह महीने से वह जिसकी उत्सुकता से राह देख रही थी, जिस समाचार को कहने के लिए वह कल से मचल रही थी। जगा थी नहीं। किससे कहे? यूँ तो शहर में चन्द्रकान्त और विशाखा थे। किन्तु जब वह हाई स्कूल में आई और चन्द्रकान्त ने उसे आगे पढ़ाने में ज्यादा उत्साह नहीं दिखाया तब से अरुणा को चन्द्रकान्त आत्मीय नहीं लगता। विशाखा तो यूँ भी कम निकट थी। वह अरुणा के साथ व्यवहार अच्छा रखती, किन्तु औपचारिक ज्यादा लगता। विवाह के बाद एक-दो बार चन्द्रकान्त ने उसे अपने साथ रहने के लिए कहा भी सही किन्तु अरुणा एक ही उत्तर देती, "बुआ अकेली हो जाएँगी।" विशाखा को खटकता भी कि बुआ के साथ ऐसी तो कौन-सी सगाई है जो सगे भाई से भी अधिक है। किन्तु अरुणा न आए उसमें एक तरह से फायदा ही है, ऐसा मानकर वह कुछ बोलती न थी।

मुम्बई की गाड़ी ने जब अहमदाबाद रेलवे प्लेटफार्म को छुआ, उसी क्षण अरुणा को एकदम एहसास हुआ कि 'माँ है!'

वर्षों पूर्व अहमदाबाद आई तब शुरू में वह माँ का बड़ा अभाव महसूस होता था। कंचन से कभी भी अलग नहीं हुई अरुणा, जया से छिपकर रोती। चिन्ता भी करती। छुट्टियाँ पड़ते ही माँ के पास दौड़ जाती। जया से उसका दुख छिपा न था। माँ की लाचारी समझती और अपना दुख कभी व्यक्त नहीं करती, अरुणा, दिन-प्रतिदिन उसे ज्यादा प्यारी लगती। जया ने उसकी मित्र बनकर अरुणा के मन में प्रवेश किया फिर वर्ष बीतने के साथ वह जैसे कंचन का पर्याय बन गई। अरुणा के लिए जया माँ से भी अधिक थी। रोज शाम को भोजन करते समय पूरे दिन की छोटी-से-छोटी बात वह जया के साथ बाँटती। हाई स्कूल में घर काम न करने के कारण पहली बार अंगूठा पकड़ने की सजा पाने की घटना हो

या नौकरी में मातहत कर्मचारी को पहली बार मेमो देने की घटना हो, वह सब कुछ जया से कहती।

इतने वर्षों में जया शायद ही इतनी दूर और इतने लम्बे समय के लिए गई थी। जया का परदेश गमन उसके लिए गौरव था, किन्तु कल उसे लगा कि जया नहीं है। उसका तबादला गांधीनगर हुआ था। गाड़ी के डिब्बे से झाँकती कंचन को देखकर अरुणा को लगा कि उसकी खुशी में शरीक होनेवाली माँ है। वह एकदम अकेली नहीं है।

अकेलेपन की बात आती तब गुरुजी कहते, "अन्तत : तो हर व्यक्ति अकेला ही है। यह केवल जन्म और मृत्यु के सन्दर्भ में ही सही नहीं है। बल्कि जिसकी चेतना जग जाती है, वह अकेलेपन का अनुभव करता है। जैसे सभी सोए हुओं के बीच कोई जागते हुए अकेलापन अनुभव करे वैसे। जागृत संवित का वरदान मानो तो वरदान और अभिशाप मानो तो अभिशाप। इस 'अकेलेपन' को यदि एक बार सत्य के रूप में स्वीकार कर लोगे तो फिर तुम्हारे सब मिथ्या प्रयत्न शान्त हो जाएँगे । 'अकेलेपन' में ही 'स्व' का साक्षात्कार सम्भव है। इस 'स्व' को विधिवत् पाने के लिए ज्ञान और ध्यान का मार्ग अपनाओ। जो 'स्व' को पा लेता है उसे समझ में आ जाता है कि 'स्व' के सिवाय दूसरा जो कुछ भी है, वह उपकरण मात्र है। उपकरण उद्देश्य नहीं है। "आश्ना अपनी हकीकत से हो ए देहकाँ जरा, काश्त भी तू, बाराँ भी तू, हासिल भी तू। हे कृषक, जरा अपने आप को पहचान । खेती भी तू है, वर्षा भी तू और फसल भी तू है...।"

अरुणा को यह बात बहुत अच्छी लगती। "तू ही सागर है तू ही किनारा..." किन्तु अभी उसकी प्रतीति नहीं हुई थी। अभी उस स्तर तक पहुँचने की उसकी साधना नहीं थी, पात्रता न थी। इसलिए उसे नौकरी में लगता कि वह बेकार में आ गई है। नौकरी करने का विचार आया, तब से उसने तय किया था कि सरकार में नौकरी करूँगी तो अधिकारी के पद पर। जया के साथ रहकर उसे संस्था के संचालन का अच्छा-खासा अनुभव था। समाज कल्याण विभाग में महिला विकास इकाई में क्लास वन अधिकारी के रूप में सीधी नियुक्ति हुई। तब उसे बड़ा उत्साह था। स्त्रियों की संस्था में रहकर उसने स्त्रियों के प्रश्नों को बड़े नजदीक से देखा था। पारिवारिक सामाजिक दूषणों को एक हद तक शासन और कानून के द्वारा खत्म किया जा सकता है। उसे लगता कि अफसरशाही में अटकते स्त्री विकास के छोटे-छोटे काम अब जल्दी से पूरा कर सकेगी, किन्तु थोड़े ही समय में अरुणा का भ्रम टूट गया।

काम करना जितना सरल है काम लेना उतना ही कठिन। अधिकारी पद पर बैठकर उसने अनुभव किया कि उसके जैसी दो-चार स्त्रियाँ आगे आ जाएँ, उससे कोई बड़ा तीर नहीं मार सकेंगी, सरकार में ज्यादातर यही धारणा चलती है कि "स्त्री की बुद्धि पैर के तलवे में होती है। संचालन में उसे क्या पता चलेगा? उसे तो गहने, अचार और ताने-मेहने सिवाय कुछ नहीं आएगा।" 'स्त्री-अधिकारी', को कोई भी पुरुष कर्मचारी पहले स्त्री के रूप में देखता और फिर अधिकारी के रूप में। प्रारम्भ में अरुणा ने कर्मचारियों के साथ अनौपचारिक रहने का प्रयत्न किया, तो उसने देखा कि कर्मचारियों को मैडम की प्रशंसा करके लाभ प्राप्त करने में विशेष रुचि थी। वह अन्तर रखने लगी, तो स्त्री अधिकारी के आदेश का अमल करते समय पुरुष कर्मचारी के चेहरे पर उभर आती लाचारी, क्रोध और तुच्छता का भाव देखकर अरुणा के रोंगटे खड़े हो जाते, इस अव्यक्त संघर्ष के सामने टिकने में उसकी आधी कार्यशक्ति खर्च हो जाती। उसे पता था कि चेम्बर में मैडम के सामने काँपते, हकलाते, कर्मचारी बाहर निकलकर किसी मादा पर बताई हुई मर्दानगी का बिगुल बजाते। उनकी शौर्य कथाओं के श्रोतावर्ग में स्त्रियाँ भी होतीं। अफसोस या रहस्यपूर्ण हँसतीं या द्विअर्थी मजाक करती उन स्त्रियों का स्वाभिमान मर चुका था। इतना ही नहीं हमेशा पुरुषों का आधिपत्य सहन करती उन स्त्रियों की मानसिकता भी कुछ ऐसी हो गई थी। उन्हें पुरुष-अधिकारियों के जुल्म की आदत पड़ गई थी। महिला अधिकारी की नियमानुसार कार्यवाही भी उन्हें खलती थी।

बी.सी.एस.आर. और जी.आर. के खूँटे से बँधी हुई सत्ता कभी-कभी मुक्ति देती। एक आशा जगती। तभी ऊपरी अधिकारी और राजनीति की साँठगाँठ में उसकी सत्ता एक प्यादा बनकर रह जाती। वह घुटती रहती। जया के पास अनेक बार वह अपने मन की भड़ास निकालती। कभी-कभी नौकरी छोड़ने का विचार भी आ जाता। जया समझाती, "नौकरी में रहेगी तो आज नहीं तो कल, कभी तो कुछ अच्छा कर पाएगी।" पूरे तन्त्र में एकाध पुर्जा बन जाने के एहसास में काम का सन्तोष मिलना तो दुर्लभ था। किसी सार्थकता के लिए प्रयत्न करती अरुणा विकासगृह में थोड़ा-बहुत काम करती। किन्तु अपने-आपको लम्बे समय तक फुसला नहीं पाती। वह आश्वासन भी ज्यादा टिकता नहीं था।

रिक्शे में बैठते ही अरुणा ने शुभ समाचार दिया।

"माँ, मेरा तबादला गांधीनगर हो गया।" अरुणा की आवाज की उमंग का अनुभव करते हुए कंचन ने पूछा, "तूने तबादला माँगा था?"

"नहीं, किन्तु मेरी इच्छा थी। हमारे यहाँ से कोई जल्दी जाने को तैयार नहीं होता। तुझे तो पता है कि मुझे गांधीनगर बहुत अच्छा लगता है।"

जब भी ऑफिस के काम से अरुणा गांधीनगर जाती तब उसे अहमदाबाद वापिस आना अच्छा नहीं लगता। सरकारी तन्त्र की संकीर्णता का बदला शहर की मुक्तता चुका देती। खुला हरियाला क्षेत्र और शान्ति। ऑफिस के ज्यादातर लोग अहमदाबाद रहते। उनके लिए गांधीनगर रहने का मतलब कालेपानी की सजा। इक्के-दुक्के मकान, वृक्षों की घनी घटाएँ और गिनी-चुनी बस्तियाँ। ऑफिस से छूटने के बाद करें क्या?

यहाँ रोड पर ट्राफिक की भागदौड़ नहीं, शाम ढलने पर मिलों का दमघोटू धुआँ नहीं, फुटपाथों का बाजार नहीं, थियेटर नहीं, होटल नहीं, चाट के खोमचे नहीं, कथा-कीर्तन नहीं और महफिलें नहीं, शोभा-यात्राएँ नहीं, जुलूस नहीं...एकदम नीरवता में रहें, तो किस तरह?

अरुणा के लिए गांधीनगर की हरियाली और शान्ति के आगे विकसते, बसते हुए शहर की सभी असुविधाएँ माफ। अहमदाबाद दिन-प्रतिदिन भीड़ भरा होता जा रहा था। भीड़ और शोरगुल अपने को पीसते। पुरानी सोसायटियों के भव्य बँगले टूटते जा रहे थे। रातोरात हथिया थुहर की तरह शॉपिंग सेन्टर खड़े होते जा रहे थे। घर और दुकान के बीच की भेद रेखा मिटने लगी थी।

अरुणा को विशेष आनन्द तो इस बात का था कि अब गुरुजी का आश्रम नजदीक हो गया। अहमदाबाद-गांधीनगर के रास्ते पर साबरमती नदी के किनारे स्वामी धैर्यानन्द का ज्ञान-साधना आश्रम स्थित है। तीनेक वर्ष पहले विकासगृह में एक योग शिविर आयोजित हुआ था। उस शिविर के उद्‌घाटन के प्रसंग पर पहली बार स्वामी धैर्यानन्द को सुना था। उनकी बातों में आध्यात्मिकता और बौद्धिकता का समन्वय था। अरुणा केवल श्रद्धा से कुछ भी स्वीकार नहीं सकती थी। पहले उसे किसी बात का तर्क समझ में आना चाहिए। स्वामीजी ने विशिष्ट तरीके से जीवन की सार्थकता का अर्थ समझाया था। उस योग शिविर में अरुणा ने भाग लिया तो उसने अनुभव किया कि ध्यान के दरम्यान मन की व्यग्रता कुछ कम होती है। फिर तो वह नियमित रूप से योग शिविर में भाग लेती। हर दूसरे और चौथे शनि-रवि को वह आश्रम में अवश्य जाती। वहाँ आयुर्वेदिक चिकित्सालय भी था। अरुणा को वहाँ रोगियों के साथ आनन्द आता। कुछ कार्य करने का सन्तोष मिलता। वह आयुर्वेद का स्वाध्याय भी करने लगी थी। जया ने प्रारम्भ में उसका मन टटोलने का प्रयत्न किया था। जया को आशंका थी कि कहीं वह किसी अभाव की पूर्ति का विकल्प

तो नहीं खोज रही है न? वरना अपनी ही नजर में गिर जाएगी। अरुणा कोई ठोस कार्य करके सार्थकता पाना चाहती थी। जया ने उसे नहीं रोका। हालाँकि चन्द्रकान्त थोड़ा नाराज हुआ था।

आए दिन अखबार में साधु-संन्यासियों के पराक्रम (!) पढ़ने के कारण चन्द्रकान्त के मन में बैठ गया था कि ऐसे आश्रमों में नहीं जाना चाहिए। उसने अरुणा को डाँटा भी था।

''ऐसे भगत लोग शिष्याओं की खोज में ही रहते हैं। तू पढ़ी-लिखी है, ऐसे धूर्तों की बात में आ जाए तो इसे बुद्धि का दिवालियापन ही कहा जाएगा।''

अरुणा ने शान्त आवाज में चन्द्रकान्त से कहा था, ''अखबार में आते एकाध-दो किस्सों पर से सभी साधुओं के बारे में ऐसा मान लेना उचित नहीं है। वास्तव में तो हकीकत जाने बिना ऐसा विधान करना ही बुद्धि का दिवालियापन है। मैं किसी चमत्कार या सिद्धि की खोज में आश्रम में नहीं जाती। दूसरा कुछ नहीं, तो रोगियों की सेवा हो, तो भी मेरे लिए काफी है। किन्तु तुम्हें मेरी बात समझ में नहीं आएगी, जरा सूक्ष्म है।''

रिक्शा लकड़िया पुल पर से गुजर गया तब तक कंचन कुछ बोली नहीं। अरुणा को लगा कि माँ क्यों कुछ नहीं बोली। उसने पूछा, ''मेरा तबादला हुआ, यह तुझे अच्छा नहीं लगा?''

थोडी देर में कंचन ने कहा, ''मुझे तेरी चिन्ता है। ये गांधीनगर रोज आना-जाना, बसों की भाग-दौड़, तुझे तकलीफ होगी।''

''यह तो थोड़े दिनों के लिए। फिर मुझे सरकारी मकान मिल जाएगा इसलिए गांधीनगर में ही रहना होगा।''

''किन्तु लोग कहते हैं कि वहाँ ज्यादा बस्ती नहीं है। ऐसे में अकेले रहना...''

''देख माँ, मैंने तो निश्चय कर ही लिया है कि हमेशा के लिए अकेले रहना है, तो डरने से क्या होगा? फिर वहाँ से गुरुजी का आश्रम भी पास में है। आश्रम की विशाल जगह में साधकों के लिए ध्यान कुटीर बननेवाली है। भविष्य में वहाँ एक कुटीर बनाने का मेरा विचार है।''

कंचन को अरुणा के गले में रुद्राक्ष के छोटे-छोटे मनकों की माला का अर्थ समझ में आया। कंचन को कहने का मन हुआ, ''जीने के लिए मनुष्य को कोई-न-कोई आधार लेना ही पड़ता है। कोई गृहस्थाश्रम का लेता है तो कोई ज्ञान साधनाश्रम का।''

कंचन कुछ नहीं बोली। अरुणा अब बच्ची नहीं थी, उसे अपने अनुभव से जो समझ में आए वही सच। माँ को कभी-कभी सन्तानों को मुक्ति देनी चाहिए।

थोड़ी देर में रिक्शा चन्द्रकान्त के दरवाजे पर आकर खड़ा हुआ। उसने कोचरब वाला एक कमरे का मकान छोड़ दिया था। अब वह वासणा के पास जवाहरनगर सोसायटी में रहता था। मकान मालिक लन्दन रहते थे। बँगले का अगला कमरा और बरामदा बन्द रहता था। वह मकान मालिक के कब्जे में था। चन्द्रकान्त पीछे के एक कमरे और रसोईघर का उपयोग करता था। पुराने जमाने की चिनाई का काम था, इसलिए रसोईघर कमरे जितना बड़ा था।

रिक्शे की आवाज सुनकर विशाखा बाहर आई। उसका शरीर थोड़ा भर गया था और रंग भी निखर आया था।

35

विशाखा को देखकर कंचन ने अरुणा से कहा, "तू तो मुझे पूरा समाचार भी नहीं देती।"

"कौन-सा समाचार?" अरुणा कुछ उलझती हुई बोली।

"तू बुआ बननेवाली है उसका?" कहते हुए कंचन ने विशाखा की बलैयाँ ली।

"इसमें मुझे क्या पता चले! भाभी ने तो कुछ कहा नहीं था। अरुणा स्पष्टता करने का व्यर्थ प्रयत्न करते हुए बोली। कुँवारी अरुणा को क्या पता चले? ये तो विशाखा का खिला रूप और बदली हुई चाल देखकर कंचन को पता चला। अनुभवी किसे कहा जाता है?"

विशाखा के चेहरे पर पूर्णता का नूर छलक रहा था और चाल में संजीदा मगरूरी दिखाई देती थी। उसे देखकर कंचन को शान्ता का मुरझाया चेहरा याद आ गया। पता नहीं, वह कब माँ बन सकेगी ? कंचन ने निःश्वास छोड़ते हुए मन को मोड़ा। क्या पता इस विशाखा का पाँव भारी हुआ, उसमें शान्ता के जुड़ाए हुए हिये से निकली हुई दुआ का ही असर हो!

विशाखा की गोद बहुत वर्ष के बाद भरी। हालाँकि कंचन कुछ-कुछ जानती थी कि जहाँ तक विशाखा का छोटे भाई नौकरी पर न चढ़े, तब तक चन्द्रकान्त सन्तान की जिम्मेदारी नहीं लेना चाहता था। एकाध बार रूखी भाभी ने कंचन को कहा भी सही, "न हो, तो विशाखा को डॉक्टर के पास ले जाओ, ताकि हमें आगे क्या करना है इसका पता चले?" सन्तान न हो तो सबसे पहले शंका की सूई बहू की ओर ही जाती है। इतना ही नहीं, फटाफट दूसरे ब्याह का भी आयोजन हो जाता है। कंचन ने रूखी भाभी से खुलासा कराते हुए पूछा था।

"मतलब?"

“मतलब और क्या। कराँची में रणछोड़ लाईन में रहते मुगटलाल ने एक अंधी स्त्री का भव नहीं सुधार दिया था? कहते थे कि खोटवाली लाएँ तो खोट पूरा करे। उन्होंने बच्चे के लिए ही तो दूसरी शादी की थी।”

“मुझे किसी स्त्री का भव जलाना या सुधारना नहीं है। जो है वह मेरे लिए सोने की है।”

विशाखा की गोद भराई के प्रसंग के बाद कंचन के लिए अहमदाबाद रहना अनिवार्य हो गया। विशाखा के मायके में बेटी की पहली प्रसूति नहीं होती थी। वर्षों पहले प्रथम बार गर्भवती किसी बेटी को गोद भराई के बाद लिवा लाए थे किन्तु जचगी में ही जच्चा और बच्चा मर गए। तब से वे लोग गोद भराई करके बेटी को नहीं लिवा जाते। यूँ भी विशाखा की माँ न तो शरीर से ऐसी थी, न ही पैसे टके से। कंचन ने सोचा एक तरह से अच्छा ही हुआ, खाने-पीने में बहू की ठीक से देखभाल हो सकेगी।

आनन्द के जन्म के बाद सवा महीने पर विशाखा ने रसोई-छूई तब एक दिन चन्द्रकान्त ने कंचन बा से कहा, “माँ, यदि तू अब से यहीं रहे तो हमें आनन्द की चिन्ता नहीं रहेगी? नहीं तो हमें उसके लिए कोई स्त्री रखनी पड़ेगी, या कहीं किसी के घर रखना पड़ेगा और या तो बच्चाघर में दाखिल करना पड़ेगा। पैसा देने पर आदमी मिल जाएँगे किन्तु उसमें अपना मन बेचैन रहेगा। बच्चे की ठीक देखभाल न हो पाएगी। यों तो विशाखा की माँ हैं किन्तु उन्हें आए दिन दमे की तकलीफ रहती है...।”

कंचन बा को अहमदाबाद रहने में खास अड़चन नहीं थी। यह सही था कि यहाँ सोसायटी अपरिचित लगे। गाँव में जो अपनापन अनुभव होता या हक से किसी की मदद ले सकें, ऐसा यहाँ नहीं था। यद्यपि चन्द्रकान्त के अलावा शहर में जया और पास में ही अरुणा थी। कंचन बा ने सोचा कि आज तक बात दूसरी थी। बहू के बच्चा नहीं था। वह स्वतन्त्र और मैं भी, किन्तु अब अपने ही खून के अंश-पौत्र की कीमत पर स्वतन्त्रता भोगना यह तो निरा स्वार्थ ही होगा और जसापर में अकेले कितने वर्ष रहा जाएगा? आज नहीं तो कल बेटे के पास आना ही पड़ेगा। खटिया पर पड़ने के बाद आऊँगी, तब बहू सोचेगी कि देखा, जब मुझे जरूरत थी तब नहीं आई। अब कैसे हारकर आई न? फिर उस समय मैं उसके पास प्रेम और देखभाल की आशा किस मुँह से करूँगी? कंचन बा ने अहमदाबाद रहना स्वीकार किया।

शुरुआत में कंचन बा को थोड़ी परेशानी हुई। वर्षों से उन्हें काम की आदत। जल्दी उठना, बासी कचरा बुहारना, नहाने के बाद ही रसोईघर में पैर रखना,

जबकि विशाखा की पद्धति अलग थी। वह सारा काम और रसोई खत्म करने के बाद ही नहाने जाती। भोजन करके ऑफिस जाती। सुबह-शाम की रसोई खुद करती। उसे ऐसा था कि माँ पूरे दिन आनन्द को सँभालती हैं, तो उन्हें तकलीफ नहीं देनी चाहिए। शाम को ऑफिस से छूटकर दोनों पति-पत्नी बाजार का काम खत्म करके आते तब तक काफी देर हो जाती। फिर जल्दीबाजी में सब्जी रोटी या चाट-पकौड़ी आदि बनाने के सिवाय कोई विकल्प नहीं रहता। फिर पूरे दिन के अन्त में माँ को देखा हो इसलिए आनन्द भी विशाखा को छोड़ता नहीं। एक तो देर से खाना खाना और वह भी एकदम कोरा, कंचन बा को पचने में तकलीफ पड़ती। यों दोनों सास-बहू के आशय में कोई मैल नहीं, किन्तु पद्धति के अन्तर के कारण न दिखाई देनेवाला तनाव वातावरण में बना रहता। अन्त में कंचन बा ने खुद ही वातावरण को हलका करना प्रारम्भ किया।

"देख विशाखा, यह आनन्द तुझे दिन में नहीं देखता, इसलिए यह बहुत अधीरा हो गया है। तू सुबह रसोईघर में लग जाती है इसलिए न तो लड़के का ध्यान रख पाती है न चन्द्रकान्त का। अब से रसोई तेरे जिम्मे नहीं। उसे मैं करूँगी। सुबह में आनन्द को पर्याप्त समय देना और रसोई के सिवाय मुझे कहाँ कोई काम करना है। बाकी सब कामवाली करती है, और अभी तो मैं सशक्त हूँ। इसलिए काम करूँगी तो मेरा शरीर भी हिलता-डुलता रहेगा, नहीं तो सब हड्डियाँ और जोड़ जकड़ कर अकड़ जाएँगे।"

समय सरक रहा था। आनन्द की पहली वर्षगाँठ आई, तब जया हमेशा के लिए दुबई चली गई थी । विदेश-प्रवास के दरम्यान दुबई के अखबार में उसका नाम और फोटो देखकर अनीस जया से मिला था। पाकिस्तान छोड़कर वह दस वर्ष से दुबई में व्यापार करता था। जया से मिलकर फिर से उसने अपना वर्षों पहले का पुराना प्रस्ताव दुहराया था। अनीस की पत्नी पाकिस्तान में ही रहती थी। पिता की सम्पति की अकेली वारिस पत्नी ने अनीस से तलाक माँगा था। जया ने उस समय तो कोई उत्तर नहीं दिया। वह द्विधा में थी। ज़रीना नाम धारण करना और ज़रीना बनकर उसी समाज का अंग बनकर जीना, ये दोनों अलग बातें थीं। तैरने की पद्धति के विषय में जानना और तैरना इन दोनों में जितना अन्तर है, उतना अन्तर इन दोनों स्थितियों में था। उसने कंचन से बात की।

कंचन ने देखा कि जया जिसे अपना आधार मानती थी, उस अरुणा की दिशा बदल गई थी। नौकरी में भी जया के ज्यादा वर्ष नहीं थे। दिन-प्रतिदिन उमर बढ़नेवाली ही थी। कंचन भी न हो तब, बीमारी-सिमारी में उसका कौन?

जवानी में अकेले टिक सकते हैं। शरीर में शक्ति हो, मन मजबूत हो किन्तु ज्यों-ज्यों चालीसी ढलती जाए, त्यों-त्यों मन अकेलेपन का अनुभव अधिक करता है। कितना विचित्र है यह जीवन! ज्यों-ज्यों वास्तविकता का अनुभव हो, त्यों-त्यों मनुष्य को मजबूत बनते जाना चाहिए किन्तु अक्सर ऐसा नहीं होता। उलटे मनुष्य भावुक होता जाता है। कंचन ने जया को केवल दुबई जाने की सलाह ही नहीं दी, बल्कि आग्रहपूर्वक भेजा। वहाँ भी अपनी मनपसन्द प्रवृत्ति का अवसर है। इतने वर्षों तक जिसकी नाममात्र की पत्नी बनकर जीती रही है, उस अनीस का साथ मिलनेवाला था। जीवन में प्रेम और सख्य के विषय में कभी भी कोई देर नहीं होती। जया ने जब हमेशा के लिए भारत छोड़ा तब कंचन को लगा कि ''हरेक व्यक्ति को भविष्य का कोई-न-कोई संकेत मिलता ही है। जया जब प्रथम बार परदेश गई, तब जिस विह्वलता का अनुभव हुआ था, शायद वह इस विदाई का पूर्व संकेत ही था, किन्तु तब वह संकेत को पूर्ण रूप से समझ में नहीं पाई थी। यदि सभी को ऊपर से अतार्किक लगनेवाले संकेत समझ में आने लगें, तो फिर हरेक व्यक्ति भविष्यवाणी कर सकता है। जया गई। बेटा, बेटी, बहू, पोता सब होने के बावजूद भी कंचन एकदम अकेली हो गई।

अहमदाबाद आने के बाद गर्मी में एक बार जसापर जाना पड़ता। बरसात के पहले घर का नरिया-खपड़ा मरम्मत करवाने। देशी नरिया थी। बन्दरों के कारण वर्ष दरम्यान टूट जाती। कभी-कभी मोर-साँप की खोज में उखाड़ डालते। भले रहना न हो किन्तु घर की मरम्मत तो करनी चाहिए, नहीं तो गिरकर खंडहर हो जाए। चन्द्रकान्त को यह सब झँझट अच्छा नहीं लगता। उसे यह खर्च भी बेकार लगता। उसमें फिर संयोग बैठा कि उसके मकान मालिक ने चन्द्रकान्त से मकान खरीद लेने का प्रस्ताव रखा। या तो मकान खरीद लो अथवा खाली करो। अच्छे विस्तार में मकान किराये पर मिलना मुश्किल। फिर सरकार में मकान के लिए लोन मिले, तो किराये जितनी किश्त भरें तो आगे चलकर मकान अपना हो जाए। लोन तो मिले, किन्तु बाकी रकम का क्या? चन्द्रकान्त उलझन में था। कंचन बा ने जसापर का मकान बेचने का निर्णय लिया।

जसापर का मकान कौन लेगा, यह प्रश्न न था। वर्षों से ठाकुर साहब की वहाँ पर शक्ति माई का कमरा बनवाने की इच्छा थी। कंचन की बात सुनकर हरिप्रिया को एक पल भी अच्छा न लगा। यूँ भी सखी यहाँ तो रहती नहीं। अब मकान भी निकाल देंगी, तो फिर क्या कभी-भी अब पहले जैसा समय नहीं मिलेगा? देर रात तक दोनों सखियाँ दुख-सुख बतियाती रहतीं। फिर लगा अब वह उम्र और परिस्थिति भी कहाँ रही है? फिर भी वे टोके बिना न रह सकीं।

“मानो कि वहाँ तुम्हें कोई परेशानी हो अथवा बेटे-बहू के साथ मनमुटाव हुआ तो...।”

“सखी, तुम्हारी आशंका गलत नहीं है किन्तु तुम ही कहो, हमें अच्छे मनुष्य की तरह जीने के लिए किस-किस के साथ अनुकूल नहीं होना पड़ता? पड़ोसी से लेकर नौकरों तक के साथ समझौता करके रहना पड़ता है, तो ये तो बेटे-बहू के अनुकूल होना है। दूसरा, बावजूद पैसों के बेटा चिन्तित है, इसके बजाय अपने हाथ से ही उनका हिस्सा देकर खुश करूँ तो क्या गलत है? मैं अपना ही विचार करके इकट्ठा करूँ और बेटे तंगी अनुभव करें। यह तो कहाँ का न्याय? अभी उनके घूमने-फिरने और जिंदगी भोगने के दिन हैं। बिना तनाव के जिएँगे तो उम्र बढ़ेगी और तन्दुरस्ती भी। बाकी, कल किसने देखा? भगवान यदि चींटी को कण और हाथी को मन देते हैं, तो क्या मुझे भूखी मारेंगे? मैंने कहाँ ईश्वर को बेच खाया है, जो मैं कल की चिन्ता करूँ। करेगा वह चिन्ता।”

मकान बेचने का निर्णय करना सरल था किन्तु उस घर को छोड़ना सरल न था। कंचन बा के लिए वह घर छोड़ना यानी एक खोल उतारकर दूसरा पहनने जैसा था। साँप के लिए केंचुल उतारना अनिवार्य होता है, नहीं तो केंचुल का पोत उसकी आँख को भी ढँक दे। वह अन्धा हो जाए। समय का एक तकाजा होता है। खुद को वेदना की कील पर लटकाना पड़े, ऐंठना पड़े, छिल जाना पड़े किन्तु इस मोह से मुक्त होना आवश्यक है।

मकान ठाकुर साहब को सौंपना था, तब चन्द्रकान्त साथ में आया था। जरूरी वस्तु के सिवाय बाकी सामान बेच देना था, पीतल के बरतन का कबाड़ निकालते समय चन्द्रकान्त कहने लगा :

“माँ, अब यह पीतल का तसला रुखी मामी को वापिस दे आओ।”

कंचन बा को चन्द्रकान्त का मजाक अच्छा नहीं लगा। वह जानती थी कि चन्द्रकान्त को यह तसला फूटी आँख नहीं सुहाता था। अहमदाबाद में कभी-कभी कोई साधु माँगने आता तब वह उसे देखकर भड़क पड़ता। फटकारता। वह अतीत से भागता था। कंचन के लिए तो वह तसला अक्षय पात्र था।

“कृष्ण ने द्रोपदी को अक्षय पात्र दिया था। बनवास का कठिन काल पांडवों ने उस अक्षय पात्र से ही पार किया था। वैसे ही मुझे रूखी भाभी जैसी भोले मन की सच्ची स्त्री ने यह अक्षय पात्र दिया है। मेरे लिये यह अक्षय पात्र जीने और जूझने का आधार है। भले ही काल की ज्वाला मेरी परीक्षा लेती रहे। मेरे जीवन का सोता सूखा नहीं, इसका कारण है यह तसला। इसे देखती हूँ तो मेरा पैर धरती पर टिका रहता है। यह तसला मुझे सतत याद दिलाता है कि समय

से बड़ी कोई शक्ति नहीं है। यदि सुख की ठंडी छाँह नहीं टिकती, तो फिर दुख का बड़ा लावा भी नहीं टिकता। इसे देखकर मैं सीखी हूँ कि सब कुछ समय को सौंप दो और जीवन का संघर्ष छोड़ो मत। यही मेरी एकमात्र कमाई है। यह तसला तो इतिहास का बोधपाठ है।''

अहमदाबाद आने के बाद कंचन बा नए सिरे से पढ़ना सीखने लगी। चन्द्रकान्त एम.जे. लाइब्रेरी में से पुस्तक ले आता। आध्यात्मिक पुस्तकों की अपेक्षा कंचन बा को कहानी, उपन्यास अधिक अच्छे लगते। अलग-अलग पात्रों के मेघधनुषी जीवन के रंगों में वे मग्न हो जातीं। कभी-कभी अरुणा कहती :

''माँ, अब तुम्हें इन सब जिम्मेदारियों से मुक्त हो जाना चाहिए। भैया-भाभी को अपने लड़कों की जिम्मेदारी उठा लेनी चाहिए। तू मेरी तरह आश्रम में एक ध्यान कुटीर बना ले।''

''देख, बेटी, तेरे और मेरे में फर्क है। तुझे संसार का अनुभव नहीं है। कुछ काम करने से कितना आनन्द मिलता है, इसका तुझे पता नहीं चलेगा। मैं वहाँ ध्यान में बैठूँ और यहाँ सब दुखी हों। जब तक मेरा हाथ-पैर चलता है, तब तक यदि किसी के लिए उपयोगी हो सकूँ, तो बहुत है। मेरे लिए तो यही सहज समाधि है।''

आनन्द को पाठशाला में बैठाया। उसका स्कूल घर के नजदीक था। चलते हुए पन्द्रह मिनट लगते। वहाँ स्कूल के पास दो मंजिले बँगले में वृद्धाश्रम था। कंचन बा आनन्द को स्कूल में छोड़कर वृद्धाश्रम में तीनेक घंटे गुजारतीं। किसी के बाल धो देती, किसी के कपड़े में बटन टाँक देतीं, किसी को कुछ मनपसन्द पढ़कर सुनाती। कोई काम नहीं होता, तो रसोईघर में सब्जी कटवाने में मदद करतीं। ऐसे छोटे-मोटे काम करने में उन्हें जीना सार्थक लगता। आनन्द स्कूल से छूटता तो उसे लेकर घर आतीं। बाद में तो आनन्द का स्कूल बदल गया। चन्द्रकान्त के यहाँ दूसरा बेटा आया। वह भी पाठशाला में दाखिल हुआ, किन्तु वृद्धाश्रम में जाने का उनका क्रम चलता रहा।

एक दिन शाम को नन्हें टीकू को स्कूल से लेकर चार बजे घर आईं, तब तारवाला डाकिया उनकी राह देखते हुए फाटक पर खड़ा था।

36

कोई अनजान आदमी फाटक के पास खड़ा है, यह देख उसके नजदीक जाकर कंचन बा ने पूछा :

"किससे काम है भैया?"

"यह आपका तार है।" तारवाले ने फार्म और बॉलपेन बढ़ाते हुए कहा, "तार?"

सुनते ही कंचन बा का कलेजा काँप उठा। धड़कन बढ़ गई। एक साथ न जाने कितनी शंकाएँ कगार की तरह ढहती हुई उन्होंने महसूस की। पसीने से लथपथ हथेली पोछते हुए उन्होंने पेन पकड़ा। तारवाले के बताए खाने में दस्तखत करते हुए वे सोचती रहीं, कि "किसका तार होगा? कार्तिक का? जया का? कोई बुरा समाचार होगा? अच्छा समाचार नहीं होगा वरना चिट्ठी आती? अवश्य ही कुछ अनहोनी हुई है।" उन्होंने उचाट मन से पूछा, "किस गाँव से है?"

"लन्दन से।"

"लन्दन से?" कुछ अचरज से कंचन बा ने तारवाले के शब्द दुहराए।

"हाँ, विदेश से।"

"क्या समाचार है जरा पढ़ देगा, भैया?"

तारवाला राह देखकर ऊब चुका था। उसने हड़बड़ी में तार पढ़ा :

"लन्दन से छट्ठी तारीख को केवोन यहाँ भारत आ रहा है।" और तारवाले ने साइकिल भगा दी।

और यहाँ केवोन का नाम कान में पड़ते ही कंचन बा जमीन से चिपक गईं। एक पल एक दम खाली गुजर गया। धीरे से उनका ओंठ फड़फड़ाया। एक बार और जैसे केवोन का नाम बोलकर खुद ने जो सुना था उसे पक्का करना चाहती थी। नाम समझ में आने के बाद उन्हें कुछ सूझा नहीं।

उनके पैर के नीचे की धरती, ऊपर का आकाश और आसपास के परिवेश के सूत्र सब कुछ उलझ गए थे। उस पहेली को समझने में वे विमूढ़ होकर खड़ी थीं। उन्हें पता भी न चला कि कब छोटे से टीकू ने उनकी कमर से लटकता घर की चाबी का गुच्छा लिया और कब घर खोला। एक हाथ में टीकू की वॉटर बैग और दूसरे हाथ में पाठशाला का बस्ता लिए कंचन बा खड़ी थीं। वे किसी चौराहे पर खड़ी थीं और रोज का जाना-पहचाना रास्ता टटोल रही थीं।

थोड़ी देर में टीकू ने आकर उन्हें झकझोरा।

"दादी माँ, चलो न?"

जल्दी में वे बोली, "कहाँ?"

"दादी माँ, चलो न। मुझे भूख लगी है।"

"हाँ, हाँ चल। तुझे दूध और नाश्ता दूँ।"

उस दिन शाम को चन्द्रकान्त ऑफिस से घर आया तब तक कंचन बा बेचैनी के मारे डोलती रहीं। एक बार उन्हें लगा कि यह केवोन कोई और होगा। कहीं तारवाला भूल से किसी दूसरे का तार दे गया होगा, ऐसा भी हो सकता है। परन्तु भीतर से इस तर्क-वितर्क का एक ही उत्तर मिलता था। "तू भले ऐसे-वैसे बहाने कर, टालने का प्रयत्न कर, किन्तु निश्चय ही यह ईव का बेटा केवोन है।" कंचन बा को याद आया कि, ईव तो कम्पाला में रहती है और यह तार तो लन्दन का है। तभी लगा, सम्भव है कि चन्द्रकान्त के मकान मालिक की तरह ईव को भी ईदी अमीन के कारण अफ्रीका छोड़कर भागना पड़ा हो। यदि ऐसा हो, तो उसे यहाँ का पता किस तरह मिला?

रात को विशाखा ने भोजन के लिए कंचन बा को बुलाया तो कहा, "जी अच्छा नहीं है।" बेटे और बहू ने भोजन कर लिया फिर उन्होंने चन्द्रकान्त के हाथ में तार दिया। खुला तार देखकर चन्द्रकान्त का चेहरा मुरझा गया। थोड़ी देर में स्वस्थ होकर उसने कंचन बा के सामने देखा। कंचन बा उसकी ओर नजर गड़ाए खड़ी थीं। चन्द्रकान्त ने तार को पास में पड़े हुए टेबल पर रखा और वह उड़ न जाए इसके लिए उस पर पाकिट रखा। फिर वह खड़ा हुआ।

"माँ, मैं जानता हूँ कि इस तार के बारे में जानकर तेरे मन में क्या हुआ होगा? कैसे प्रश्न हुए होंगे, इसका मुझे अन्दाजा है। मैं तुझसे इत्मीनान से बात करना चाहता था, किन्तु मैं जानता था कि ईव या केवोन के बारे में तू कोई भी बात सुनना नहीं चाहती थी। और मानो कि मैं जिदपूर्वक बात करता तो घर में

झगड़ा होता। मैं किसी सही मौके की तलाश में ही था। अब जबकि आज वह समय आ गया है, तो चल हम शान्ति से बैठकर बात कर लें।''

कहकर चन्द्रकान्त ने कंचन बा का कन्धा पकड़ा और उन्हें उस कुर्सी पर बैठा दिया जिसपर वह खुद बैठा था, और फिर सामने की दीवार से लगी इजी चेयर खींचकर वह उस पर बैठा।

''माँ, तूने तो पिताजी की मृत्यु के समाचार के साथ ही ईव की दिशा में सोचना तक बन्द कर दिया था। हालाँकि मैं उस विषय में कुछ अलग सोचता था, किन्तु उस समय तेरे साथ इस बारे में कोई बात करने का अर्थ नहीं था। यह बात सही है कि मेरे पिताजी ने दूसरी शादी की, उनका यह कदम ठीक नहीं था। किन्तु फिर तो वे उत्तर देने के लिए कहाँ हाजिर थे? और पिताजी के कारण ईव या केवोन को अन्याय करना, यह मुझे योग्य नहीं लगता था। ईव ने तो सामने से पत्र लिखा था। उन्होंने मेरे पिताजी की इच्छानुसार हमारे लिए रकम भी धरोहर समझकर सँभाल रखी थी। उन्होंने तो मन में कोई कटुता नहीं रखी थी, तो फिर उनके पत्र का जवाब न देने के लिए कोई कारण नहीं था। पिताजी की मृत्यु के छह महीने के बाद मैंने ईव को तेरे नाम से पत्र लिखा था। यदि तू उसको गलती मानती है तो वह मैंने की है। किन्तु उसके पीछे एक ही आशय था तेरा, कार्तिक और अरुणा का हित।''

चन्द्रकान्त रुका। कंचन बा ओठ भींचकर बैठी थीं, फट पड़ने के लिए तत्पर लावा को रोकने का प्रयत्न करती हुई। थोड़ी देर कमरे में भारी सन्नाटा छा गया। कंचन बा ने अपने-आप पर काबू करते हुए पूछा :

''फिर?''

उन्होंने मेरे पत्र का उत्तर बड़े प्रेम से दिया था। पिताजी द्वारा जमा हुए डेढ़ लाख रुपए में अपनी तरफ से दूसरे पचास हजार मिलाकर भेजा था। फिर लिखा था कि जब भी जरूरत पड़े तब मदद के लिए निःसंकोच लिखें।

कंचन बा के लिए कुर्सी में बैठे रहना मुश्किल हो गया था। वे भीतर से तिलमिला गई थीं। आज तक जिस तरह से वे सिर उठाकर गर्व और आत्मविश्वास से जीती आई थीं, चन्द्रकान्त ने उनके पैर तले से जैसे खड़े रहने के आधार को खिसका दिया। घुटने से नीचे का पैर एकदम मिट्टी जैसा हो गया। पति ने दूसरा विवाह करके पत्नी की प्रतीक्षा को निरर्थक बना दिया था। बेटे ने झूठ का सहारा लेकर सौत से मदद ली थी। यहाँ कंचन के मातृत्व को व्यर्थ कर दिया था। जीवन के पचास वर्षों पर एक झटके में पानी फिर गया।

चन्द्रकान्त ने आगे कहा, "उस दो लाख रुपए में से पचास हजार मैंने इस मकान के लिए खर्च किए और डेढ़ लाख रुपया शेयर बाजार में लगाया है। उससे अच्छी कमाई हुई। भविष्य में जरूरत पड़े तो..."

कंचन बा खड़ी हो गईं और अपने कमरे की ओर चलने लगीं। चौखट पर खड़ी रहकर कहा :

"चन्द्रकान्त, तूने भूल नहीं, अपराध किया है। तूने मेरे दूध को लज्जित किया है। मैं मानती थी कि भले तेरे पिताजी ने दूसरी शादी की। स्त्री के रूप में अपने जीवन के उस खाली कोने को मैंने स्वीकार कर लिया था। मुझे था कि मेरे पास स्वाभिमानपूर्वक खड़े रहने के लिए ठोस भूमि है। मैंने माँ का फर्ज निभाया। मेरी सन्तानें मेरी कोख को धन्य करेंगी, किन्तु वह मेरा भ्रम था।"

वह रात कंचन बा को किसी अँधेरी गर्त में खींचती रही। पति गया, उस समय वे पूरी रात आँधी और तूफान में हवा के थपेड़ों के कारण इधर-उधर डोलते नीम की तरह चुपचाप बचने की कोशिश में जूझती रही थीं। आज फिर वही रात थी, किन्तु अब पहले जैसी टिकने की शक्ति नहीं थी। उस समय तो अपनी डाली, पत्तियाँ साबूत थीं। तूफान का जोर उस डाल-पत्ती से टकराकर बिखर जाता था। आज था तो केवल तना। किन्तु तने को भी समय की दीमक चाटने लगी थी। कंचन बा को लगा क्या यही जीवन है?

उस रात चन्द्रकान्त भी कहाँ सो पाया था! खुद ने तो अच्छे उद्देश्य के लिए से ही यह सब किया था। किन्तु उसके लिए गलत तो किया ही था। थोड़ा नहीं बहुत। यदि माँ अदालत में जाए तो दस्तखत करने और माँ के पैसे हड़प करने के अपराध के बदले सजा हो सकती है। सरकारी नौकरी जा सकती है और बदनामी भी होगी। उसने सोचा, वह माँ के पैर पकड़कर माफी माँग लें। वह कंचन बा के कमरे में गया। नीचे बिछौने में आनन्द और टीकू गहरी नींद में थे। कंचन बा फोल्डिंग पलँग पर दीवार की ओर करवट लेकर लेटी थीं। चन्द्रकान्त करीब गया और झुककर सोयी हुई कंचन बा का चेहरा देखने लगा। आँखें बन्द थीं किन्तु चेहरा खिंचा-खिंचा था। एक हाथ सिर के नीचे था और दूसरे हाथ में माला थी। माला के मनके घूम रहे थे। चन्द्रकान्त ने 'माँ' बोलने के लिए ओठ खोले तभी कंचन बा पलँग में उठ बैठी। सिर पर साड़ी का छोर आँचल लेकर बोलीं :

"बोल, क्या कहना है तुझे?"

"यहाँ नहीं, बच्चे जाग जाएँगे। बाहर बैठक में चलें।"

कंचन बा के पीछे-पीछे चन्द्रकान्त बैठकखंड में आया। कंचन बा दरवाजे का सहारा लेकर खड़ी रहीं। हलके उजाले में उन्हें खड़ा देखकर लगे नहीं कि उनका इस घर के साथ कोई सम्बन्ध है? वह ऐसा वृक्ष था, जो उखड़ गया था और किसी हलके से आधार पर लकड़ी बनकर खड़ा था। वृक्ष को पक्का विश्वास था कि यह आधार भी एकदम क्षणिक है।

चन्द्रकान्त ने एकदम कंचन बा के पैर पकड़ लिए और हिचकियाँ भरकर रोने लगा। चन्द्रकान्त के आँसू कंचन बा के पैर भिगोते रहे और कंचन बा के आँसुओं से चन्द्रकान्त का सिर भींगता रहा। थोड़ी देर में स्वस्थ होकर कंचन बा ने चन्द्रकान्त को उठाया और झूले पर अपने पास बैठाया।

"माँ, तू मुझे माफ करेगी?" थमती हुई सिसकी के साथ चन्द्रकान्त बोला।

"बेटा, मैं माँ होकर तुझे माफ नहीं करूँगी, तो दूसरा कौन करेगा? तू धीरज रख। मैं कोर्ट-कचहरी नहीं करूँगी और न तो तेरे राह में रोड़े ही डालूँगी। किन्तु एक बात निश्चित है कि अब मैं यहाँ नहीं रह सकूँगी।"

"तो फिर तू कहाँ रहेगी?"

"कहाँ रहूँगी, यह कोई बड़ा प्रश्न नहीं है। किस तरह रहूँगी, यह महत्त्वपूर्ण है। मुझे लगता है कि एक बार मैं जसापर हो आऊँ।"

"किन्तु वहाँ सब पूछेंगें तो?"

कंचन बा हँसी, "तू चिन्ता मत कर। मैं यह बात किसी से नहीं कहूँगी। तुझे पता नहीं बेटा, यह घाव तो ऐसा है कि दूसरे को दिखाने जाएँगे, तो अपनी ही ऐब खुल जाएगी।"

"दो-तीन दिन में आ जाना। लन्दन से केवोन आनेवाला है। उसकी मम्मी पिछले साल गुजर गई। मैंने उसे यहाँ घूमने के लिए बुलाया है।"

कंचन बा कुछ बोली नहीं। थोड़ी देर बाद बोली, "जा, तू सो जा। अब मैं भी सो जाती हूँ। कल जल्दी निकलना है।"

अचानक आकाश में बिजली चमकी और उसका प्रकाश शक्ति माई के कमरे की चौखट तक आ गया। कंचन बा जाग गईं। उन्हें लगा, कहीं बिजली गिरी है।

आकाश में बादल और बिजली लड़ने पर आमादा थे। बादलों की गड़गड़ाहट के बीच बिजली के तड़प कंचन बा बैठे-बैठे देख रही थीं। आकाश में बिजली की तेज लकीरें कुछ लिखती थीं, बादल आकर उसे ढँक देते थे। कुछ पढ़ा नहीं जा सकता था।

कंचन बा जसापर आईं। तीन दिन और तीन रात। ये तीन दिन तो अनुष्ठान के बहाने वे गाँव से अलिप्त रही थीं। हालाँकि गाँव अलिप्त नहीं था। उसमें तो हलचल मची थी। कंचन बा को लगा, "अभी एक हर्फ नहीं निकाला और गाँव के लोग छिपे-छिपे मीटिंग करने लगे हैं। सभाओं का आयोजन करने लगे हैं। हालाँकि बेचारे जगदीश का क्या दोष? उसे तो मुश्किल से यह चबैना मिला था? वह भी छिन जाएगा तो? यदि ऐसा भय न हो तभी आश्चर्य होगा। किन्तु थोड़ा धीरज रखा होता तो? किन्तु उसे कैसे विश्वास होगा? वह कहाँ, मेरे पेट का जनमा है कि...अरे पेट के जने हैं, वे भी कहाँ मुझे समझ सके हैं?"

कंचन बा का मन भर आया। आकाश के बादल जैसे उनकी छाती पर चढ़ आए। छाती पर भार और दबाव बढ़ने लगे। साँस थमने लगी। दवाब के बीच-बीच में टीस उठने लगी। कंचन बा को लगा–यह भार पिघलेगा नहीं तो? वे डर गई! "नहीं मरने का डर नहीं है। किन्तु इस तरह से नहीं मरना है। खुद तो मुक्त हो जाऊँगी, किन्तु पीछे से पूरा गाँव बात का बतंगड़ करेगा। पड़ोसी, सगे और स्वजनों सहित सन्तानें भी उस बवंडर में फँस जाएँगी। नहीं, जीते जी किसी के लिए विघ्न नहीं बनी, तो मरकर किसलिए बनूँ? मुझे यहाँ से चले जाना चाहिए। गाँव के लोग क्या सोचेंगे? जो तीन दिन से ही सोच रहे हैं वही। मैंने कहाँ कुछ कहा है। लोग तरह-तरह का अनुमान लगाते रहे हैं। मैं चली जाऊँगी तो उनका बेचैन जी शान्त होगा। बेचारा जगदीश शान्ति से जी सकेगा। मेरे जाने के बाद आठ दिन तक लोग शंका-कुशंका करते रहेंगे, फिर बात के लिए कोई नया विषय मिलेगा, तो भूल जाएँगे। लोगों को कहाँ कुछ याद रहता है!"

इस बार बिजली की कड़क, बरसते हुए पानी में भींग कर आई। आकाश के साथ-साथ कंचन बा का भार पिघलने लगा। उन्होंने भरपूर साँस लीं। ठंडे हो गए हाथ-पैर में गरमी आने लगी। उन्होंने साड़ी के छोर से पसीना पोछा। घड़ी में चार के घंटे बजे।

कंचन बा उठीं। थैली में से तौलिया और एक जोड़ी कपड़ा निकाला। मन्दिर के ओसारे के कोर पर बरसात का पानी गिरता था। केवल साड़ी लपेटकर खुद प्रवाह के नीचे नहाईं। नहाकर कपड़े बदले और माताजी के मन्दिर की जाली के सामने खड़ी रहीं। हलके उजाले में वे माताजी की मूर्ति को अपलक देखती रहीं। धीरे-धीरे उन्होंने अनुभव किया कि मूर्ति किसी तेज पुंज में बदल रही है। एक पल उनकी आँखें चौंधियाकर बन्द हो गईं। बन्द आँखों में तीव्र अँधेरा उतर रहा था। धीरे-धीरे सारी लहरें थम रही थीं। आरती के अन्तिम घंटारव के बाद की शान्ति बाहर-भीतर पसरने लगी। वे अपनी आवाज सुनती रहीं।

"माँ, मैं तो आई थी तेरा दर्शन करने। तू मेरे लिए मेरी जड़ों को धारण करनेवाली भूमि है, मेरी संजीवनी बूटी। आज फिर एक बार नए सिरे से मुझे सफर शुरू करना है। मंजिल पा गई हूँ, यह तो मेरा भ्रम था। मैं तो तेरे पास जीने की शक्ति लेने आई थी। कोई रास्ता सूझता नहीं था। प्रकाश माँगने आई थी। किन्तु जगदीश समझ बैठा कि मैं उसका हक छीन लूँगी। जहाँ हक था वहाँ भी छोड़ दिया है तब...था कि एक बार जसापर जाऊँगी। यहाँ की मिट्टी ही मेरी छिन्न-भिन्न ममता को टिकने का बल देगी। इन तीन दिनों के अनुष्ठान के दौरान मैंने अन्तिम पचास वर्ष फिर से एक बार जी लिए। यही स्मरण पहले कभी-कभी मुझे निचोड़ डालते, चूस लेते थे। मैं उनसे आँख नहीं मिला पाती थी, किन्तु अब वे स्मरण मेरे सहप्रवासी बन गए हैं। मेरा सारा भार पिघल गया है। एक निर्मल हलकापन अनुभव कर रही हूँ। अब मेरे मन में कोई भाव-कुभाव नहीं। पसन्द-नापसन्द नहीं। अब मैं जो भी दिशा लूँगी वह मेरे लिए योग्य होगी। प्रत्येक मनुष्य अपनी मति, शक्ति और नियति के अनुसार कहीं तो भूल करता है, कहीं भव सुधारता है। मनुष्य है इसलिए भूल करता है। शायद इसीलिए वह मनुष्य है, वरना वह भगवान नहीं हो जाता!"

लाइट करके कंचन बा सामान बाँधने लगीं। सामान तो क्या? दो जोड़ी कपड़े, एक पीतल का तसला। वह ओसारे के कोने में उलटे पड़े तसले को थैली में रखने गईं, किन्तु एक पल वे रुक गयीं। हाथ में पकड़े हुए खाली तसले को वे ताकती रहीं। थोड़ी देर बाद उसे थैली में रख दिया। पाँच बजने को थे। थैली लेकर कंचन बा खड़ी हुईं। बरसात एकदम बन्द नहीं हुई थी। झीनी फुहार पड़ रही थी। उन्होंने ओसारे की लाइट बन्द की, फाटक बन्द किया, सीढ़ियाँ उतरकर सती माई के थान के पास जाकर हाथ जोड़ा। इधर-उधर नजर डाली। हलके उजाले में नीम, दुआरा, माताजी का मन्दिर, सती माई का थान और हवा में फहराती मन्दिर का ध्वज। कंचन बा मन्दिर के पीछे गईं। हाथ से टटोलकर पिछवाड़े उगी हुई पीले कनेर का फूल लेकर आँख को छुआया, सिर चढ़ाया और फिर ब्लाउज की जेब में रखा।

फाटक बन्द कर एक बार फिर उन्होंने शक्ति माई के थान पर नजर डाली और बस स्टैंड की ओर चलने लगीं। ठाकुर साहब की बन्द ड्योढ़ी के भीतर थोड़ी हलचल लग रही थी। मन-ही-मन भलाभाई और हरिप्रिया को याद कर आगे नजर डाली। सामने बाजार, चौक, चबूतरा सूने थे। ठाकुर मन्दिर में मंगल आरती की तैयारी होती होगी। झाँपल दे के दुआरे पर एक घड़ी बैठने का मन हुआ, किन्तु वे रुकी नहीं। बस अड्डे पर पहुँची, तो वहाँ कोई नहीं था। बस

आने में देर थी। सूनी नजर से वे सीवान, रास्ते और आकाश को ताकते हुए सड़क पर बैठी रहीं।

थोड़ी देर में किसी वाहन की आवाज सुनाई दी। कोई मोटरसाइकिल लगती थी। कंचन बा ने सिर पर ओढ़े हुए को और आगे सरकाया। एक टेम्पू आकर खड़ा रहा। टेम्पूवाला कोई अनजाना लड़का था। उसने पूछा, "कहाँ जाना है?"

"तुम कहाँ जा रहे हो?"

"कांप में माल लेने।"

"कांप में?" ज्यादा सोचे बिना 'चलो' कहते हुए कंचन बा टेम्पो में बैठ गईं। सूना बस-अड्डा, सुनसान रास्ता और खाली सिवान में टेम्पो की आवाज गूँजती रही।

संदर्भ

अध्याय : 2

1. गोद भराई के समय पैरों की छाप पड़वाना–पृष्ठ (16) : गोद भराई के समय गर्भवती वधू के सिर पर पानी भरा हंडा और कलश रखकर उसे पड़ोस के घर तक ले जाया जाता है। स्नान करके वहाँ से वधू अपने पति के घर आती है तब सफेद कपड़े के दो टुकड़ों पर उसके कुंकुम लगे पैरों की छाप ली जाती है और हर कदम पर मायकेवाले पैसे रखते हैं जिसे लेने का अधिकार ननद को होता है।

अध्याय : 7

2. शीतला सातम–पृष्ठ (41) : सावन का महीना था। कृष्णपक्ष की सप्तमी आई। एक गाँव में देवरानी-जेठानी अपनी सास के साथ रहती थीं। छठ के दिन देवरानी पूरे दिन भोजन पकाती रही और थकान के मारे चूल्हा ठंडा किए बिना ही सो गई। आधी रात हुई। शीतला माता भ्रमण करने निकलीं। देवरानी के गर्म चूल्हे के कारण वे जल गईं। क्रोध में उन्होंने देवरानी को शाप दिया, "जैसे तेरी गलती के कारण मैं जली, वैसे तू भी जले। देवरानी का दुधमुहाँ बच्चा मर गया। पुत्र वियोग से व्याकुल देवरानी बेटे के शव को गोद में उठाए शीतला माता की खोज में निकली। गाँव से दूर वह जंगल में चलती गई। रास्ते में उसे आम के दो पेड़ मिले। एक पेड़ ने पूछा, "अरे बाई, तू कहाँ जा रही है?"

देवरानी बोली, "शीतला माता की खोज में।"

पेड़ बोला, "तो हमारा भी एक सन्देशा लेती जा। शीतला माता से पूछना कि क्यों लोग हमारा फल नहीं खाते?"देवरानी ने कहा, "हाँ, ठीक है।" वह और आगे बढ़ी। रास्ते में स्वच्छ जल भरा सरोवर मिला। उसके किनारे दो मगरमच्छ लड़ रहे थे। दोनों ने पूछा, "अरे बाई, तू कहाँ जा रही है?" देवरानी बोली, "शीतला माता की खोज में।"

मगर ने कहा, "हमारा भी एक सन्देशा ले जा। कोई इस तालाब का पानी पीने क्यों नहीं आता?" देवरानी ने कहा, "हाँ, ठीक है!" देवरानी और आगे बढ़ी। रास्ते में उसे दो ऊँट मिले। दोनों के गले में चक्की के पाट लटके हुए थे। ऊँट ने पूछा, "अरे बाई, तू कहाँ जा रही है।"

"शीतला माता की खोज में।" देवरानी बोली।

"तो हमारा एक सन्देशा लेती जा कि ये चक्की के पाट कब छूटेंगे।"

देवरानी बोली, "ठीक है।" वह और आगे चली। रास्ते के बीचोबीच एक बुढ़िया बैठी थी। वह बाल खोलकर अपना सिर खुजला रही थी। उसने देवरानी से पूछा, "अरे बाई, तू कहाँ चली?" देवरानी बोली, "शीतला माता की खोज में।" बुढ़िया ने कहा, "जरा बैठकर मेरे सिर से जुएँ बिन दे।" देवरानी ने गोद में मरे हुए बेटे को लिटाया और बुढ़िया की जुएँ बिनने लगी। इतने में चमत्कार हुआ। उसका बेटा जीवित हो उठा और उसका दूध पीने लगा। देवरानी ने शीतला माता से हाथ जोड़कर राह में मिले सभी लोगों के दुखों का सन्देशा दिया और हाल पूछा। शीतला माता ने बताया, "दोनों ऊँट पिछले जनम में देवरानी-जेठानी थे और घर से किसी को चुटकी भर आटा भी नहीं देते थे, इसलिए इस जनम में उनकी यह दशा है। तू उनके पत्थर को हाथ लगाएगी तो वे मुक्त होंगे। तालाब के मगरमच्छ पूर्वजन्म में ब्राह्मण थे, पर किसी को ज्ञान नहीं देते थे, तू तालाब का जल उनपर छिड़केगी तो वे मोक्ष को प्राप्त होंगे। आम के पेड़ पूर्व जन्म में सास-बहू थे, और झगड़ते रहते थे। वे न तो ठीक से खाते थे, न किसी को खाने देते थे। तू उनका फल चखेगी तो वे शाप-मुक्त होंगे।"

देवरानी घर लौटी। उसने अपना ही नहीं सबके बिगड़े काम बनाए।

अध्याय : 8

3. देदा–पृष्ठ (50) : सौराष्ट्र की काठी जाति का एक शूरवीर, जिसने युद्ध में वीरगति पाई थी। कथा इस प्रकार है कि एक बार न्याय के लिए युद्ध हुआ तो देदा ने युद्ध में जाने के लिए अपनी माँ से अनुमति माँगी। माँ ने कहा कि तू सात पीढ़ियों में इकलौता पुत्र है और कुँवारा है। यदि तू शहीद हो जाएगा तो मैं मर जाऊँगी। ऐसे में तेरी मृत्यु पर रोएगा कौन? देदा ने कहा, यदि मैं वीरगति प्राप्त करूँगा तो मेरे पीछे कुमारिकाएँ मातम करेंगी और मैं उन्हें मनोवांछित पति पाने का वरदान दूँगा। इस प्रकार जब गौरीव्रत करनेवाली लड़कियाँ नदी-तालाब पर स्नान करने जाती है, तब देदा के लिए छाती पीटती हैं, रोती हैं ताकि उन्हें मनचाहा पति मिले।

अध्याय : 9

4. सुखड़ी–पृष्ठ (57) : गेहूँ के आटे को घी में भुनकर उसमें गुड़ मिलाकर जमाई गई मिठाई। यह कई-कई दिनों तक खराब नहीं होती।

5. बलिया देव–पृष्ठ (57) : चेचक के रोग से बचने के लिए माताएँ बलिया देव के मन्दिर पर सावन के कृष्णपक्ष की सप्तमी के दिन ठंडा भोजन करने जाती हैं।

गाँवों में जब बच्चों को बड़ी चेचक और चेचक जैसी बीमारी होती है, तो लोग डॉक्टर की दवाई नहीं लेते बल्कि शीतला देवी और बलिया देव की मनौती रखते हैं।

जानलेवा रोगों से बचने के लिए रूढ़िग्रस्त लोग रोग के नाम पर देवी-देवता की स्थापना करके उनकी पूजा करते हैं।

अध्याय : 10

6. सब्जी भाखरी–पृष्ठ (63) : गेहूँ के दरदरे आटे की मोटी-कड़क सेंकी गई रोटी।

अध्याय : 14

7. काशी यात्रा–पृष्ठ (85) : यज्ञोपवीत-जनेऊ देने के बाद बटुक काशी यात्रा के लिए जाता है। बटुक बिना सिले सफेद वस्त्र, दंड और पाथेय लेकर निकलता है और काशी की ओर दौड़ लगाता है, तब उसका मामा उसे रोकता है और कन्धे पर बिठाकर लौटा लाता है। भानजा उतरते वक्त मामा से कीमती उपहार वसूल करता है।

8. लुणवंती–पृष्ठ (87) : दूल्हे की छोटी बहन पीतल या ताँबे की लुटिया में नमक की डलीया डालकर उसे रेशमी कपड़े और लाल धागे से बाँधकर विवाह के समय बजाती रहती हैं ताकि दूल्हे को नजर न लगे। इसके बदले में दुल्हन की ओर से उसे नेग मिलता है।

अध्याय : 18

9. कांठागोर–पृष्ठ (111) : मलमास में रोज सुबह नदी-तालाब पर नहाने के बाद स्त्रियाँ मिट्टी की ढेरी बनाकर उसे अलग-अलग अनाज से सजाकर उसे देवी के रूप में स्थापित करती हैं। उसकी पूजा करती है। वहाँ

बैठकर उसकी महिमा की कथा करती हैं और फिर जल में उसका विसर्जन कर देती हैं।

10. रास, गरबा, हुड़ा पृष्ठ (112) : लोकनृत्य और लोकगीत के प्रकार।

अध्याय : 22

11. मुफ्ती–पृष्ठ (138) : जैनधर्मी मुँह पर बाँधते हैं एक सफेद कपड़ा।

12. सामयिक–पृष्ठ (138) : जैन धर्म की एक विधि।

अध्याय : 24

13. पृष्ठ (155) : गुजराती कवि प्रेमानन्द रचित कृष्ण-सुदामा-मिलन प्रसंग की पंक्तियाँ। 'तने सांभरे रे...' तुम्हें याद है...मैं कैसे भूल सकता हूँ!

अध्याय : 29

14. आँगलियात–पृष्ठ (184) : विधवा अथवा त्यक्ता स्त्री के पूर्व पति द्वारा हुई सन्तान जिसे दूसरा विवाह करके स्त्री अपने साथ ले आती है।

15. रांदल देवी–पृष्ठ (185) : सूर्य पत्नी रन्ना दे।

अध्याय : 30

16. प्रतिक्रमण पृष्ठ (191) : जैन धर्म की एक विधि जिसमें स्वयं द्वारा आचरित गलत काम का प्रायश्चित किया जाता है।

●●●